Arnold Mindell
Die Verbindung mit dem Urgrund des Seins

Verlag Via Nova

Arnold Mindell

Die Verbindung mit dem **Urgrund** des **Seins**

Ein Zugang zur unerschöpflichen
Kreativität des Universums

Verlag Via Nova

Originaltitel:
Process Mind – A User's Guide to Connecting with the Mind of God
Copyright © 2010 by Arnold Mindell. All rights reserved.

Zuerst erschienen bei: Quest Books, Theosophical Publishing House,
P.O. Box 270, Wheaton, IL 60187-0270, U.S.A.

Verlag Via Nova, Alte Landstr. 12, 36100 Petersberg
Telefon: (06 61) 6 29 73
Fax: (06 61) 96 79 560
E-Mail: info@verlag-vianova.de
Internet: www.verlag-vianova.de / www.transpersonale.de
Wissenschaftliche Fachberatung: Dr. Achim Goeres
Übersetzung aus dem Amerikanischen: Sibylle Herzog
Umschlaggestaltung: Guter Punkt, München
Satz: Sebastian Carl
Druck und Verarbeitung: Appel und Klinger, 96277 Schneckenlohe

© Alle Rechte vorbehalten

ISBN 978-3-86616-228-0

Inhaltsverzeichnis

Dank 7
Einleitung 9

I. Der Prozessgeist in Ihrem persönlichen Leben **13**
1. Der Prozessgeist als ein Kraftfeld im Alltagsleben und in Todesnähe 14
2. Felder, Blitze und Erleuchtung 26
3. Zen-Metafähigkeiten 35
4. Die Kraft Ihrer Präsenz 47
5. Ihr Prozessgeist, das Tao und Babysprache 61

II. Der Prozessgeist in Symptomen, in Beziehungen und in der Welt **73**
6. Wie Ihr Signaturfeld Probleme meistert 75
7. Der Urgrund des Seins und Satori in Beziehungen 88
8. Teamarbeit oder warum der Feind gebraucht wird 102
9. Weltkrieg, Tod und Ihre Aufgabe in der Welt 117
10. Der Prozessgeist der Stadt: New Orleans 128
11: Die Welt in Ihrem Körper und Ihr Körper in der Welt 138

III. Der Prozessgeist in Wissenschaft und Religion **151**
12. Wissenschaft, Religion und Gotteserfahrung 153
13. Ihre (erdbasierte) Ethik 168
14. Mystik und vereinheitlichte Felder 178

IV. Nichtlokalität und der Verflochtenheitstanz **191**
15. Verflochtenheit in Religion, Physik und Psychologie 193
16. Verflochtenheit als ein Softskill in Beziehungen 209
17. Die Welt als miterschaffende Organisation 222

Schlussbetrachtung: Ubuntu – Die Zukunft der Welt 238
Anhang A. Quantengeist – eine Aktualisierung 250
Anhang B. Prozessgeist-Collage 255

Anmerkungen	262
Glossar	268
Bibliographie	277
Abbildungsnachweise	279
Index	281

Dank

Ich danke Amy Mindell, meiner besten Freundin, Partnerin und Kollegin, dass sie mir bei jedem Millimeter dieses Buches zur Seite stand, indem sie Details des Prozessgeistes an sich selbst erfuhr, damit experimentierte und sie überprüfte. Ich bin ihr für ihre großartige Mitwirkung und Präsenz auf jeder denkbaren Ebene unendlich dankbar.

Ich bin Susan Kocen einmal mehr zu Dank verpflichtet für ihre kreative Arbeit, die Aufzeichnungen von Vorlesungen und Seminaren, die die Basis dieses Buches bildeten, in eine schriftliche Form zu bringen.

Ich danke allen meinen Kollegen und Studenten rund um die Welt – danke Euch Freunden, dass Ihr dieses Buch tausendmal getestet habt.

Ich danke Max Schüpbach und Joe Goodbread für viele klärende Gespräche. Mein Dank gilt Dawn Menken und Robert King, die in hohem Maße dazu beigetragen haben, das ursprüngliche Manuskript mit ihren vielen aufschlussreichen und hilfreichen Kommentaren zu verbessern.

Ich bin dem Institut für Tiefe Demokratie und den Instituten für Prozessarbeit rund um die Welt zu Dank verpflichtet für ihr Interesse an dieser Arbeit und die Unterstützung bei den vielen Einzelheiten, die damit verbunden waren.

Und einmal mehr danke ich insbesondere Margaret Ryan für ihren Humor, ihre Freundschaft und ihre fachliche Kompetenz als Lektorin. Charlene Sieg war ebenfalls eine große Hilfe bei der Endfassung.

Die Mitarbeiterinnen und Mitarbeiter des Quest-Verlags waren wunderbar in ihrem Verständnis, ihrem Engagement und ihrer Wertschätzung für dieses Buch. Danke, Richard Smoley, für Deinen Enthusiasmus. Danke, Sharron Dorr, dass Du die Entstehung von *Prozessgeist* begleitet hast, und danke, Carolyn Bond, für Deine fachkundige Hilfe bei der Überarbeitung.

Und Dank an Albert Einstein für seinen Kommentar: „Ich möchte die Gedanken von Gott kennen. Alles andere sind nur Details."

Einleitung

Dieses Buch ist meine Antwort auf Einsteins berühmten Wunsch: „Ich möchte die Gedanken von Gott kennen. Alles andere sind nur Details." Sehr wahrscheinlich wird kein Mensch je wirklich die „Gedanken von Gott" kennen – das heißt den Geist von Gott. Stattdessen besteht unsere Aufgabe darin, ständig zu fragen: „Worin besteht der Geist von Gott?" Diese Frage wohnt jedem einzelnen Satz in diesem Buch inne.

Zu Beginn meiner beruflichen Laufbahn studierte ich Naturwissenschaft, weil ich den Geist der Natur verstehen wollte. Schließlich erkannte ich, dass ich, wenn ich den Geist der Natur verstehen wollte, auch die Rolle des Beobachters als Teilnehmer an den Gesetzen der Natur verstehen musste – ich musste also Psychologie studieren. Meine psychologische Arbeit entwickelte sich zu fünfundvierzig Jahren Erfahrung in der Arbeit mit Einzelnen und großen Gruppen von Menschen in allen möglichen Bewusstseinszuständen.

Durch meine berufliche Tätigkeit bin ich jeden Tag mit der Gegenwart der Naturgesetze und der Art und Weise ihres Wirkens hinter allen menschlichen Prozessen und den Prozessen der Umwelt konfrontiert.

Diese Gesetze haben ihren Ursprung sozusagen im „Geist von Gott". Folglich haben alle Lebensprozesse ihre Wurzeln ebenfalls in diesem Geist. Diesen Geist, so wie er auf die eine oder andere Weise hinter allen Lebensprozessen gegenwärtig ist, nenne ich den *Prozessgeist*. Der Prozessgeist ist das fühlbare, intelligente, organisierende „Kraftfeld" hinter unseren persönlichen Prozessen sowie jenen großer Gruppen und, ähnlich wie andere tiefe Quantenstrukturen, dem Prozess des Universums. *Die Verbindung mit dem Urgrund des Seins* ist der Versuch, unser Bestreben zu erweitern und zu vertiefen, dieses Feld und diese Strukturen, wie sie heute in der Physik verstanden werden, durch die Verbindung mit Erfahrungen kennenzulernen, die von der Psychologie und der Mystik erforscht und aufgezeichnet wurden.

In diesem Buch erkunde ich nicht nur die vielen Aspekte des Prozessgeistes; ich zeige ebenfalls auf, wie er uns helfen kann, den Schmerz von Symptomen zu lindern, Beziehungen weiterzuentwickeln und Probleme der Organisation auf einer breiten Skala von globalen sowie alltäglichen Situationen umzugestalten.

Das Ziel dieser Exploration sind Sie, liebe Leserin, lieber Leser. Ich führe Sie in Ihren Prozessgeist in der Absicht, dass dieses Buch zu einer Art Weiterbildung für Sie wird. Obgleich ich von den Ideen des Prozessgeistes fasziniert bin und Sie von deren Nützlichkeit durch Verweise auf die Physik, die Psychologie, die Mythologie und die spirituellen Traditionen überzeugen will, ist mein zentrales Anliegen nicht intellektueller Natur. Es geht mir vielmehr darum, Sie zu ermutigen, diese neuen Methoden an Fragen aller Art auszuprobieren. Die Existenz des Prozessgeistes wird nach dem Studium der Art und Weise, wie er in Wissenschaft und Religion zum Ausdruck kommt, vernünftig erscheinen. Für mich besteht jedoch der entscheidende Nachweis darin, dass Menschen üben können, ihn zur Lösung von persönlichen Problemen ebenso wie von Weltproblemen zu nutzen.

Dieses Buch ist in vier Teile aufgeteilt. Teil eins untersucht eingehend, auf welche Weise der Prozessgeist als tiefster Teil von uns selbst gegenwärtig ist. Sobald Sie mehr über den Prozessgeist erfahren haben, ermutigt Sie das übrige Buch, ihn als ein Werkzeug zur Erweiterung Ihrer Lebensfähigkeiten und Ihres Glaubenssystems zu nutzen. Teil zwei richtet den Fokus darauf, inwiefern der Zugang zum Prozessgeist bei der Lösung von Körper- und Beziehungsproblemen helfen und die Abwärtsdrehung der globalen Probleme umkehren kann. Teil drei erforscht die Verbindung des Prozessgeistes mit Ihren höchsten Prinzipien und den von den spirituellen Systemen angedeuteten Bewusstseinszuständen. Teil vier richtet einen vertieften Blick auf die Physik und die Psychologie der Nichtlokalität und darauf, wie der Prozessgeist Beziehungsenergien „selbstorganisiert" und potentiell zu einer positiven Weltveränderung beitragen kann.

Der Schlussteil verbindet Ideen über den Prozessgeist mit der Gemeinschaftsethik des alten Afrika sowie mit Ghandis Prinzip von *ahimsa* (Gewaltlosigkeit) und zeigt auf, wie der Prozessgeist diese Ethiken aktualisiert und erklärt. Das Glossar beinhaltet Definitionen von Schlüsselwörtern, die in der Physik und in der Prozessorientierten Psychologie benutzt werden. Anhang A betrachtet die Beziehung zwischen dem Quantengeist – einem in einigen meiner früheren Bücher besprochenen Konzept – und diesem neuen Konzept des Prozessgeistes.

Beginnend mit Kapitel 2 bietet jedes Kapitel Übungen an, die Ihre Wahrnehmung des Prozessgeistes, wie in jenem Kapitel besprochen, bereichern. Ich empfehle Ihnen, diese Übungen zu machen. Anhang B, die Prozessgeist-Collage, stellt leere Seiten zur Verfügung, die nach Kapiteln gekennzeichnet sind, auf denen Sie die Prozessgeist-Erfahrungen festhalten können, die während der Übungen auftauchen. Ihre Erfahrungen auf diese Weise zu verfolgen, kann

Ihnen eine Menge darüber sagen, wer Sie sind, und hilfreich sein beim Umgang mit Situationen in der realen Welt.

Dieses Buch ist eine Art Handbuch, das Möglichkeiten aufzeigt, im Alltagsleben mit verborgenen Aspekten des Universums in Verbindung zu treten. Gleichzeitig rate ich davon ab, irgendeiner Theorie des Prozessgeistes oder einem anderen damit verbundenen Glaubenssystem in Bezug auf den möglichen Code des Universums einfach zu glauben, selbst diesem. Glauben Sie nichts, bis Sie überprüft und bestätigt haben, dass es in Ihrem Leben funktioniert. Eine solche Haltung von gesundem Zweifel sorgt, wie ich hoffe, für eine Annäherung zwischen den spirituellen Traditionen und den Naturwissenschaften.

I

Der Prozessgeist in Ihrem persönlichen Leben

KAPITEL 1

Der Prozessgeist als ein Kraftfeld im Alltagsleben und in Todesnähe

Fast jeder fragt sich hin und wieder, ob es irgendeine Art von Intelligenz gibt, welche die anscheinend zufälligen und schöpferischen Ereignisse im persönlichen Leben und im Universum organisiert. Sind jene Ereignisse willkürlich (siehe S.13) oder wirkt irgendeine Art von „Geist" im Hintergrund? Wie könnte sich unsere Wahrnehmung solcher Ereignisse auf diesen auswirken?

In meiner Praxis habe ich oft über die geheimnisvolle Kraft gestaunt, die das ganze Leben hindurch immer wieder aufscheint, insbesondere in Momenten der Krise und in Todesnähe. Welches ist diese Kraft, die nicht nur die erstaunlichsten und hilfreichsten Erfahrungen hervorbringt, sondern gleichermaßen hinter unseren andauernden Schwierigkeiten und Konflikten, unseren Umweltproblemen *und* unserer Fähigkeit steht, friedliche Veränderungen vorzunehmen? Sowohl die Naturwissenschaft als auch die spirituellen Traditionen tragen zur Beantwortung dieser Frage bei. Dennoch sind wir im einundzwanzigsten Jahrhundert weit von einem Konsens entfernt, wenn es darum geht, wer oder was wir sind und was, wenn überhaupt, unser Schicksal ordnet oder „mitschöpft".

Moderne führende Wissenschaftler wie Albert Einstein ebenso wie die alten spirituellen Welttraditionen glaubten an eine intelligente kosmische Kraft hinter den Erscheinungen des Lebens. Dennoch zweifelte Einstein daran, dass die Naturwissenschaft diese gefunden hatte. In einem Brief von 1926 an seinen Kollegen Max Born machte er folgende Bemerkung, die heute unter theoretischen Physikern weithin bekannt ist: „Die Quantenmechanik ist sehr Achtung gebietend. Aber eine innere Stimme sagt mir, dass das noch nicht der wahre Jakob ist. Die Theorie liefert viel, aber dem Geheimnis des Alten bringt sie uns kaum näher."[1]

Heute, etwa ein Jahrhundert nach den Entdeckungen der Quantentheorie und der Relativitätstheorie denken Kosmologen noch immer über das „Geheimnis des Alten" nach. Stephen Hawkings und Paul Davies beziehen sich auf die intelligente Kraft, die Einstein suchte, als den „Geist Gottes"[2]. Einige theoretische Physikerinnen und Physiker hoffen, diesen „Geist" in einheitlichen Feldtheorien oder verwandten Konzepten zu finden. C. G. Jung, Roberto Assagioli und andere Tiefenpsychologen sprechen von einem „kollektiven Unbewussten", dem „transpersonalen Selbst" oder einer Art von transzendentem oder „vereinigendem" Bewusstsein. Basierend auf den Zitaten von Alchemisten aus dem sechzehnten Jahrhundert, spekulierten Jung und sein Freund Wolfgang Pauli, ein Nobelpreisträger für Physik, über einen einheitlichen psychophysikalischen Bereich der Erfahrung – den „Unus Mundus". Die Religionen sprechen seit jeher von den Kräften, der Ordnung und der Weisheit des Universums im Sinne eines Selbst, eines Gottes oder verschiedener Götter.

Ich nenne Einsteins „Alten" den *Prozessgeist*. Mit *Prozessgeist* meine ich einen organisierenden Faktor – vielleicht *den* organisierenden Faktor –, der sowohl in unserem persönlichen Leben als auch im Universum wirkt. Das Studium und die Erfahrung dieses Prozessgeistes werden die derzeit voneinander getrennten Disziplinen der Psychologie, der Soziologie, der Physik und des Mystizismus miteinander verbinden und neue und nützliche Wege aufzeigen, wie wir uns aufeinander und auf die Umwelt beziehen können. Der Prozessgeist ist in Ihnen und gleichzeitig offenkundig mit allem verbunden, was Sie wahrnehmen. Ich werde aufzeigen, dass Ihr Prozessgeist sich in Ihrem Gehirn befindet und dennoch „nichtlokal" ist und Ihnen erlaubt, an mehreren Orten gleichzeitig zu sein.

Als ich zu schreiben begann, fürchtete ich zunächst, dass die in der Physik angedeutete nichtlokale Natur des Prozessgeistes zu seltsam klingen könnte. Aber dann wurde mir klar, dass zumindest einige Menschen die Nichtlokalität jeden Morgen in jenen hypnagogen Zuständen zwischen Schlafen und Wachen spüren. In diesem „halb schlafend-halb wach"-Zustand vermittelt uns eine traumähnliche Intelligenz oftmals „nichtlokale" Informationen über Menschen und Dinge an weit entfernten Orten. Eine Physikerin würde diese Erfahrung möglicherweise als das psychologische Gegenstück zur „Quantenverflechtung" bezeichnen (die ich in einem späteren Kapitel erklären werde). Heute erkenne ich, dass der Prozessgeist nicht bloß ein bestimmter veränderter Bewusstseinszustand ist; er definiert den Lebensstil und die politische Sicht, die wir brauchen, um die tiefsten äußeren ebenso wie inneren Konflikte zu lösen.

Auf jeden Fall kann der Prozessgeist als eine Art Kraftfeld erfahren werden. Er ist ein aktiver, intelligenter „Raum" zwischen Beobachter und Beobachtetem. Er ist sowohl Sie als auch ich ebenso wie das „Wir", das wir teilen. Er ist mit den Fakten der Alltagsrealität verbunden, aber auch davon unabhängig. Nach intensiver Erforschung in mir selbst ebenso wie in Menschen nahe dem Tod halte ich es für wahrscheinlich, dass der Prozessgeist Eigenschaften besitzt, die weit über unsere gegenwärtigen Konzepte von Leben und Tod hinausreichen.

Quantengeist und Prozessgeist

Das Konzept des Prozessgeistes erweitert meine frühere Arbeit, insbesondere das Buch *Der verborgene Code des Bewusstseins*, das ich etwa vor zehn Jahren geschrieben habe. Der Quantengeist ist jener Aspekt unserer Psychologie, der mit den Grundaspekten der Quantenphysik korrespondiert. Der Quantengeist unseres Bewusstseins nimmt die kleinsten, leicht zu übersehenden „Nano"-Tendenzen wahr und reflektiert über diese unterschwelligen Erfahrungen. Jedoch ist der Quantengeist nicht bloß ein hochsensibles, selbstreflektierendes Bewusstsein; er ist ebenfalls eine Art von „Pilotwelle" oder leitendem Hintergrund. In *Der verborgene Code des Bewusstseins* legte ich nahe, dass die Mathematik (Schrödingers Wellengleichung) und die Regeln der Quantenphysik unsere Fähigkeit zur Selbstreflexion und zur Erschaffung der Alltagsrealität widerspiegeln. Physikerinnen und Physiker sprechen davon, dass die Wellenfunktion in die Realität kollabiert. Ich spreche davon, wie unsere Selbstreflexion unsere träumende Natur benutzt und dann eher marginalisiert, als sie kollabieren zu lassen. Zum Beispiel könnten Sie sich, nachdem Sie über einen Traum reflektiert haben, sagen: „Aha! Nun werde ich dies oder jenes tun." Dann lassen Sie die Traumwelt zeitweilig beiseite und handeln, um eine neue Realität zu erschaffen.

Neben unserer Fähigkeit, Möglichkeiten zu erspüren, uns selbst zu reflektieren und uns vom Träumen in die Alltagsrealität zu bewegen, die wir auch mit anderen Teilen des Universums gemein haben, könnten wir die Fähigkeit besitzen, uns gleichzeitig an zwei Orten oder in zwei Bewusstseinszuständen zu befinden, so wie die Quantenphysik das mögliche Verhalten von Materieteilchen nahelegt. Zum Beispiel können Sie in einem Traum gleichzeitig tot und lebendig sein – obgleich Sie beim Erwachen diese vereinigende Erfahrung hinter sich lassen und bald zu reflektieren und sich mit dem einen oder anderen

Traumbild zu identifizieren beginnen. Folglich vermögen wir unsere Quantennatur als nichtlokal oder „bi-lokal" ebenso wie hochsensibel und selbstreflexiv zu charakterisieren.

Der Prozessgeist erweitert diese Eigenschaften des Quantengeistes, indem er eine weitere entscheidende Fähigkeit hinzufügt: Unser tiefstes Selbst, unser Prozessgeist, ist nicht nur sensitiv, selbstreflexiv und „bi-lokal"; es ist ebenso in den mystischen Traditionen zu finden. Insbesondere kann es im Sinne dessen gespürt werden, was indigene Völker als den „Totemgeist" eines Individuums oder einer Gruppe identifizieren. Der Prozessgeist ist nicht nur mit den allgemeinen physikalischen Eigenschaften des Quantenuniversums verbunden, sondern auch mit bestimmten mit der Erde verbundenen Eigenschaften, die als dasjenige erfahren oder damit assoziiert werden, was Schamanen als „Kraftorte" bezeichnen – spezielle Orte auf der Erde, die wir lieben und worin wir vertrauen. Der Prozessgeist ist ein Kraftfeld, das mit „Totemgeistern" identifiziert wird, das heißt, mit subtilen Gefühlen, die wir Orten auf der Erde entgegenbringen, die uns in ein Gefühl der Weisheit und/oder in bestimmte Richtungen „bewegen".

Worin bestehen diese Totemgeister und Erdgefühle? Man könnte ebenso gut fragen, was sich unter einem Stein befindet, ohne den Stein zu bewegen, um darunter nachzusehen. Gegenwärtig besteht unsere hauptsächliche Methode zum „Nachsehen" in unserem eigenen Bewusstseinsprozess. Zunächst hielt der Naturwissenschaftler in mir an dieser Stelle inne und sagte: „Moment mal! Erdbezogene Totemgeister oder Kraftorte, die sich in unserem Prozessgeist manifestieren? Glaube bloß nicht daran! Dein Geist befindet sich in deinem Gehirn, und das ist in deinem Kopf!"

Aber dann sagte der Therapeut in mir: „Selbstverständlich befindet sich dein Geist zum Teil in deinem Gehirn. Aber dein Gehirn besteht aus Materie, und Materie besitzt nichtlokale Eigenschaften." Es ist wirklich möglich, dass – zumindest – einige dieser Eigenschaften auf die Kraftorte der Erde projiziert werden. Angehörige der Naturvölker haben seit jeher gespürt, dass besondere Erdpunkte, wie zum Beispiel Begräbnisstätten, Kraftbereiche sind, und sich damit identifiziert. Also, liebe wissenschaftliche Skeptikerinnen und Skeptiker, bleiben Sie während der folgenden Experimente bitte skeptisch – aber bleiben Sie auch offen genug, um die Ergebnisse dazu zu nutzen, die mögliche Nichtlokalität des Geistes auf der Basis Ihrer eigenen Erfahrung zu erforschen. Auf diese Weise spüren und erinnern Sie vielleicht letztendlich jenen Teil Ihrer evolutionären Psychologie, der einst der Erde und den mit ihr verbundenen Kräften zu folgen verstand. Die meisten Menschen identifizieren sich gewöhnlich als einen Körper, der sich an einem bestimmten Ort befindet. Aber im Tiefschlaf oder in Todesnähe, wenn Ihr gewöhnliches Selbst weniger vorherrschend ist, tritt Ihr gesamter *nichtlokalisierter* Geist – das heißt Ihr Prozessgeist – mehr in Erscheinung. Dieser machtvolle organisierende Faktor erscheint wie eine Art von „Kraftfeld", wie der Wind, der durch die Bäume weht. Für gewöhnlich sind Kraftfelder nicht sichtbar. Man kann sie nur fühlen und wahrnehmen, wie sie die sie umgebenden Dinge bewegen – wie beispielsweise der Wind die Blätter. So wie sich die Schamanen indigener Kulturen auf jene Figuren, die diese unsichtbaren Felder personifizieren, als „Verbündete" oder „Führer" beziehen, beziehen sich Physikerinnen und Physiker auf die Strukturen von Feldern, wie beispielsweise elektrischen Feldern, als Feldgleichungen, die durch „virtuelle Teilchen" vermittelt werden. Ob wir sie *Verbündete*, *Gleichungen* oder *Teilchen* nennen – solche Dynamiken können uns ein Gefühl für die Kraft und Struktur unsichtbarer Felder vermitteln.

Wahrscheinlich ist die Schwerkraft unsere allgemeinste Erfahrung eines unsichtbaren Kraftfeldes. Wenn man in die Luft springt und unvermeidlich zur Erde zurückgezogen wird, erfährt man die Kraft, welche die Schwerkraft auf den eigenen Körper ausübt. (Auf dem Mond würde man länger brauchen, um wieder herunterzukommen, da das Kraftfeld dort schwächer ist als auf der Erde.)

Doch obwohl die Schwerkraft alle unsere Bewegungen organisiert, denken wir selten daran, weil wir so daran gewöhnt sind, in diesem Feld zu existieren. Gleichermaßen achten wir selten auf das psychophysikalische Kraftfeld des Prozessgeistes, sofern wir uns nicht in einem sensiblen oder veränderten Bewusstseinszustand, im Träumen oder in Todesnähe befinden. Dennoch organisiert der Prozessgeist, der Schwerkraft ähnlich, große Teile unseres Lebens.

Lassen Sie mich das bisher Gesagte kurz zusammenfassen. Was ich den *Prozessgeist* nenne – so wie er in der Quantenphysik erscheint und worauf sich Albert Einstein als der „Alte" bezieht –, ist die vorgestellte Intelligenz hinter den Gesetzen des Individuums und des Universums. Kontextabhängig meine ich mit dem Wort Prozessgeist:

- Eine Theorie; ein organisierendes Prinzip in der Psychologie und in der Physik
- Ein Feldkonzept und die Erfahrung, von einem bestimmten veränderten Bewusstseinszustand bewegt zu werden

- Eine Praxis; ein Meditations- und Mediationsverfahren, das in den Übungen dieses Buches zu finden ist
- Das tiefste Selbst; eine somatische Erfahrung von Wohlbefinden und minimaler Tätigkeit
- Eine nondualistische Eigenschaft, die ein bestimmtes, quantenähnliches menschliches Bewusstsein beschreibt
- Den Glauben an die Geister oder Götter der Religionen oder spirituellen Traditionen
- Eine Lebens- oder Nahtoderfahrung, die alles Vorangegangene in sich einschließt

Saras letzte verbale Kommunikation

Als vor kurzem eine meiner Freundinnen und Kolleginnen, Dr. Sara Halprin, eine Therapeutin und Autorin, krank wurde und kurz darauf starb, kam mir das Feld des Prozessgeistes in Erinnerung. Von frühester Kindheit an hatte sie sich für das Theater und das Schreiben interessiert. Es bereitete ihr Freude, einem Publikum etwas nahezubringen. Sie ist oder war in vieler Hinsicht eine großartige Frau. Als sie krank wurde, war ich dank der Hilfe ihres Partners Herb Long in der glücklichen Lage, mehrfach mit ihr telefonieren zu können. Es stellte sich heraus, dass die Worte unseres letzten Gesprächs, das ich nun wiedergeben werde, ihre letzte verbal mitgeteilte Erfahrung waren. Ich hatte keine Ahnung, dass dies Saras letztes Gespräch sein würde oder sie innerhalb von Tagen sterben würde. Im Rückblick hat sie vielleicht zum Teil unter den Auswirkungen einer hochdosierten Chemotherapie gelitten, die ihr Körper nicht gut vertrug.

Als diese letzte Unterhaltung begann, sagte mir Sara mit schwacher, aber klarer Stimme, dass sie vor allem wolle, dass ihr Leben nützlich für andere sei. Sie sprach von ihren letzten Versuchen, die besten verfügbaren Ärzte, Krankenhäuser und Medikamente zu finden, die bei ihrem Nierenkrebs helfen konnten. Sie fragte, ob ich irgendetwas wisse, das noch zusätzlich getan werden könne und über die Arten von Medizin und Chemotherapie hinausginge, die sie bereits ausprobierte. Ich sagte ihr, dass sie die beste mir bekannte medizinische Hilfe erhalte und es nun das Beste sei, ihrem Prozess zu folgen. Sie stimmte mir zu.

Im weiteren Gesprächsverlauf offenbarte sie mir, dass sie sich fürchtete. Sie klagte über Panik, Herzrasen und schreckliche Angst. Mit schnellem Atem fragte sie mich mehrfach: „Was passiert gerade?" Vielleicht hatte sie Angst, weil sie spürte, wie nahe sie dem Tod war. Das Folgende ist eine annähernd wortwörtliche Wiedergabe ihrer Erfahrungen:

Sie sagte, ihr Herz „rase" und schlage so stark, dass sie es in ihrer Brust fühlen könne. Als ich ihr vorschlug, mit ihrer Herzerfahrung zu beginnen, wurde sie ruhiger. Einen Augenblick später sagte sie mit leiser und ruhiger Stimme, sie sehe sich „ins Nichts fallen … ins Nichts fallen". Also entgegnete ich: „Dann lass uns dieses Nichts erkunden." Sie antwortete, sie habe Angst, in jenes Nichts zu fallen: „Es ist so leer." Sanft empfahl ich ihr, ihrer Erfahrung zu vertrauen und zu folgen. „Vielleicht stellt sich heraus, dass ich nichts bin", antwortete sie bedrückt.

Wenngleich zögerlich, sagte sie mir dennoch bald, dass sie das Gefühl des Fallens zu erkunden versuche. Während Herb Long den Hörer an ihr Ohr hielt, berichtete sie, dass sie sich in der Luft, in der „Leere" herumwirbeln sah. In einem ängstlichen, aber erregten Zustand, sagte sie: „Ich falle, falle, falle." Erschrocken fragte sie: „Und jetzt?" Ich antwortete, dass wir abwarten sollten und ihr Prozess uns sagen würde, was als Nächstes komme. Ruhig warteten wir einen Augenblick lang. Dann sagte sie, zu ihrer eigenen – und meiner – Überraschung, freudig, sie „lande nahe dem Fluss".

„Ich lande, ja! Ich lande am Fluss, und ich bin so glücklich über den Anblick einer wunderschönen grünen Stockente auf dem Wasser!" Sie sagte, der Hals des Vogels erstaune sie – er „flattere", er bewege sich schnell hin und her. Vielleicht sei der Vogel im Begriff, abzuheben. „Wunderschön!" Nach einem Moment der Stille sagte sie: „Auf Wiedersehen." Das waren ihre letzten gesprochenen Worte.

Heute denke ich rückblickend über Saras letzte Lebensmomente nach. Ich bin sehr dankbar für die Art und Weise, wie Herb sich um sie gekümmert hat, und staune über ihre Vision. Ich möchte mit Ihnen, liebe Leserin, lieber Leser, weiter staunen, und ich möchte Sara danken, dass sie mir den Impuls gegeben hat, ihre Worte zu publizieren. Ich erinnere mich an ihren Wunsch, für andere „nützlich" zu sein; vielleicht wird der Prozess, durch den sie mit mir ging, auch für andere „nützlich" sein. Nachdem ich dieses Buch beendet hatte, fiel mir eine autobiographische Skizze in die Hand, worin sie sich selbst als einen Vogel beschreibt, der am Fluss lebt.[3] Wie bemerkenswert, dass sie während ihrer letzten Lebensmonate in eine neue Wohnung am Ufer des Willemettes in Portland umzog.

*Abbildung 1.1. Sara Halprins Lebensprozess.
Durch das Nichts hindurch bewegte sie sich der Stockente auf dem Willamette
in der Nähe ihrer Wohnung entgegen.*

1. Der Prozessgeist als ein Kraftfeld im Alltagsleben und in Todesnähe

Ihr letzter verbal kommunizierter Prozess wirft alle möglichen Fragen auf. Welche Art von Intelligenz leitete sie durch die „Leere" hindurch zu dem Fluss und dem Vogel? Welches ist die Natur jener Intelligenz in ihr, die zunächst in ihrem flatternden Herzen und später im flatternden Hals des Vogels erschien? War jener beängstigende Herzschlag eine körperliche Auswirkung des nahenden Todes? Oder war er ihre Traumerfahrung des „flatternden" Vogels? Was organisiert Körpererfahrungen, damit sie unsere Phantasien und Träume widerspiegeln, oder unsere Träume, damit sie Körpererfahrungen widerspiegeln? Und worin bestand die Bedeutung des „Nichts", das sie fürchtete und durch das sie sich bewegte, bevor sie die Ente entdeckte? Bezeichnenderweise konnte ihre gewöhnliche Form erst verschwinden und sie den Fokus auf den Vogel richten, nachdem sie sich jenem Nichts untergeordnet hatte.

Vielleicht war das Nichts, wovor sich Sara fürchtete, der Tod. Aber meine Vermutung ist, dass das, was sie als das Nichts erfuhr, tatsächlich das Kraftfeld ihres Prozessgeistes war, dessen Organisation sie noch nicht richtig kannte. Nachdem der Prozessgeist sie nach innen gezogen und von einer Form in eine andere bewegt hatte, verwandelte sich ihre Angst in Erstaunen und Ruhe angesichts ihrer Vision. Warum sprach dieses Feld nicht mit ihr über ihren Tod, ihre Beerdigung oder die sie umgebenden Menschen? Warum führte es sie stattdessen zu dem Vogel auf dem Fluss?

Jeder unter uns wird eine andere Antwort auf diese Fragen haben. Meine lautet, dass der Prozessgeist – das heißt jene tiefe Intelligenz, die sie von einem Punkt in ihrer Existenz zum nächsten bewegt – ein zeitloses Kraftfeld ist, das in Symbolen erscheint, nämlich zunächst als „Leere", dann aber als flatternde Stockente auf einem Fluss. Es scheint mir, dass Begriffe wie Leben und Tod zwar helfen, die Realität oder besser die Konsensusrealität zu definieren, aber nicht die einzigen oder besten Beschreibungen unserer Reise durch die Zeit sind. Das von Panik ergriffene Herz, das Sara als Symptom des nahenden Todes am meisten ängstigte, wurde im nächsten Moment zu einem wunderbaren und tröstlichen Bild eines flatternden Vogels, der im Begriff war zu fliegen.

Saras Leben ist zum Teil in einem Foto von ihr eingefangen und in Bildern, die ihre letzten Lebenserfahrungen repräsentieren (siehe Abbildung 1.1). Aber sie selbst kann nicht in Bildern zusammengefasst werden. Wir alle sind mehr als die Summe unserer persönlichen Bilder und der Bilder unserer Fantasie in allen unseren Realitäten und Träumen. Saras Prozessgeist, wie auch unserer, ist eine Art von Leere, ein potentielles, unsichtbares Feld wie die Schwerkraft oder der Wind. Er ist immer da, um uns auf die eine oder andere Weise zu ziehen und zu bewegen. Im Alltagsleben leugnet unser gewöhnlicher Verstand den Prozessgeist im Hintergrund. Wir fürchten jene Leere – ihre Kraft und ihre Fähigkeit, uns frei und weise in Richtungen zu bewegen, die wir in unseren Träumen erkennen können.

Raum und Zeit, Leben und Tod

Ist es nicht bemerkenswert, dass Saras Prozessgeist, selbst in ihren letzten Erfahrungen, nicht über den Tod spricht? Für gewöhnlich sind wir so beunruhigt über Leben und Tod. In Todesnähe scheint der Prozessgeist die Dimensionen von Raum und Zeit jedoch zu ignorieren, um auf einen anderen Raum, einen „Hyperraum", hinzuweisen, jenseits unserer herkömmlichen Dimensionen von Tag und Nacht, Vergangenheit und Zukunft, ich und du, Leben und Tod. In gewisser Hinsicht führt die Vorstellung von unserem Leben als einer dreiteiligen Sequenz, in der wir geboren werden, leben und sterben, zu einer Marginalisierung der kraftvollen und vereinigenden Felderfahrung, die die Symbole unserer Träume organisiert. Von sich selbst als entweder lebend oder tot, wach oder schlafend oder sogar im Sinne zeitweiliger Bewusstseinszustände oder Erscheinungen oder Erfolge oder Niederlagen zu denken, negiert einen großen Teil unserer Natur.

Vom Standpunkt des Prozessgeistes aus betrachtet, sind wir ein ganzes Feld, das *alle* offenkundigen Dichotomien mit einschließt. Wir sind nicht bloß die Bilder; wir sind die Kräfte und Präsenzen, die diese Bilder *erschaffen* und mitunter in Symbole wie den Vogel schlüpfen.

Falls dies seltsam klingt, denken Sie daran, dass unsere Vorfahren und die Urvölker allerorten „Felder" gespürt haben und die Kräfte jener Felder und Gebiete der Erde im Sinne von Totemgeistern personifiziert haben. Sie glaubten, dass wir selbst Manifestationen jener Geister und Gebiete sind. Aus dieser Perspektive war Sara vielleicht nicht nur die Frau, die wir durch ihr Bild kannten, sondern auch die Kraft hinter den Bildern des Wassers und des Vogels. Wir müssen für diese Möglichkeit offen sein, wenn wir Nahtoderfahrungen würdigen und uns einen Reim darauf machen wollen.

Physik und Psychologie

In *Der verborgene Code des Bewusstseins* stimmte ich dem Physiker David Bohm zu, dass es in der Natur so etwas wie eine „Pilot"-Welle gibt. Bohm stellte sich vor, seine Pilotwelle leite Teilchen. Mir scheint, dass das Feld des Prozessgeistes dasjenige ist, was uns durch das Leben leitet. Wir müssen ein vollständigeres Bild der Existenz entwickeln, das sowohl den Ursprung unseres Bewusstseins als auch unsere Alltagsrealität beschreibt. Wir benötigen ein Konzept wie den Prozessgeist, das unsere Alltagskonzepte von Leben und Tod, Raum und Zeit, Realität und Traum in sich einschließt und erweitert.

Später argumentiere ich, dass der Prozessgeist eine Superposition von verschiedenen Zuständen ist, was bedeutet, dass er die Summe aller unserer potentiellen Traumbilder ebenso wie unserer verschiedenen alltäglichen Stimmungen und Fähigkeiten darstellt. Wie Schrödingers Quantenkatze, die Schrödinger und andere mit ihrer Fähigkeit verwirrte, gleichzeitig lebendig und tot sein zu können, ist unser Prozessgeist auch lebendig, tot und mehr – alles zur selben Zeit. Auch wenn diese Sicht eines doppelten Zustandes unseren zweifelnden Alltagsverstand verwirrt, für den das gewöhnliche Leben die einzige Realität ist, kann sie buchstäblich eine Angelegenheit von Leben und Tod (oder zumindest eine Frage von Gesundheit und Wohlbefinden) in Bezug auf unseren Körper sein, wenn es darum geht, ein erweitertes Bewusstsein zu entwickeln, welches das Feld unseres Prozessgeistes mit einschließt. Unsere Alltagsidentität wird immer wichtig sein. Wir brauchen sie, damit sie uns hilft, zu zweifeln, zu staunen und zu reflektieren. Aber sie macht nur einen Teil der Geschichte und nicht die ganze Geschichte aus. Dafür kann uns das unsichtbare „leere" Feld des Prozessgeistes helfen, die ganze Dimension des Lebens sowie die Geschehnisse in Todesnähe zu verstehen.

Ich mag Shunryu Suzuki Roshis Zen-Metaphern für den „leeren Geist". In seinem wunderbaren Buch *Zen-Geist, Anfänger-Geist* sagt er: „Es ist also für jedermann absolut nötig, an nichts zu glauben. Ich meine aber nicht Nichtigkeit. Es gibt etwas, aber dieses Etwas ist etwas, das immer bereit ist, eine bestimmte Form anzunehmen, und es hat einige Regeln oder Theorie oder Wahrheit in seiner Tätigkeit." Und weiter: „Unter Erleuchtung verstehe ich, an nichts zu glauben, an etwas zu glauben, das nicht Form noch Farbe hat, das bereit ist, Form und Farbe anzunehmen."[4]

Das „Nichts" des Roshi ist das, was ich das Feld des Prozessgeistes nenne.

Auf einen Blick

1. Der Prozessgeist ist eine Aktualisierung von Einsteins Konzept der „Gedanken von Gott" und des „Quantengeist"-Konzeptes.

2. Der Prozessgeist ist ein unsichtbares Kraftfeld, das unsere Körper- und Traumbilder auf bedeutungsvolle Art und Weise bewegt und organisiert.

3. Vielleicht organisiert das Feld des Prozessgeistes unser persönliches Leben sowohl in gewöhnlichen als auch in ungewöhnlichen Bewusstseinszuständen, selbst an der Grenze zwischen Leben und Tod.

4. Zweifel ist wichtig; er hilft uns bei der Selbstreflexion.

5. Der leere Geist in den Zen-Traditionen, das Felddenken in der Physik und der Prozessgeist in der Psychologie sind verwandte und sich zum Teil überschneidende Konzepte.

KAPITEL 2

Felder, Blitze und Erleuchtung

> Anstatt Wissen anzuhäufen sollt Ihr Eure Geisteshaltung reinigen. ...
> Das nennt man Leerheit oder allmächtiges Selbst oder Allwissenheit.
> Wenn Ihr alles wisst, seid Ihr wie ein dunkler Himmel.
> Gelegentlich wird ein Aufleuchten durch den dunklen Himmel gehen.
> Ist es vorüber, so vergesst Ihr alles davon, und es ist nichts mehr da als der dunkle Himmel. Der Himmel ist niemals überrascht, wenn plötzlich ein Blitzschlag durchbricht. ... Wer Leerheit hat, ist immer bereit, das Aufleuchten abzuwarten.
>
> SHUNRYU SUZUKI, ZEN-GEIST, ANFÄNGER-GEIST

In der Alltags- oder „Konsensusrealität" sind Sie bloß ein realer Körper, ein materielles, biologisches Wesen, das an einem gegebenen Ort, zu einer gegebenen Zeit existiert. Sie haben Gewicht, nehmen Raum ein und altern mit der Zeit. In der Konsensusrealität sind Sie eine Person, die in ihrem Körper lebt. Gleichzeitig sind Sie, von einem anderen Standpunkt aus betrachtet, ein unsichtbares nichtlokales Feld, das zum Teil als die Bewegungen eines realen Körpers erscheint, der von realen Dingen umgeben ist.

Durch die Arbeit mit Menschen im Koma und in Todesnähe habe ich viel über dieses nichtlokale Feld gelernt. Wenn ich beispielsweise annehme, dass eine Person in einem komatösen Zustand bloß in ihrem Körper in einem bestimmten Krankenhausbett präsent ist, werden die einzigen Antworten, die ich von ihr wahrnehme, minimale Körperhinweise sein. Bringe ich die Person jedoch nicht nur mit ihrem Körper in Verbindung, bin ich frei, ihre Antworten überall dort zu suchen, wo ich sie im Raum wahrnehme.

Dies gilt natürlich für jeden, mit dem man kommuniziert. Nichtlokale Kommunikation findet andauernd statt. Man denkt an jemanden, kurz bevor die betreffende Person anruft oder eine E-Mail sendet. Man ahnt etwas und sieht es kurz darauf in der Konsensusrealität auftauchen. Diese Art von gegenseitiger Verbindung mit jemandem in einem komatösen Zustand scheint nur deshalb bemerkenswerter zu sein, weil wir dazu neigen, diese Art von Verbindung in unserer Alltagserfahrung herunterzuspielen.

Ich habe oft zu Menschen im Koma gesagt: „Mach ein Geräusch, wenn du mich hörst." Falls der Körper im Bett regungslos bleibt, aber der Vorhang vor dem Fenster zu wehen beginnt, sage ich möglicherweise: „Aha. Danke für die Antwort." Obgleich ich keine statistischen Daten gesammelt habe, die den Wert dieses Ansatzes belegen, hat die Erforschung von nichtlokalen Reaktionen in den Situationen, in denen ich gearbeitet habe, ein erstaunliches körperliches Erwachen ermöglicht. In meinem Buch *Koma – Schlüssel zum Erwachen* berichte ich die Einzelheiten eines solchen Falles, in dem die Person, nachdem sie aus dem Koma erwacht war, bestätigte, dass sie mich gehört und dann mit mir „gesprochen" hat.

Gleichermaßen können Sie einen Kranken oder Sterbenden durch die Identifikation mit ihm daran hindern, Ihnen seine Erfahrung mitzuteilen. Warum? Weil das, was die Person als Ganzes ist, marginalisiert wird. Sie betrachten denjenigen bloß als krank oder sterbend anstatt als ganze Person. Dies mag mit ein Grund sein, warum sehr alte Menschen oftmals zögern, über den Tod und das Sterben zu sprechen. Sie fürchten, dass andere sie in der Idee einer einzigen Lokalität einsperren, nämlich derjenigen ihres an Kräften abnehmenden Körpers. Dies erinnert mich an etwas, das ich mit meiner Mutter während ihrer letzten Tage erlebt habe. Ich folgte ihrem Prozess, als sie sich in einem vegetativen Zustand befand. Sie war offenkundig in einem weit entfernten Bewusstseinszustand, als sie für einen Moment erwachte, um mich zu fragen, ob ich „die Geburt eines Sterns im dunklen Raum des Universums" sehen könne. Dann fügte sie hinzu: „Ist das nicht wunderbar?"

Was ich sagen will, ist, dass Menschen mehr sind als physikalische Körper; sie sind ebenso ein Feld des Prozessgeistes. Sich dieser Tatsache bewusst zu sein, verändert unsere Fähigkeit, mit ihren Prozessen zu arbeiten. Denken Sie, wenn es nötig ist, daran, sich selbst nicht nur als einen mechanischen, lokalen Körper zu betrachten, der von Kräften in unmittelbarer Nähe beeinflusst wird, sondern auch als ein Feld des Prozessgeistes – eine Intelligenz, die jederzeit überall sein kann –, das sich als physikalischer Körper oder in den Geschehnissen manifestieren kann, die den Körper umgeben. Ihren Prozessgeist zu spüren, kommt dem Spüren einer Präsenz, eines Potentials oder einer Tendenz gleich. In diesem Kapitel erfahren wir, wie man jenem Potential näher kommt.

Das Feld des Blitzes

Metaphern wie jene des Gravitationsfeldes, des den Wind erzeugenden Feldes der Luftdruckunterschiede und des elektromagnetischen Feldes, das einem Blitzschlag vorausgeht, können uns helfen, den Prozessgeist zu erfassen, da er auf seiner grundlegenden Ebene unsichtbar ist![1] Gleichermaßen füllt ein elektrisches Feld, das wir nur in Form eines Blitzes sehen können, der quer über den Himmel zuckt, den Raum zwischen Himmel und Erde aus.

Betrachten wir die Analogie des Blitzes. Mit einer Hochgeschwindigkeitskamera aufgenommene Bilder zeigen, wie sich ein Blitz im Verlauf der Zeit entwickelt. Der gesamte Prozess, wie in Abbildung 2.1 dargestellt, findet in einer Fünftelsekunde statt. Bild 1 zeigt das elektrische Feld, während sich die Ladung aufbaut; es ist kein Blitz erkennbar. Auf Bild 2 taucht ein kleiner Vorblitz am Himmel auf, der sogenannte „Leitblitz". Er besteht aus einem im Zickzack verlaufenden, nur einen Zentimeter dünnen Luftkanal, durch den geladene Teilchen in Richtung Erde sausen. Beachten Sie, dass dieser Vorblitz noch nicht den Boden erreicht. Vielleicht kennen Sie solche kleinen Blitze von Sommerabenden. Die Blitze tauchen auf, aber der Blitz schlägt noch nicht ein. Auf Bild 3 sehen Sie einen vom Boden oder einem Baum ausgehenden Blitz – den „Fangblitz". Auch das ist nur eine „Vorentladung", die sich aufwärts bewegt, um auf den „Leitblitz" zu treffen. Auf Bild 4 verbinden sich Fangblitz und Leitblitz. Durch diesen jetzt vollständigen Blitzkanal kann sich die eigentliche Hauptentladung ereignen, die wir dann Sekundenbruchteile später als grellen Blitz sehen können.

Gleichermaßen ist der Prozessgeist ein Feld zwischen den Teilen unseres Selbst ebenso wie zwischen uns als menschlichen Wesen und allem anderen, womit wir uns verbinden. Der Raum „dazwischen" scheint leer zu sein, bis wir dazu bewegt werden, verbale, auditive oder visuelle Signale beispielsweise zwischen Teilen, Menschen oder der Umwelt hin- und herzusenden. Dennoch ist er möglicherweise mit jener Kommunikation verbunden und könnte sie tatsächlich hervorrufen oder „aufräumen".

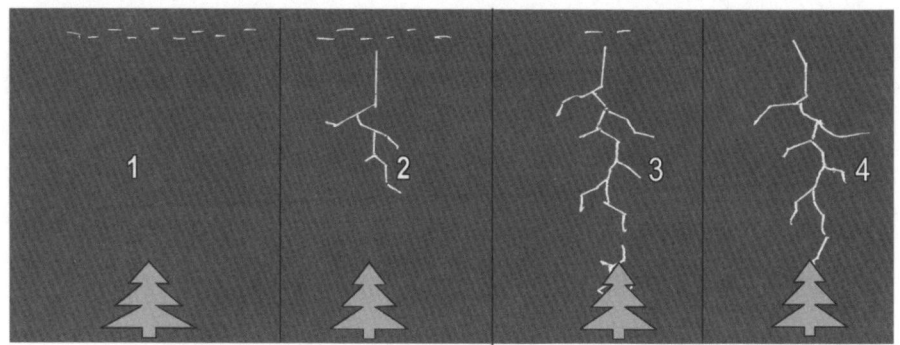

Abbildung 2.1. Wie ein elektrisches Feld einen Blitz erzeugt. Auf Bild 1 baut sich das Feld auf. Der Himmel ist negativ geladen und der Baum wird positiv geladen. Auf Bild 2 beginnt der Leitblitz und so fort.

Nehmen Sie vor dem Zubettgehen die Atmosphäre in Ihnen und Ihrer Umgebung wahr. Nehmen Sie wahr, ob kleine „Leitblitze" und „Fangblitze" – die ich „Flirts" nenne – Ihre Aufmerksamkeit auf sich ziehen. Sie sind Ausdruck der „Leerheit" des Prozessgeistes und tauchen oftmals in Träumen auf.

Achten Sie gleichermaßen auf die Atmosphäre der Beziehung, bevor Sie mit jemandem in Kommunikation treten. In Beziehungen ähneln Kommunikationssignale Blitzen. So wie dem Blitz „Leitblitze" und „Fangblitze" vorausgehen, gehen menschlichen Signalen jeweils „Flirts" voraus – subtile Signale, winzige Rucke und Impulse, die unser Alltagsbewusstsein kaum zu erreichen vermögen. Sofern wir unsere Wahrnehmung nicht trainieren, nehmen wir diese „Kommunikationsflirts" nicht wahr, das heißt, wir ignorieren die „Spannungen" im zwischenmenschlichen Feld. Meist richten wir den Fokus erst auf den „Hauptblitz", wenn er einschlägt. Dann sagen wir: „Ah-ha!", oder „Ich hatte doch diesen Traum!" Oder wir beschreiben Beziehungen, indem wir sagen: „Du hast das und das gesagt! Was für eine Äußerung!" oder „Du hast das getan, und daraufhin habe ich jenes getan." Meistens handeln wir, als würden wir nicht spüren, was als Nächstes geschieht.

Ohne eine geschulte Aufmerksamkeit wird man die vor dem Ereignis des Blitzes vorhandene Feldsituation kaum wahrnehmen. Jenes Feld ist unsichtbar; man kann es nicht mit physischen Augen sehen. In gewisser Hinsicht ist es „Nichts". Aber dieses „Nichts" ist *fühlbar*. Wenn zwei Menschen beteiligt sind, nenne ich das dazwischenliegende unsichtbare Feld den Prozessgeist der Beziehung.

Individuen, Paare, Gruppen und –im Prinzip – die ganze Welt besitzen ihren Prozessgeist, der die allen gemeinsamen Räume und Atmosphären einschließlich des Fühlens und Träumens beschreibt. Besäßen wir eine erhöhte Feldwahrnehmung, würden uns die großen Schocks im Leben nicht so überraschen, Organisationen wären besser auf die Zukunft vorbereitet, und Nationen würden nicht so überwältigt vom Glück oder auch Unglück wie „plötzlichen" Angriffen oder Naturkatastrophen. Wenn man mit dem Feld des Prozessgeistes verbunden ist, ist es unter Umständen möglich, die Dinge wahrzunehmen, bevor sie sich ereignen.

Übung 1: Die Wahrnehmung schulen

Geben Sie sich nun die Möglichkeit, mit Ihrem Prozessgeist zu experimentieren. Fühlen Sie zunächst das, wovon Sie sich vorstellen, dass es die Sie umgebende Kraft oder das Sie umgebende Feld ist. Fühlen Sie etwas, das Sie auf die eine oder andere Weise bewegen will? Vertrauen Sie Ihren Erfahrungen mit diesem Feld. Ich empfehle, dass Sie Ihre Erfahrungen mit dieser Übung auf den Collageseiten in Anhang B unter Punkt 1 festhalten.

Wenn Sie fertig sind, versuchen Sie Ihrem Körper auf folgende Art und Weise zu folgen: Schließen Sie die Augen halb und konzentrieren Sie sich auf Ihre Atmung. Warten Sie, bis Sie ein Gefühl für Ihren Körper bekommen. Wenn Sie so weit sind, spüren Sie die Richtung, in die Ihr Körper sich zu bewegen tendiert oder zu bewegen versucht. Folgen Sie dieser Tendenz. Bewegen Sie sich in die Richtung, in die Ihr Körper sich zu bewegen tendiert, bis Sie wissen, warum Sie sich in jene Richtung bewegen und was sich auszudrücken versucht. Wenn Sie einen Hinweis darauf erhalten, warum Sie Ihr Körper in jene Richtung bewegen will, wissen Sie mehr über sich selbst; Sie sind mit Ihrer momentanen Psychologie oder Ihrem momentanen Prozess in Berührung.

Wie beschreiben oder verstehen Sie persönlich in dieser Übung das Feld, das Ihren Körper bewegt oder zu bewegen versucht? Ist es eine Kraft, oder handelt es sich dabei um Ihre „Biologie"? Ist es eine Form der Schwerkraft? Ist es „Gott"? Alle diese Begriffe beschreiben Aspekte des Prozessgeistes, das heißt des „Geistes" hinter Ihrem „Prozess", hinter Ihren spontanen Träumen und Bewegungen. Vielleicht nehmen Sie wahr, dass Sie sich „ausgeglichener" fühlen, wenn Sie sich jenes Feldes bewusst sind und ihm folgen. Wenn Sie den Sinn dessen zu spüren vermögen, was das Feld tut, könnte Ihre gegenwärtige Lebenssituation an Bedeutung zunehmen.

Lassen Sie mich nun eine weitere Frage stellen, eine Frage, auf die es nicht nur eine Antwort gibt: Wie weiß das Feld, wohin es Sie in einem gegebenen Moment bewegen soll? Hängt das mit Ihrer Psychologie, Ihrer Biologie, der Physik, dem Zufall oder noch etwas anderem zusammen? Meine Antworten auf diese Möglichkeiten lauten: Ja, ja und ja. Ich fasse alle diese Faktoren zusammen, indem ich das, was Sie bewegt, Ihren Prozessgeist nenne, das Bewusstsein oder das Feld, das in Form der Träume erscheint, die Sie nachts träumen, und der Körpersignale, die Sie tagsüber wahrnehmen.

Der Prozessgeist erscheint Ihnen am häufigsten in Form eines Gefühls oder einer Stimmung, welche Signalen und Ereignissen vorausgeht, die sich in Ihrer Physiologie widerspiegeln. Durch die Arbeit des Neurophysiologen Benjamin Libet wissen wir, dass unserer absichtlichen oder bewussten Kontrolle einer jeden Handlung ein elektrisches Feld vorausgeht, selbst wenn wir es ablehnen, die entsprechende Handlung auszuführen.[2] Jeder unserer bewussten Handlungen geht ein elektrisches Feld voraus. Der Prozessgeist ist das organisierende Feld, eine Form von „Kraft", deren Spuren teilweise messbar sind. Er ist das Feld, in dem Sie mit allem leben, was Sie umgibt.

Warum wir nicht bewusst sind

Wenn der Prozessgeist so zentral ist – wenn es, wie Suzuki es in dem Zitat zu Beginn dieses Kapitels andeutet, für die Erleuchtung so wesentlich ist, dieses Feld, diesen „dunklen Himmel" zu kennen –, warum ist er uns dann nicht die ganze Zeit über bewusst? Eine Antwort darauf lautet, dass wir von der Natur die Möglichkeit erhalten haben, unsere Wahrnehmung von Feldern zu marginalisieren, sie zu ignorieren oder zu vergessen. In den Begriffen der Quantenphysik kollabiert der Akt der Beobachtung oder des Messens von Dingen die Wellenfunktion und bringt die Realität hervor. So, wie die Dinge liegen, können wir sagen: „Ich sehe und tue dies oder das. Ich mag keine Felder, Wellenfunktionen oder Erleuchtung! Ich will von all dem nichts wissen, geschweige denn, daran glauben. Ich möchte mein eigener Herr sein!" Wie das Sprichwort sagt: „Aus den Augen, aus dem Sinn."

Unsere Fähigkeit, tiefe Erfahrungen zurückzuweisen, ist in der Tat für unsere gesamte Natur als Mensch wichtig. Diese Zurückweisung trennt uns von unserer tiefsten Natur und bringt Diversität hervor, eine Welt der vielen Teile und die Möglichkeit zur Reflexion – das heißt zur Selbstreflexion! Und der Essenzebene unserer Erfahrung ein „Nein" zu entgegnen, erlaubt uns, den Fokus vermehrt auf sichtbare Signale und die greifbaren Konsensusrealitäten der Welt zu richten. Folglich werden wir durch die Trennung vom Prozessgeist fähig, eine Konsensusrealität zu erschaffen und über das, was wir erfahren, zu reflektieren – einschließlich der Räume zwischen Himmel und Erde, zwischen unseren eigenen inneren Teilen und zwischen Menschen und Dingen. Trennung führt zur Möglichkeit der Beobachtung, einschließlich der Möglichkeit, das Feld des Prozessgeistes zwischen Beobachter und Beobachtetem wahrzunehmen.

Da allem, was wir betrachten, ein Prozessgeist-Feld vorausgeht, ist unsere Beobachtung von etwas verflochten oder verbunden mit jener Sache ebenso wie mit dem Feld zwischen Beobachter und Beobachtetem. Mich begeistern die Zeichnungen des Universums von John Wheeler, dem großen Physiker. Eine davon, die ich hier nachzeichne (siehe Abbildung 2.2), zeigt auf, wie das Universum sich durch uns betrachtet. Das Universum, das U in der Abbildung, ist nicht bloß die Summe aller Dinge, sondern auch der Raum, der Prozessgeist zwischen uns, der sich selbst betrachtet.

Abbildung 2.2. Das Universum als ein sich selbst betrachtender Prozessgeist. Die Zeichnung ist von einer Skizze des Physikers John Wheeler inspiriert.

Übung 2: Der Prozessgeist in Form von Tendenzen im Körper

Erlauben Sie Ihrem Körper im Verlauf dieser zweiten Übung, Ihnen den Prozessgeist weiter zu erklären. In dieser Übung geht es darum, zwischen der Konsensusrealität des Alltags und der Wahrnehmung des Prozessgeistes hin- und herzuwechseln. Starten wir zunächst mit Ihrer Alltagsrealität. Wie identifizieren Sie sich in letzter Zeit hauptsächlich? Mit welcher Art von „Arbeit" oder Tätigkeit sind Sie am meisten identifiziert? Denken Sie einen Augenblick über diese Tätigkeit nach. Welche Gefühle nehmen Sie bezüglich dieser Tätigkeit wahr?

Erkunden wir nun ein weiteres Mal Ihre Erfahrung des Prozessgeist-Feldes in Form von Bewegungstendenzen. Versuchen Sie, sich im Stehen oder Sitzen zu entspannen, wobei Sie Ihre Körperwahrnehmung aufrechterhalten. Entspannen Sie sich so weit, dass Sie das Gefühl haben, fast schon zu schlafen, obwohl Sie stehen oder sitzen. Wenn Sie so weit sind, nehmen Sie aus diesem „Beinahe-Schlafzustand" heraus mit Ihrem luziden Bewusstsein die Bewegungen wahr, zu denen Ihr Körper tendiert. Nehmen Sie seine kleinsten Bewegungstendenzen wahr. Folgen Sie ihnen eine oder zwei Minuten lang. Wenn Sie fertig sind, kehren Sie in Ihren gewöhnlichen Bewusstseinszustand zurück.

Wiederholen Sie das ganze Experiment noch einmal, und beginnen Sie mit der Identifikation mit Ihrer Alltagsrealität. Fahren Sie mit dem „Schlafen" und „Wachen" fort, bis Sie ein Gefühl dafür haben, wie und warum Ihr Körper von den subtilen Tendenzen irgendeines Feldes umherbewegt wird. Können Sie in Ihren eigenen Worten formulieren, welches die Natur dieses Feldes ist? Vermögen Sie die Botschaft des Feldes zu spüren? Versuchen Sie, noch immer luzid, zu spüren, ob dieser Prozessgeist eine Absicht hat. Machen Sie sich eine Skizze und/oder ein paar Notizen unter Punkt 2 auf den Collageseiten in Anhang B.

Einer meiner Klienten, der an einer schweren Depression litt, probierte diese Übung aus und fand heraus, dass seine Körperbewegungen und Tendenzen ihn immer wieder erfahren ließen, dass eine weise Hand ihn bewegte und sein Leben nicht so hoffnungslos war, wie er befürchtet hatte. Die Absicht der bedrückenden Gefühle bestand offensichtlich darin, ihn zu veranlassen, aus der Alltagsrealität herauszutreten, um diese „Hand" zu spüren, einen neuen und tieferen Teil in ihm.

Was ich den Prozessgeist nenne, ist das, was Sie vielleicht Ihren Geist, Ihr Unbewusstes, Ihr tiefstes Selbst, Ihre Biologie, Ihren Traumkörper, Ihre Weisheit oder sogar Gott nennen.[3] Wenn Sie sich in tiefer Verbindung damit befinden, können Sie den Prozessgeist als etwas spüren, das dazu tendiert, Sie zu bewegen. Sie können Ihre Augen jederzeit schließen, Ihren Körper spüren und einfach wahrnehmen, wohin Sie sich zu bewegen tendieren. Indem Sie Ihrem Körperprozess folgen, können Sie Ihren Prozessgeist als ein Feld kennenlernen, das Sie in irgendeine Richtung zu „träumen" versucht. Der Prozessgeist geht Ihren Träumen voraus, so wie ein unsichtbares Feld dem Blitz vorausgeht.

Dies erinnert mich wieder daran, was Shunryu Suzuki Roshi in dem Zitat zum Auftakt dieses Kapitels sagt: „Wenn Ihr alles wisst, seid Ihr wie ein dunkler Himmel. Gelegentlich wird ein Aufleuchten durch den dunklen Himmel gehen. Ist es vorüber, so vergesst Ihr alles davon, und es ist nichts mehr da als der dunkle Himmel."

Auf einen Blick

1. Dem Auftreten von Blitzeinschlägen geht ein elektromagnetisches Feld voraus. Nehmen Sie Tendenzen wahr und erforschen Sie, was dahintersteckt.

2. Ihren Prozessgeist als ein Feld wahrzunehmen, ist eine Form der Erleuchtung.

KAPITEL 3

Zen-Metafähigkeiten

Der Prozessgeist ist durch die Geschichte hindurch, abhängig von Zeit und Kultur, mit vielen Namen benannt worden. Möglicherweise Gerhard Dorn, einem führenden Alchemisten des 16. Jahrhunderts, folgend, sprachen die Alchemisten vom „Unus Mundus", der einen Welt, aus der alles entstanden ist. C. G. Jung stieß im Rahmen seiner Studien über Alchemie auf diesen Begriff und benutzte ihn in seiner Arbeit zur Beschreibung der hypothetischen Quelle hinter allen Ereignissen in der Alltagsrealität. Jung bezeichnete Ereignisse, die ohne einen identifizierbaren Grund miteinander verbunden sind, als „sinngemäße Koinzidenzen" oder „Synchronizitäten".[1] Ich verstehe Jung so, dass der Beobachter und das Beobachtete von derselben Quelle herstammen, dem Unus Mundus.

Wie wir gesehen haben, bezieht sich das in Suzukis „dunklem Himmel" reflektierte Konzept des Zen-Buddhismus auf die Kraft und das Potential des Prozessgeistes. Die früheren Zen-Buddhisten sprachen von der Essenzebene unserer Psychologie im Sinne des „Buddha-Geistes". Die meisten Schöpfungsmythen weisen auf einen aus sich heraus existierenden, intelligenten Prozessgeist hin, wenn sie von den ersten Momenten der Schöpfung sprechen, bevor es Pflanzen, Steine, Fische, Tiere und Menschen gab. Beispielsweise beschreiben die südafrikanischen Zulu ihren mythischen Schöpfer, Unkulunkulu, als eine Personifikation des ersten „Samens", aus dem die Welt hervorging. Die frühen Chinesen sprachen in Zusammenhang mit dem geheimnisvollen Feld, aus dem aller Wandel hervorgeht, vom „Tao, das nicht gesagt werden kann". Es ist die „Mutter von Himmel und Erde". „Folge dem Tao", lautete ihr Rat.

Mich hat die Idee des Tao fasziniert und ich wollte lernen, ihm zu folgen. Dies geschah so intuitiv, dass ich eine Art von Tao-Arbeit entwickelte, die heute als Prozessorientierte Psychologie bekannt ist. Der Prozessgeist ist ein weiterer

Schritt in Bezug darauf, der Quantenphysik und ihren Wellenfunktionen ein menschliches Element und dem Tao ein Beobachterelement hinzuzufügen.

Obgleich der Prozessgeist ein allgemeines Prinzip ist, besitzt jeder unter uns seinen eigenen Prozessgeist ebenso wie jede Beziehung, Gruppe und Organisation. Während überall auf der Welt elektrische Felder entstehen und Blitze auftreten können, bestimmt die Natur der Erde an einem bestimmten Punkt die Art und Weise, wie der Blitz dort erscheint. Ebenso besitzt jedes Prozessgeist-Feld seine eigenen Eigenschaften. Man vermag das Menschen umgebende Feld zu spüren. Wir können eine Freundin fast erkennen, wenn sie uns im Dunklen auf der Straße entgegenkommt, weil sie eine bestimmte „Ausstrahlung" oder „Aura" besitzt. Folglich ist das Spüren des Prozessgeistes eine unserer tiefsten Fühlfähigkeiten. Jedoch sind wir uns dieser Fähigkeit, uns selbst zu spüren, welche die Fähigkeit des Prozessgeistes ist, zumeist nicht bewusst. Meine Frau und Partnerin Amy Mindell, die ein Buch geschrieben hat mit dem Titel *Die Weisheit der Gefühle. Metafähigkeiten – die spirituelle Kunst in der Therapie*, würde diese Fähigkeit eine „Metafähigkeit" nennen.

In gewisser Hinsicht sind Metafähigkeiten das Herz des Prozessgeistes. Eine Metafähigkeit ist die *Art und Weise*, wie man seine Werkzeuge gebraucht, die *Art und Weise*, wie man Konzepte und Fähigkeiten anwendet.[2] Beispielsweise benutzt jeder hin und wieder einen Hammer. Der Hammer repräsentiert eine Fähigkeit: ihn in die Hand zu nehmen und einen Nagel auf den Kopf zu schlagen. Aber jede Person benutzt den Hammer anders. Wenn eine Person den Hammer in die Hand nimmt, sieht sie dabei aus wie ein Schreiner. Jemand anderes wird wie ein Tänzer aussehen, eine weitere Person wie ein Boxer und so fort. Die Fähigkeit ist dieselbe, aber jeder wendet sie auf eine charakteristische Weise an, die seine „Metafähigkeit" ist.

Gleichermaßen kann eine Zen-Meisterin, die ihren „dunklen Himmel" kennt, jetzt eine strenge Meisterin sein und im nächsten Moment eine lustige Komödiantin. Wenn man seinen Prozessgeist kennt, kennt man auch seine kraftvollste Weise im Umgang mit allen möglichen Situationen. Man benötigt Fähigkeiten, aber wie man sie im Leben anwendet, hängt von *Meta*fähigkeiten ab. Die richtige Fähigkeit mit der falschen Metafähigkeit angewendet, funktioniert nicht so gut, wie sie könnte. Die folgende Übung wird Ihnen ein Gefühl für Ihr tiefstes Selbst vermitteln, das heißt Ihren Prozessgeist und dessen besondere Metafähigkeiten.

Übung 3: Der Prozessgeist in Ihrem Körper

Diese Übung wird am besten im Stehen durchgeführt, aber jede andere Position ist ebenfalls möglich. Scannen Sie zunächst Ihren Körper und nehmen Sie jegliche Körpergefühle wahr, die Ihre Aufmerksamkeit auf sich ziehen, und erforschen Sie sie.

Nehmen Sie sich einen Augenblick Zeit, um sich auf Ihren Atem zu konzentrieren. Sobald Sie wahrnehmen, dass Ihre Atmung automatisch abläuft, finden, fühlen und phantasieren Sie den tiefsten Teil Ihres Selbst in Ihrem Körper. Wo könnte sich dieses Selbst in Ihrem Körper befinden? Vielleicht spüren Sie es überall, vielleicht nur an einem Punkt, vielleicht spüren Sie es an verschiedenen Punkten oder sogar um Ihren Körper herum. Wo befindet sich Ihrer Erfahrung nach der tiefste Teil Ihres Selbst? Versuchen Sie ihn nun in einem Bereich Ihres Körpers zu lokalisieren. Vielleicht befindet er sich in Ihrem Kopf, Ihren Füßen, Ihrem Becken, Ihrem Bauch oder Ihrer Brust.

Wo er sich auch befinden mag, spüren Sie den tiefsten Teil Ihres Selbst an jener Stelle. Atmen Sie nun „in" diesen Bereich hinein, und nehmen Sie wahr, wie Ihr Atmen die Natur jenes Punktes intensiver zum Vorschein bringt. Dies ist eine sehr propriozeptive, intuitive Erfahrung.

Erlauben Sie der beim Atmen in den tiefsten Teil Ihres Selbst aufsteigenden Erfahrung, Ihren ganzen Körper ein wenig zu bewegen. Vielleicht werden Sie auf eine subtile, vielleicht aber auch eine offenkundigere Art und Weise bewegt. Manche Menschen müssen sich erst erlauben, sich von der Erfahrung bewegen zu lassen, die aus ihrem tiefsten Selbst aufsteigt. Fahren Sie fort, in jenen Bereich Ihres Körpers zu atmen, und nehmen Sie sich Zeit, um mit der Erfahrung des „Bewegtwerdens" zu experimentieren.

Sobald Sie ein klares Gefühl für jene Bewegung haben, fertigen Sie auf den Collageseiten in Anhang B unter Punkt 3 eine schnelle „Energieskizze" Ihrer Bewegungserfahrung an. Betrachten Sie dann Ihre Zeichnung. Falls ein paar Wörter auftauchen, die sie beschreiben, notieren Sie sie. Ich nenne diese Erfahrung und die Skizze – die momentane Erscheinung des tiefsten Teils Ihres Selbst – den „Prozessgeist in Ihrem Körper."

Inwiefern ist Ihre Energiezeichnung typisch für die Energie, die Sie ausstrahlen, beziehungsweise das Sie umgebende Feld? Mit anderen Worten, in welchem Sinne repräsentiert Ihre Skizze eine Ihrer grundlegendsten Fühlfähigkeiten? Auch wenn Sie diese Metafähigkeit des Prozessgeistes im täglichen Umgang mit dem Leben nicht oft bewusst anwenden, kennen Sie sie vielleicht dennoch von sich.

Vielleicht stellen Sie fest, dass Sie sich wünschen, diese Prozessgeist-Metafähigkeit häufiger in Ihrem Leben anzuwenden. Es handelt sich dabei wahrscheinlich um eine Ihrer kraftvollsten Fühlfähigkeiten – etwas in Ihnen und um Sie herum, das Sie und andere bewegt.

Beispielsweise ist eine meiner typischen Metafähigkeiten – eine, deren ich mir nicht immer bewusst war oder die ich nicht kongruent angewendet habe – eine sanfte, sich hebende und senkende Bewegung, die wie Wasser anmutet, das um einen Stein herumfließt. Für mich repräsentiert dieses Bild Stille inmitten von Bewegung (siehe Abbildung 3.1).

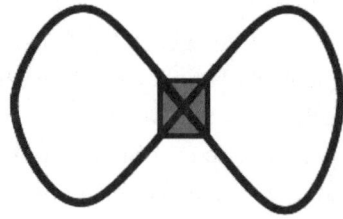

Abbildung 3.1. Ein von Fließen umgebener Stein.
Eine Energieskizze des Prozessgeistes.

Der Prozessgeist im Körper

Der Prozessgeist ist vielleicht nicht immer am selben Körperpunkt zu finden. Manche Menschen finden ihren Prozessgeist-Punkt im Kopf hinter den Augen, manche finden ihn im Nacken. Andere finden den Prozessgeist im Brustbein, im Herzen, im Solarplexus, an der Basis der Wirbelsäule oder in den Beinen und Füßen. Und wieder andere finden ihn im oberen oder unteren Bauchbereich. In chinesischen und japanischen Traditionen wird diese Region, die als das „Hara" bekannt ist, oft als der Sitz der spirituellen Energie oder des *Chi* betrachtet. Viele spirituelle Lehren zielen darauf ab, aus diesem Zentrum heraus zu handeln. Obgleich der mit Prozessgeist-Erfahrungen verbundene Punkt sich mit der Zeit ändern kann, erkennen Sie anhand der Aufzeichnungen auf

Ihren Collageseiten möglicherweise gleichbleibende Ähnlichkeiten in Ihren Prozessgeist-Erfahrungen.

Oftmals identifizieren Menschen ihren Prozessgeist mit einem Körperbereich, der an chronischen Symptomen leidet. Diese Symptome können „chronische" Versuche des Prozessgeistes sein, die Erfahrung jenes Körperbereiches zu manifestieren. Es ist wichtig, das Symptom als Symptom zu behandeln, aber man kann es auch als ein Signal des Prozessgeistes betrachten, das im Grunde genommen sagt: „Vergiss mich nicht!"

Mitgefühl als Metafähigkeit des Prozessgeistes

Der Prozessgeist ist sowohl eine Körpererfahrung Ihres tiefsten Selbst als auch eine Energie oder Kraft, die Sie ausstrahlen, wenn auch vielleicht unbewusst. Als Feld geht diese Kraft Ereignissen voraus und organisiert sie, wobei seine Metafähigkeit in dem besonderen Stil oder der Art und Weise besteht, wie es das tut. In meinem Buch *Earth-Based Psychology* erörtere ich, wie indigene Völker in verschiedenen Teilen der Welt die Erde befragen, damit sie ihnen zeigt, in welche Richtung sie sich bewegen sollen. Da ihnen weder Landkarten noch Straßen zur Verfügung standen, mussten unsere Vorfahren eine Beziehung zu den Kräften der Erde entwickeln und sich von ihnen „den Weg" weisen lassen.

Ich nenne diese Kräfte der Erde den Prozessgeist. Als Feld organisiert er die Richtungen, in die Sie sich in einem gegebenen Moment bewegen können; er bewegt Sie hierhin und dorthin; er versucht stets, Sie zu „tanzen". Vielleicht haben Sie das in Übung 3 ein wenig gespürt. Der Prozessgeist bewegt Sie umher, so wie das elektromagnetische Feld zwischen Himmel und Erde Blitze lenkt und sie ihren „Kräften" entsprechend organisiert. Ihre Einsichten, Ihre schöpferischen Ideen und Ihre Spontaneität gehen aus jenem Feld hervor.

Allermindestens organisiert der Prozessgeist Ihre Wahrnehmung und Ihr Bewusstsein für Ereignisse. Bestenfalls organisiert er – wie ich später aufzeigen werde – alle Ereignisse, deren Sie sich bewusst werden. Lernen Sie ihn kennen. Gebrauchen Sie ihn, sodass Sie für sich selbst herausfinden können, ob er die Ereignisse, die stattfinden, organisiert oder manifestiert oder benutzt. In vieler Hinsicht ist die Kraft und die Metafähigkeit des Prozessgeistes wahrscheinlich die beste Art, mit den Ereignissen umzugehen, die in Ihrem Leben stattfinden –

und wie ich in späteren Kapiteln aufzeigen werde, gilt dies ebenso für Gruppen und Organisationen.

Wie funktioniert der Prozessgeist als Metafähigkeit? Er organisiert und „umschließt" Ereignisse in mitfühlender oder allumfassender Weise. Wie ich in meinem Buch *Earth-Based Psychology* nahegelegt habe, ist Mitgefühl die Fähigkeit, die eigenen Signale, „Flashes" und Richtungen zu umfassen. In Kapitel 15 dieses Buches erörtere ich die Beziehung zwischen Mitgefühl und den spontanen Richtungen, die Sie in Ihrem Leben einschlagen. Wenn wir diesen Gedanken auf den Prozessgeist anwenden, können wir sagen, dass der Prozessgeist allen Ihren Teilen, Phasen und Richtungen im Leben vorausgeht, deren Summe bildet und ihnen Mitgefühl entgegenbringt. Das heißt, der Prozessgeist ist die „Superposition" aller Rollen, Phasen und Abschnitte unseres Lebens.

Superposition

Erlauben Sie mir, das Hauptthema des Prozessgeistes einen Augenblick beiseite zu lassen, um die Superposition zu erläutern, eine der Eigenschaften des Prozessgeistes. Dieser mathematische Begriff bedeutet im Wesentlichen, eine Schicht von etwas einer anderen hinzuzufügen. Wenn sich in einer Quantenwelt mehrere Zustände befinden oder Sie nachts mehrere Träume haben, bildet die „Superposition" jener Zustände oder Träume deren Gesamtsumme.

Wenn jeder Zustand oder Traumteil durch einen sich in eine bestimmte Richtung bewegenden Pfeil repräsentiert wird, bedeutet Superposition, jene Pfeile „zusammenzuzählen". Technischer ausgedrückt, „addieren" wir Vektoren bei der Superposition.[3] In Abbildung 3.2 erhalten Sie den resultierenden Pfeil oder Vektor U, indem Sie Pfeile 1, 2 und 3 hintereinanderlegen (oder addieren). U ist die Superposition von 1, 2 und 3. Wie ich in meinem Buch *Earth-Based Psychology* aufzeige, könnten 1, 2 und 3 individuelle Träume, Richtungen oder Gefühle sein. U ist einfach die Art und Weise, wie ein Vogel von Anfangspunkt 1 (mit einem Pluszeichen gekennzeichnet) nach Endpunkt 3 (mit einem Sternchen gekennzeichnet) fliegt.

Der Prozessgeist tendiert dazu, Sie in eine bestimmte allgemeine Richtung im Leben zu ziehen (das U), obgleich er Ihnen in jedem gegebenen Moment erlaubt, in so viele Richtungen zu gehen wie möglich oder wie Sie wollen (1, 2 und 3) – solange sie auf Ihre allgemeine Richtung hinauslaufen. Während 1, 2 und 3 „frei" und unvorhersehbar sind, ist der allgemeine Verlauf von U in Ihrem Leben vorhersehbar. Diese Richtung stimmt mit Ihrem tiefsten Selbst überein, das in Träumen vielleicht in Form Ihrer ersten Kindheitserinnerung auftaucht und darin Ihren persönlichen Mythos verkörpert.

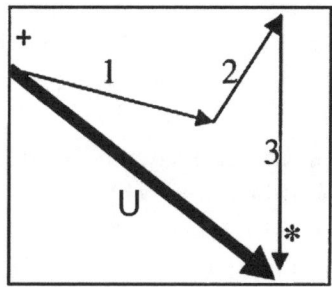

Abbildung 3.2. U als Superposition der Pfeile 1, 2 und 3.

Es ist eine bemerkenswerte Tatsache und, wie ich glaube, ein Mysterium, dass unsere Kindheitsträume die Tendenz haben, auf die Gesamtrichtung unseres Lebens hinzuweisen. Vielleicht ist der Prozessgeist, der grundlegende Traummuster und unsere allgemeine Richtung organisiert, zeitlos. (Siehe Kapitel 5 meines Buches *Earth-Based Psychology* für weitere Einzelheiten über U und Mitgefühl, das heißt Offenheit in alle Richtungen.)

Auf jeden Fall können wir, basierend auf der Mathematik als einer Metapher, sagen, dass die dem Prozessgeist innewohnende Metafähigkeit des Mitgefühls jede einzelne Zickzacklinie wertzuschätzen vermag, die im Leben von einem Augenblick auf den anderen stattfindet. So wie die Gesamtsumme aller potentiellen und möglichen Richtungen, ungeachtet des Verlaufes, den sie nehmen, für alle Richtungen „offen" ist, begrüßt auch Ihr Prozessgeist Ihre Vielfalt. Er erlaubt Ihnen, zwei oder drei Dinge gleichzeitig zu fühlen und wertzuschätzen, selbst wenn es sich dabei um Polaritäten handelt. Man kann jemanden lieben und sich gleichzeitig mit ihm streiten. Aber um diese profunde Wahrheit erkennen und leben zu können, muss man seinem Prozessgeist nahe sein und nicht bloß seinem Alltagsselbst, das als ein Teil oftmals mit anderen Teilen in Konflikt steht.

Ist die Katze tot oder lebendig?

Erwin Schrödinger, einer der Väter der Quantenphysik, dachte zunächst, seine Theorie sei falsch, da die Quantentheorie nahelegte, dass sich etwas in zwei Zuständen gleichzeitig befinden kann, wie es einer Superposition entspricht. Wie kann sich eine Person oder ein Quantensystem in zwei Zuständen gleichzeitig befinden? Aber die Quantentheorie hat recht. Das klassische Bild für dieses Dilemma ist das Paradoxon, welches unter dem Namen „Schrödingers Katze" bekannt ist.

In Abbildung 3.3 wird dieses Paradoxon als Gedankenexperiment bildlich dargestellt. Eine Katze wird in eine geschlossene Kiste eingesperrt, die ein Gefäß enthält, welches ein Gift freisetzt, das sie töten wird. Folgen wir den elementaren Prinzipien der Quantentheorie, könnte sich die Katze so lange in einer Superposition von zwei Zuständen befinden, nämlich lebendig und tot, bis jemand die Kiste öffnet, um nachzusehen. Sobald die Katze beobachtet wird, kollabiert die Superposition von zwei Zuständen in einen Zustand: entweder tot oder lebendig.

Abbildung 3.3. Schrödingers Katze.
Vor der Beobachtung kann die Katze gleichzeitig tot und lebendig sein.

Die Quantentheorie ist eigentlich gar nicht so seltsam. In vieler Hinsicht ist sie der Psychologie ähnlich, in der man sich in zwei Zuständen gleichzeitig befinden kann, obgleich man für gewöhnlich den einen oder anderen bevorzugt.

Ebenso kann man lebendig sein (als schlafender physischer Organismus) und gleichzeitig träumen, dass man tot ist. Es ist sogar möglich, im Traum an seinem eigenen Grab zu stehen und sich gleichzeitig darin liegend zu betrachten! Wir kennen diese paradoxen Bewusstseinszustände auch aus unserer Alltagserfahrung. Wir können uns „lebendig" verhalten, selbst wenn wir uns „tot"-müde fühlen. Andere nehmen den sekundären „toten" Zustand vielleicht in unseren Doppelsignalen, wie zum Beispiel Anzeichen von Müdigkeit, wahr. Folglich können wir in gewisser Hinsicht wie Schrödingers Katze gleichzeitig tot und lebendig sein.

Vielleicht besitzt die gesamte Natur einen Prozessgeist, der allem erlaubt, sich in zwei oder mehr Zuständen gleichzeitig zu befinden. Jede Schamanin und jedes Kind unter vier Jahren wird Ihnen sagen, dass ein Baum ein Baum ist und gleichzeitig ein sprechender Geist.

Betrachten Sie Abbildung 3.4, um sich selbst ein Bild von der Superposition zu machen. Zunächst sehen Sie wahrscheinlich entweder den weißen Kelch oder die dunklen Gesichter. Wenn Sie Ihren Blick jedoch lange genug entspannen, können Sie wahrscheinlich beide Umrisse gleichzeitig erkennen.

Abbildung 3.4. Gesichter oder Kelch?

Während unser Alltagsverstand den Fokus entweder auf den einen oder den anderen Zustand richtet, schaut und träumt unser Prozessgeist und ist auf eine mitfühlende Weise für alle Zustände, Wege und Richtungen offen. Ihr Prozessgeist ist nicht nur für Ihre Alltagsidentität oder Ihren „primären" Prozess offen, sondern auch für Ihre „sekundären" oder weniger bewussten Prozesse, womit Sie sich nicht identifizieren. Gestaltpsychologen könnten sich auf solche Prozesse als

Vordergrund und Hintergrund beziehen. Obgleich wir Prozesse für gewöhnlich spalten und den Fokus bloß auf einen einzelnen Prozess richten, ist es aus einer mehr spürenden Haltung heraus möglich, beide Zustände gleichzeitig wahrzunehmen und sogar zwischen ihnen hin- und herzufließen.

Den Prozessgeist als Metafähigkeit gebrauchen

Im Sinne seiner Metafähigkeit ist der Prozessgeist nicht nur eine Kraft oder ein Feld hinter einer allgemeinen Lebensrichtung (U), sondern auch die Offenheit und das Mitgefühl für alle Möglichkeiten. Folglich ist die einfachste Art, mit Ereignissen umzugehen, sie mit dem Prozessgeist zu erfahren, worin ja, nein, vielleicht, immer und nie allesamt auf irgendeine Weise in höherem oder geringerem Grade präsent sind. Aus der Perspektive des Prozessgeistes sind alle Ereignisse, wovon Sie ein Teil sind, Teile eines „ganzen" Prozesses oder einer „ganzen" Geschichte.

Tauchen beispielsweise zwei Möglichkeiten wie A und B auf, fragt sich Ihr Alltagsverstand, was Sie tun sollen. Ihr Prozessgeist hingegen würde wahrscheinlich sagen: „Probiere beide Wege aus." Tatsächlich hat Ihr Prozessgeist, noch bevor Sie sich fragen, welchen Weg Sie nehmen sollen, beide Möglichkeiten bereits in Betracht gezogen (sonst hätten Sie sie nicht wahrnehmen können). Er weiß ungefähr, wohin der Strom fließt, der „Sie" sind – abwärts! Dennoch hängen die Details der Art und Weise, wie Sie fließen, von den Steinen und Ästen, den Tieren und Pflanzen auf dem Weg des Stromes ab. Die dem Prozessgeist innewohnende Metafähigkeit des Mitgefühls probiert alle Varianten des Momentes aus und ist offen für alle Richtungen, Ebenen und Teile. Sie müssen sich nur an den Prozessgeist erinnern, seine Schwerkraft spüren, seinen Zug, und sich vom Moment leiten lassen.

Sohos Schwert

Takuan Soho (1573-1645), ein legendärer japanischer Zen-Meister und eine Hauptfigur des Rinzai-Zen, sagte (in meinen Worten): Öffnen Sie sich für Ihren Prozessgeist. In seinen Worten: „Den Geist *nicht* anzuhalten, ist Objekt und

Essenz. Nirgendwohin gerichtet, wird er überall sein. Auch wenn der Versuch unternommen wird, ihn über den Körper hinauszulenken – solange er einer Richtung folgt, wird er in neun anderen fehlen. Nicht auf eine Richtung begrenzt, wird er in allen zehn zu finden sein."[4] Wenn Sie auf den Prozessgeist hören, bleiben Sie in keinem Ereignis stecken. Geraten Sie beispielsweise in einen Streit, sind Sie in der Lage, die Situation auf eine Weise zu betrachten, die alle Seiten mit einschließt.

Soho sagt: „Wenn ein Schwertkämpfer seinem Gegner gegenübersteht, darf er nicht an den Gegner denken, nicht an sich selbst und nicht an die Bewegungen des gegnerischen Schwertes. Er steht nur da mit seinem Schwert, welches, ungeachtet aller Techniken, bereit ist, den Anweisungen des Unterbewusstseins zu folgen. Er ist nicht länger der Träger des Schwertes. *Wenn er zuschlägt, so ist es nicht er, sondern das Schwert in der Hand des Unterbewusstseins des Mannes, das zuschlägt.*"[5]

Ich lege Ihnen nahe, Sohos Vorschlag auszuprobieren. Erlauben Sie Ihrem Prozessgeist, Ihrem „Unterbewusstsein", die Dinge für Sie zu tun. Denken Sie an jemanden, mit dem Sie in Konflikt stehen. Bringen Sie Ihre eigene Energie mit der einen Hand zum Ausdruck und diejenige der anderen Person mit der anderen. Entspannen Sie sich dann einen Augenblick lang und denken Sie an Ihre Prozessgeist-Erfahrung in Übung 3 dieses Kapitels. Erinnern Sie sich an das Gefühl des Prozessgeistes in Ihrem Körper und die Art, wie er Ihren Körper auf diese oder jene Weise bewegte. Fühlen Sie, wie er Ihren Körper jetzt bewegt. Betrachten Sie die Zeichnung, die Sie auf der Collageseite unter Punkt 3 angefertigt haben.

Stellen Sie sich nun vor, wie der Bewusstseinszustand Ihres Prozessgeistes mit der Energie jener Person (oder Sache) umgehen würde, mit der Sie sich in Konflikt befinden. Bleiben Sie dazu nahe an Ihrer Prozessgeist-Erfahrung; ordnen Sie sich ihr gleichsam unter und nehmen Sie wahr, wie die Ihrem Prozessgeist innewohnende Metafähigkeit des Mitgefühls dasjenige handhabt, was Sie für unvereinbare Energien gehalten haben. Machen Sie sich eine Notiz unter Punkt 3.

Wenn Sie Ihren Prozessgeist in Meinungsverschiedenheiten gebrauchen, werden diese zu Gelegenheiten und können einen sehr überraschenden Verlauf nehmen. Nichts ist ein permanentes Problem, vielleicht nicht einmal der Tod. Dies erinnert mich an eine andere Geschichte von Soho. Im letzten Moment seines Lebens pinselte Soho das chinesische Symbol für „Traum". Dann legte er sich auf den Boden und starb (siehe Abbildung 3.5).

*Abbildung 3.5. Sohos letzte Zeichnung.
Das chinesische Piktogramm für „Traum".*

Vielleicht kam er seinem tiefsten Traum, seinem Prozessgeist, nahe und spürte dessen Kraft – den dunklen Himmel, von dem Suzuki sprach, die Kraft, die allen Träumen und Ereignissen vorausgeht. Indem er das Symbol für „Traum" zeichnete, wollte Soho uns möglicherweise sagen, dass jeder Anfang und jedes Ende – selbst Leben und Tod – aus der Perspektive des Prozessgeistes bloß momentane Situationen sind. Es gibt eine Gesamtrichtung, die umfassender ist als Anfang und Ende, diese aber in sich einschließt.

Ist es das zeitlose Traumfeld, das Schlafen und Wachen vorausgeht, ein Feld, das uns in alle Situationen, selbst in den Tod hineinbewegt? Soho sagt uns, dass nicht der Schwertkämpfer zuschlägt, „sondern das Schwert in der Hand des Unterbewusstseins des Mannes". Sohos Metafähigkeit war die Kraft, die seinen Pinsel bewegte und „Traum" zeichnete. Die Wurzel des chinesischen und japanischen Wortes für „Traum", *Mu* oder M*ushin*, wird mit „Bewusstsein ohne Bewusstsein" übersetzt.[6]

Auf einen Blick

1. Ihr Prozessgeist ist Ihr Gefühl für den tiefsten Teil Ihres Selbst in Ihrem Körper.

2. Der Prozessgeist ist Ihre bedeutendste Metafähigkeit oder Art und Weise, mit vielen Dingen umzugehen, einschließlich des Kämpfens. Diese Metafähigkeit nimmt alle Handlungen und Ereignisse wahr, begrüßt sie und fließt mit ihnen, während sie sich selbst treu bleibt.

KAPITEL 4

Die Kraft Ihrer Präsenz

> Dieses Kapitel ist die überarbeitete Transkription eines Seminars, das der Autor im Januar 2009 am Institut für Prozessarbeit in Portland, Oregon, hielt.

Heute möchte ich mit euch im Sinne eurer Präsenz über das Feld des Prozessgeistes sprechen. Aber ich habe heute einen Husten. Vielleicht habe ich eine Grippe. Hattet ihr schon mal eine Grippe? (*Die Hälfte der Teilnehmenden meldet sich.*) Als ich heute Morgen aufstand, dachte ich: „Ich kann das Seminar nicht halten. Ich spüre ein leichtes Kratzen im Hals und bin wegen der Grippe in einem veränderten Bewusstseinszustand." Dann fiel mir aber ein, dass ich letzte Nacht geträumt habe, dass der durch die Grippe hervorgerufene veränderte Bewusstseinszustand genau der *richtige* ist, genau *die richtige Art und Weise, um in die Welt zu treten.*

Ich weiß, was das bedeutet. Mein Alltagsbewusstsein soll sich meinem Prozessgeist hingeben, dem umfassenderen Teil meines Selbst – das heißt, jenem Teil von mir, der spricht und gesund ist, wobei er gleichzeitig hustet, müde ist, den Blick nach unten richtet und sich von der inneren Erfahrung bewegen lässt. Ich habe das Gefühl, dass mein gewöhnliches Selbst dieses Seminar nicht halten kann. Es ist Sache meines Prozessgeistes. Vielleicht ist mein Alltagsbewusstsein etwas weniger aktiv als sonst. Wenn es für euch in Ordnung ist, werde ich mich meinem Husten hingeben und eine meditative Haltung einnehmen, ohne großen Wert auf meine öffentliche „Erscheinung" zu legen.

(*Nach einer kurzen Pause*) Heute erscheint mir mein Prozessgeist wie ein Fels in der Brandung. Hmmm. (*Nimmt sich einen Augenblick Zeit, um darüber zu meditieren, wie es sich anfühlt, ein Fels in der Brandung zu sein.*) Es ist wirklich ein gutes Gefühl, von Wasser umspült zu werden.

TEILNEHMER: Diese Essenz sieht man dir ohnehin immer an.

ARNY: Ja, sie ist nichts Neues ... nicht wahr?

TEILNEHMER: Nein.

ARNY: Sie ist ein Fels in der Brandung. Sie war da, bevor ich hierher kam. Manchmal ignoriere ich sie, aber dann erinnere ich mich wieder daran. Sie ist Teil meiner Präsenz. Sie ist gegenwärtig, auch wenn ich krank bin, und vielleicht auch dann, wenn ich nicht einmal hier bin.

Präsenz

Deine Präsenz umgibt dich und erscheint in den Räumen, die du bewohnst. Mitunter ist sie auch mit Orten auf der Erde verbunden. Zum Beispiel gleicht meine persönliche Präsenz, wie schon gesagt, einem Fels in der Brandung. Die Natur deiner Präsenz kann für andere offenkundig, aber von deinem Bewusstsein weit entfernt sein.

Präsenz ist ein tertiärer Prozess. Er ist nicht primär – das heißt, es handelt sich dabei nicht um deinen Identitätsprozess. Er ist ebenso wenig Teil deines Sekundärprozesses – er ist nicht Teil jener Signale, die du aussendest, womit du dich aber nicht identifizierst. Nein, dein Prozessgeist und deine Präsenz befinden sich auf der dritten, intuitiveren Ebene, der Essenzebene. Sie liegen hinter deinen Signalen und gehen ihnen gewissermaßen „voraus". *Obgleich sich jeder in der Konsensusrealität herausputzt, ist der Prozessgeist – dein wirklich erstaunlichstes Selbst – deine beste Präsenz.* Er ist die subtilste und mächtigste Kraft, die du besitzt.

Solange du deine Präsenz nicht kennst, verwirrt dich vielleicht die Art und Weise, wie Menschen dir begegnen. Manche mögen dich, andere ärgern sich vielleicht über dich. Je besser du deine Präsenz kennst, desto weniger reagieren andere verwirrt oder irritiert auf dich. Warum? Weil sich deine Präsenz, je kongruenter du sie lebst, umso weniger mit „Gewalt" ihren Weg nach außen bahnen muss. Besitzt du beispielsweise eine scheue Präsenz, die du kongruent lebst, ist sie wie eine wunderschöne Dschungelblume und kein Thema mehr. Erkennst du aber deine scheue Natur nicht, erscheinst du wie jemand, der auf andere bezogen zu sein vorgibt, während er in Tat und Wahrheit nicht wirklich Lust verspürt, sich mit irgendjemandem zu unterhalten. Weil andere Menschen diese Abspaltung wahrnehmen, sind sie verwirrt oder kritisieren dich, weil du nicht wirklich mit ihnen zusammen bist.

Jeder sollte Erleuchtung für sich selbst definieren. Manche Menschen verstehen unter Erleuchtung, sich mit der Liebe zu verbinden, andere nennen sie Wahrheit. Wieder andere sprechen vom „leeren Geist". Für mich bedeutet Erleuchtung, seinen Prozessgeist zu kennen, während man für sein Alltagsbewusstsein offen bleibt.

Es ist natürlich, den Kontakt mit seinem tiefsten Selbst zu verlieren, sobald man in die Konsensusrealität eintritt und sich damit identifiziert. Jeder kennt Momente der Losgelöstheit von der gewöhnlichen Realität, in denen er mit dem Prozessgeist in Kontakt ist, aber auch Momente, in denen er den Kontakt wieder verliert und konfus wird, bevor er sich erneut an den Prozessgeist erinnert. Warum finden diese Wechsel und Schwankungen statt? Ich glaube, dass wechselnde Bewusstseinszustände – in Kontakt mit unserem tiefsten Selbst zu sein und den Kontakt wieder zu verlieren – Teil der Diversität, des Mitgefühls oder der Großzügigkeit des Prozessgeistes sind. Offenkundig ist er dem Alltagsbewusstsein sehr zugetan; deswegen nimmt es einen so großen Raum ein! Nur wenige Menschen sind ständig von ihrer Alltagsrealität losgelöst – obgleich mir Menschen begegnet sind, die das von sich behaupten.

Was genau ist Präsenz eigentlich? Was meinen wir, wenn wir sagen: „Er errötete in ihrer Präsenz" oder „Sie spürte die Präsenz der Gefahr"? Was bedeutet *Präsenz* in diesem Kontext? Warum sollte ich in jemandes Präsenz erröten? Das scheint allen klar zu sein, weil es in jeder mir bekannten Sprache ein Wort für Präsenz gibt.

Ich schlage vor, Präsenz als ein *Vorgefühl* zu verstehen. *Prä* bedeutet „vor" und *sentia* „Gefühl". Eine *Präsenz* ist etwas, das man spürt, bevor man es als Gefühl beschreiben kann. Der eigene Prozessgeist ist ein *Vorgefühl*. Man muss dieses Vorgefühl hinsichtlich dessen, wer man ist, kennen, um man selbst zu sein, um seine innere Welt sowie seine äußeren Beziehungen zu gestalten und auch um zur Verbesserung von Weltsituationen beizutragen.

Damit man ein wie auch immer gearteter guter Kommunikator ist, muss man um seine Präsenz wissen. Andernfalls geht sie einem voraus und verwirrt die Kommunikation, wie ich bereits angedeutet habe. Deine Präsenz ist wie eine Art Geist, der Signale an andere aussendet, bevor du weißt, dass du sie ausgesendet hast. Erinnere dich an Lehrerinnen und Lehrer, die dich besonders beeindruckt haben. Vielleicht erinnerst du dich an manche ihrer Worte, aber für gewöhnlich ist ihre Präsenz dasjenige, was uns am meisten an solchen Lehrern bewegt.

Wenn du um deine Präsenz weißt, bist du auch imstande, sie anderen zu beschreiben. Das Wissen um deine Präsenz vereinfacht die Kommunikation, da die Präsenz ohnehin als unsichtbares Signal hinter jeglicher Kommunikation gegenwärtig ist. Identifizierst du dich lediglich mit dem, was du sagst und tust, wird es wahrscheinlich Missverständnisse geben, weil das nicht alles ist, was du bist.

Beispielsweise befindet sich ein Teil von mir heute in einem reduzierten Bewusstseinszustand. In dem Moment, in dem ich den Blick auf den Boden richte, sehe ich dort nicht viel, obgleich nach unten zu blicken, vertraut und wohltuend ist. Meine Präsenz ist mit den Signalen des „Nach-unten-Blickens" verbunden, mit der Erde, auf die ich blicke. Ich bin stets ein wenig inkongruent, wenn ich mich nicht mit der Erde identifiziere. Alles wandelt sich von Tag zu Tag – unsere körperliche Erscheinung verändert sich, unsere Intensität verändert sich, wir werden älter –, aber die Präsenz unseres Prozessgeistes verändert sich nur geringfügig über die Zeit. Deine Präsenz umgibt dich vollständig.

Im Meer der Präsenz schwimmen

Eine meiner Lieblingsgeschichten über Präsenz heißt „Der kleine Fisch". Es handelt sich dabei um eine Geschichte, die der Sufi-Meister Inayat Khan erzählt.[1] Es war einmal ein kleiner Fisch. Er ging zur Königin der Fische und fragte: „Ich habe immer vom Meer gehört, aber was ist das, dieses Meer? Wo ist es?" Die Königin der Fische erklärte: „Du lebst, bewegst dich und hast dein Sein im Meer. Das Meer ist in dir und außerhalb deiner. Du bist aus Meer gemacht, und du wirst im Meere enden. Das Meer umgibt dich als dein eigenes Wesen." Der kleine Fisch fragte: „Was?" (Das „Was" kommt in der Geschichte von Inayat Khan nicht vor, ich habe es hineingeschmuggelt.) Die Königin der Fische antwortete: „Wenn du das Meer kennst, wirst du niemals durstig sein."

Wir werden durstig, hungrig und bedürftig, solange wir das Meer, das uns umgebende Feld, nicht kennen. Warum erkennen wir es nicht, wenn es uns die ganze Zeit umgibt? Weil es sich dabei um ein Vorgefühl handelt. Das uns umgebende Feld ist das Meer, in dem wir schwimmen, der Raum, in dem wir leben, die Luft, die wir atmen. Wir sind das Meer, aber wir identifizieren uns mit dem Fisch und nicht mit dem Meer. Die Präsenz des Fisches ist die ihn umgebende Kraft, wie das Foto in Abbildung 4.1 zeigt. Der Fisch ist wundervoll, aber seine Umgebung auch.

Seit mehreren hundert Jahren sprechen Physikerinnen und Physiker von einer Präsenz, in der die wahrnehmbaren Teile des Universums gleichsam „schwimmen", und nennen sie Äther. Äther ist das griechische Wort für „Luft" oder „Atmosphäre". Der Äther wurde als feldähnlich betrachtet. Eine Zeitlang hielten Wissenschaftlerinnen und Wissenschaftler Äther für ein Medium, das den gesamten Kosmos ausfüllte und Trägersubstanz der elektromagnetischen Wellen war, eine Art von Präsenz, in die alle Ereignisse eingebettet waren.

Einstein stellte diesen Begriff zunächst entschieden in Frage, brachte ihn jedoch später in seinem Leben auf veränderte Weise wieder ein. Heute spricht man von der „Einstein'schen Äthertheorie". Manche Physikerinnen und Physiker legen immer noch nahe, dass das Universum von einem Medium oder einem Feld erfüllt ist – einige sprechen von der Schwerkraft der Materie, andere beziehen sich darauf als „Nullpunktenergie", eine Art Meer von virtuellen Teilchen, die in die Schöpfung hineinspringen und sie blitzschnell wieder verlassen.

Für Einstein war Äther die Essenz der Raumzeit, ein Medium, in dem alles geschah, und das, nach Lage der Dinge, die Materie hervorbrachte. 1930 sagte er: „Es scheint jetzt, dass der Raum als primäre Sache betrachtet werden muss und dass die Materie daraus entstanden ist, sozusagen als sekundäres Resultat. Der Raum hat nun seine Rache und frisst die Materie gewissermaßen auf."[2] Es gibt zahlreiche wissenschaftliche Theorien, die den Raum, in dem wir leben, als ein Medium oder eine Energie beschreiben, woraus alles andere hervorgehen könnte.

Ich nenne unsere Erfahrung des Äthers der Physiker eine „Präsenz", den Geist Gottes oder unseren Prozessgeist, der nichtlokal oder universell ist *und* Auswirkungen hat, die in Raum und Zeit lokalisiert werden können. Der Prozessgeist entspricht etwas, wovon wir alle fühlen, dass es Menschen und Objekte umgibt und sie in gewisser Hinsicht hervorbringt.

Wir finden ähnliche Ideen in Bohms Theorie des Quantenpotentials, Jungs Konzept des kollektiven Unbewussten, Sheldrakes morphogenetischen Feldern,

Reichs Orgonenergie, dem Prana des Yoga, dem Tao des Taoismus und dem Qi. In den meisten Kulturen auf diesem Planeten findet sich ein äquivalenter Begriff. In früheren Büchern spreche ich von einem „intentionalen Feld" – etwas, das einen mit einer Absicht bewegt, die man zu entdecken vermag, indem man über seine Bewegungen meditiert. (Wie in den Übungen in Kapitel 2 dieses Buches.)[3] Das intentionale Feld ist ein Kraftfeld. In meinem Buch *Quantengeist und Heilung* nannte ich das den Prozessgeist umgebende Feld die „stille Kraft" unter Bezugnahme auf *Die Kraft der Stille,* einen Buchtitel von Carlos Castaneda, den Schüler des Schamanen Don Juan.

Abbildung 4.1. Ein Fisch und seine Präsenz.

In allen meinen vorhergehenden Büchern habe ich die Welt von Zeit, Raum und Kausalität – die Welt, die unser Alltagsleben ausmacht – Konsensusrealität genannt. Im Gegensatz dazu ist die Traumwelt eine zeitähnliche, traumartige Welt subjektiver Erfahrungen wie zum Beispiel Träume, während die Essenzebenen der Wahrnehmung auf der Nondualität basierende Erfahrungen sind, die alles hervorzubringen scheinen.

Das Träumen der Ureinwohner Australiens

Die indigenen Völker fangen die Essenzwelt durch ihr Gefühl für die Erde als einen Ort der Kraft oder Präsenz ein – Einsteins Äther nicht unähnlich. Zum Beispiel umfasst das Traumland der australischen Ureinwohner sowohl das „reale" Land, auf dem sie mit ihren Füßen umherwandern, als auch ihre subjektiven Erfahrungen der „Gefühle" oder der „Kraft" des Landes – eine Essenzqualität. Die Kraft der Erde wird häufig als Totemgeist des Landes beschrieben, wobei es sich um einen realen Ort, ein Feld oder eine Kraft handeln kann.

Die Traditionen der Aborigines besitzen die am längsten existierende spirituelle und kulturelle Geschichte, von der wir Kenntnis haben. Gemäß Professor W. H. Stanner, einem ihrer Erforscher und Fürsprecher, glauben diese Menschen an etwas, das er mit „alle Richtungen" übersetzt.[4] Für sie ist das Träumen eine objektive Realität, die Objekte und Menschen plötzlich in der physikalischen Realität hervorbringt. Objekte wie Kängurus besitzen eine Präsenz, das sogenannte „Känguru-Träumen". Die Aborigines sprechen von der Traumzeit als einer Präsenz und schöpferischen Kraft.

Stanner zufolge betrachten die australischen Ureinwohner die Alltagszeit als subjektiv. Einer Uhr zu folgen, ist *subjektiv*. Das Träumen hingegen steht ihrer objektiven Konsensusrealität näher. Die Aborigines spüren Präsenzen; sie kennen das Tao, das Träumen, das Feld des Prozessgeistes von Individuen und Gemeinschaften. Sie sagen, dass jeder die Präsenz des Träumens zu spüren vermag. Zeit und Raum und die heutige Konsensusrealität werden von diesen Menschen ebenso akzeptiert. Aber es gibt auch einen Konsens über die Realität des Träumens. Sie glauben, dass jede Person einen Teil besitzt, der außerhalb existiert, einen Teil, der bereits vor ihrer Geburt vorhanden war und über das Leben hinaus fortbesteht. Die Aborigines würden sich auf das, was ich Präsenz nenne, als den Totemgeist beziehen.

Ihr Ort auf der Erde und sein Totemgeist

Vielen indigenen Mythologien zufolge könnte deine Mutter im fünften Monat ihrer Schwangerschaft an einem Baum, einer Höhle oder einem kleinen Fluss vorbeigewandert sein. Aus jenem Baum, jener Höhle, jenem Fluss bist du – als ein Totemgeist – herausgesprungen, in ihren Bauch hinein. So bist du heute hierhergelangt. Du als der Totemgeist eines bestimmten Ortes, dessen Träumens oder Prozessgeistes. Stell dir das vor! Als deine Mutter mit ihrem Fünfmonatsbauch unterwegs war, trat die Traumzeit jenes Ortes hervor und wurde zu einer Person. Warum der fünfte Monat? Das ist die Zeit, wenn ein Baby im Bauch zu strampeln beginnt.

Stanner zufolge spüren die Ureinwohner Australiens seit Tausenden von Jahren, dass die Erde heilig ist; sie ist ein reales Wesen, und, in unseren heutigen Begriffen, traumartig, lebendig, beseelt. Auch heute fühlen sich viele Menschen inspiriert oder auf irgendeine Weise berührt, wenn sie an einem Baum vorbeigehen, am Meer entlangspazieren oder durch die Wüste wandern.

Stell dir vor, keinerlei heutiges Wissen über die menschliche Reproduktion zu besitzen, und füge dann deine Wahrnehmung, dass Föten während des fünften Schwangerschaftsmonats zu treten und zu strampeln beginnen, mit einem lebendigen Glauben an die Erde als einen lebendigen, tragenden Organismus zusammen. Denkt man in solchen Begriffen, ist es verständlich, wie Menschen daran glauben können, dass ein bestimmter Erdpunkt sich in jenem Moment inkarniert hat. Auf jeden Fall gab es – und gibt es in manchen Gegenden heute noch – einen weitverbreiteten Glauben, dass Menschen die inkarnierten Geister von Orten auf der Erde sind.

Du bist nicht bloß dein menschliches genetisches Erbgut. Hat sich deine Mutter im Wald aufgehalten, bist du vielleicht ein Totemgeist des Waldes. Dieser Geist ist deine Präsenz, dein Äther, dein Prozessgeist. Du bist die Präsenz oder Aura eines bestimmten Landstückes, eines Flusses oder des Meeres, ein Totemgeist, eine spontane Schöpfung, die aus einem Stück Erde hervorsprang, als deine Mutter im fünften Monat schwanger war (siehe Abbildung 4.2). Ich bin diesen wunderbaren Menschen dankbar für ihre Vorstellung von der Präsenz eines Totemgeistes, da sie mir geholfen hat zu verstehen, wer wir als Teil unseres realen und träumenden Universums sind.

Die Aborigines erfahren Richtungen von der Erde; ich nenne diese Richtungen *Vektoren*. Die Aborigines fühlen sich mit der Natur eines Ortes verbunden und identifizieren ihre Wurzeln mit den Totemgeistern des Landes.

In dem Buch *Lame Deer, Seeker of Visions* finden sich ähnliche erdbasierte Konzepte. Lame Deer, ein heiliger Mann aus dem Volk der Lakota, sagt in Bezug auf den Großen Geist: „Er sorgt dafür, dass Menschen sich zu bestimmten bevorzugten Orten auf dieser Erde hingezogen fühlen, an denen sie ein besonderes Wohlgefühl empfinden und sich sagen: ‚Dies ist ein Ort, der mich glücklich macht, zu dem ich gehöre.'"[5]

Abbildung 4.2. Der Geist des Meeres und der Geist des Waldes.

Heute fühlen noch immer viele Menschen, auch ohne indigenen Hintergrund, dass die Erde mit ihnen „spricht". Manche haben das Gefühl, dass ihre Lebensaufgabe darin besteht, eine bestimmte Gegend zu schützen oder zu verwalten – vielleicht diejenige, in der sich ihre Mutter befand, als ein Totemgeist in ihren Bauch hineinsprang. Es ist unsere Aufgabe, uns um jene Gegend zu kümmern. Die Kraft und Präsenz jener Gegend ist unsere Ausgangsbasis, die Gleichgewichtsposition, in die wir stets zurückkehren.

Gleichermaßen können wir sagen, dass die Präsenz des Prozessgeistes deine stabilste Gleichgewichtsposition ist. Dein gewöhnliches Selbst ist einem auf der Spitze stehenden Bleistift ähnlich, wie in Abbildung 4.3 dargestellt. Versetze ihm einen kleinen Stoß und er wird umfallen. Seine Gleichgewichtsposition ist instabil. Stell dir nun ein schweres Bild vor, das an einem Nagel an der Wand hängt. Versetzt du ihm einen Stoß, wird es ein wenig schwingen, aber schon bald in seine Gleichgewichtsposition, das heißt an seinen Ausgangspunkt, zurückkehren. Es besitzt ein stabileres Gleichgewicht als der Bleistift.

Das Alltagsbewusstsein gleicht eher einem auf seiner winzig kleinen Spitze stehenden Bleistift; es ist weniger stabil als die eigene Präsenz oder der Prozessgeist. Beide schwanken, aber der Prozessgeist schwingt mit mehr Fluidität und kehrt vorhersehbarer an seinen Ausgangspunkt zurück.

Mit anderen Worten, sich in seinem Alltagsbewusstsein zu zentrieren, ist sehr viel unsicherer, als sich im Prozessgeist zu zentrieren. Das Alltagsbewusstsein ist durch unvorhersehbare Ereignisse leicht aus dem Gleichgewicht zu bringen. Der Prozessgeist hingegen ist auf ein weiteres Zentrum fokussiert, welches ihm erlaubt, gleichsam mit den Ereignissen zu „schwingen".

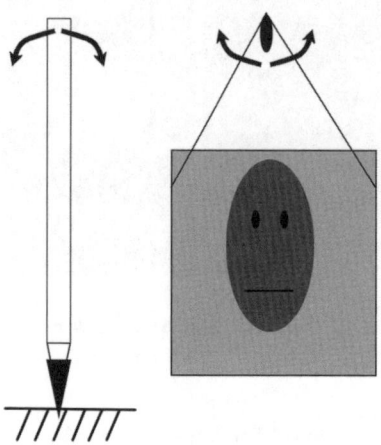

*Abbildung 4.3. Instabiles und stabiles Gleichgewicht.
Der Bleistift ist instabil und fällt leicht um, während das Bild schwingt
und in seine Gleichgewichtsposition zurückkehrt.*

Übung 4. Der Prozessgeist als stabile Präsenz

Erforschen wir nun deine eigene Präsenz und deren stabilisierenden Effekt. Sitze oder stehe auf eine Weise, die es dir erlaubt, dich zu bewegen, und seien es auch nur Mikrobewegungen. Frage dich (wie in der Übung in Kapitel 3): „Wo in meinem Körper befindet sich der tiefste Teil von mir?" Richte deinen Atem auf jenen Bereich und verstärke das Gefühl, das du dort empfindest.

Genieße dieses Gefühl einen Augenblick lang und nimm dabei die Erfahrung deines Prozessgeistes, durch deinen Atem verstärkt, in deinem Körper wahr. Vielleicht machst du Töne oder Bewegungen, die dir helfen, jenes Gefühl deutlicher wahrzunehmen. Beobachte die Töne und Bewegungen, die auftauchen. Welche Art von Präsenz rufen sie hervor? Welche Art von Präsenz ist charakteristisch für den tiefsten Teil in dir? Kannst du ihn dir vorstellen? Kannst du ihn fühlen oder hören? Kannst du ihn riechen?

Sobald du ein Gefühl dafür hast, frage dich: „Mit welcher Art von Gegend auf der Erde, mit welcher Art von Ort könnte diese Präsenz verbunden sein?" Fühle jene Präsenz, erlaube ihr, dich zu bewegen und verbinde die daraus entstehende Erfahrung mit einem Ort auf der Erde. Es mag viele verschiedene Orte auf der Erde geben, aber wähle für den Augenblick einen aus. Begib dich nun in deiner Vorstellung an jenen Ort und betrachte ihn. Werde zu jener Gegend. Wie fühlt es sich an, wie jener Erdpunkt zu sein? Welche Kraft oder Präsenz verkörpert er? Ist er ruhig oder laut, dunkel oder hell? Besitzt er Weite oder ist er eingeschlossen, ist er hoch oder tief? Und so fort. Mach dir eine Notiz über die Präsenz jenes Ortes.

Wir können diese Präsenz, die die Präsenz deines Prozessgeistes ist, eine Erfahrung des Totemgeistes nennen, der mit jenem Erdpunkt verbunden ist. Genieße diesen Ort einfach. Erlaube ihm, dich zu bewegen und zu inspirieren. Worin besteht der Unterschied zwischen dem Gefühl, das von diesem Ort ausgeht und dem Gefühl, das dir dein gewöhnliches Selbst im Alltag vermittelt?

Der Prozess- oder Totemgeist jenes Erdpunktes ist wahrscheinlich etwas, das über lange Zeiträume typisch für dich ist, ein Ort, an dem du dich am wohlsten, wie „zu Hause" fühlst. Vielleicht kehrst du oft dorthin zurück. Vielleicht ist er dein stabilster Punkt, etwas, wonach du lange gesucht hast. (Machen Sie sich in Anhang 4 unter Punkt 4 der Collageseiten am Ende dieses Buches eine Notiz über diese Präsenz.)

Denke nun darüber nach, wie du dein gewöhnliches Selbst identifizierst. Sieh dich dann am Erdpunkt deines Prozessgeistes um. Wo würde sich deine gewöhnliche Identität in das einfügen, was du dort erfährst? Solltest du das Gefühl haben, dass dein Alltagsbewusstsein unbeweglich ist, findest du es vielleicht in Felsen in der Nähe des Erdpunktes. Ist dein Alltagsselbst liebenswürdig, findest du es möglicherweise in einer Blume, die sich dort befindet. Sieh dich in der Gegend deines Prozessgeistes um und erkenne ihre Vielfalt an, selbst wenn es sich dabei um eine Wüste handelt. Jene Gegend verkörpert deine Präsenz.

Um seine Präsenz wissen

Menschen, die dich lieben, lieben wahrscheinlich deine Präsenz. Aber denke an deine Ex-Freunde. Vielleicht mochten sie dein Alltagsselbst, waren aber über deinen Prozessgeist beunruhigt, den sie nicht ganz erfassen konnten. Denke an jemanden, der dich nicht so gerne mochte. Wäre es zur Vermeidung von Schwierigkeiten hilfreich gewesen, wenn du damals um deine Präsenz gewusst und sie deutlich zum Ausdruck gebracht hättest? Wahrscheinlich hast du dich mit deinem Alltagsselbst auf jene Person bezogen und sie dann mit deiner wahren Präsenz erschreckt. Für gewöhnlich beziehen wir uns nur mit einem Teil von uns selbst auf andere, und unsere Präsenz wird nicht klar genug in die Beziehung eingebracht. Wenn du deine Präsenz klarer einbringst, könnte das die Dinge vereinfachen.

Zum Beispiel täuschte ich vor einigen Jahren mich selbst und ein paar Freunde, indem ich nur mein gewöhnliches, fürsorgliches Selbst zum Ausdruck brachte. Das ist zwar ein großer Teil von mir, aber das bin ich nicht ganz. Es gibt da noch etwas anderes, Größeres, das wie ein Bär ist. *Grrr*! Es entspricht eher Wellen, die auf eine Felsenküste krachen. *Wuff*! Jene Freunde, die mich nicht so gut kannten, erschraken ebenso über das *Wuff* wie ich.

TEILNEHMER: Mein Prozessgeist ist eine Leere, der leere Raum zwischen meiner Brust und meinem Bauch – dem tiefsten und unbekanntesten Teil von mir. In Beziehungen tritt diese Leere manchmal spontan hervor, als würde sie einer Höhle entspringen. Etwas kommt heraus, womit ich mich nicht identifiziere und das mich in Schwierigkeiten bringt. Mir geht es ganz gut damit, aber andere sind schockiert.

ARNY: Du solltest anderen besser sagen: „Meine Präsenz ist eine große, unvorhersehbare Leere, aus der alles hervortreten kann." Sage ihnen: „Ich bin ein Prozess, eine Leere, aus der Dinge hervorkommen. Ich bin nicht bloß diese Dinge."

TEILNEHMER: Ja, ich verstehe, und wer die Leere mag, mag mich. Jene Menschen mögen die unvorhersehbare Höhle.

Die eigene Präsenz in den Räumen, die man bewohnt

Denke an deinen Prozessgeist. Stell ihn dir vor. Wenn ich mir das Feld des Prozessgeistes und seine Präsenz vorstelle, denke ich manchmal an eine beeindruckende Illustration des Bread and Puppet Theaters. Es zeigt eine überlebensgroße Puppe mit einem riesigen Gesicht vor Bäumen im Hintergrund, wobei sich am unteren Bildrand ein normaler Mensch befindet, der Cello spielt. Während wir im Alltagsleben den Fokus auf die Cello spielende Person richten, weiß der träumende und künstlerische Teil in uns, dass der Prozessgeist dem Traumgefühl innewohnt, das uns der Waldhintergrund vermittelt und wahrscheinlich durch die Figur symbolisiert wird, die hinter der musizierenden Person aufragt.

Die Kraft des besonderen Erdpunktes, der mit deinem Prozessgeist verbunden ist, entstammt jener Gegend der Erde und organisiert Aspekte deiner Natur, einschließlich deines Verhaltens in Beziehungen. Tatsächlich organisiert sie dein ganzes Leben – selbst den Raum und die Atmosphäre in deinem persönlichen Zimmer.

Blicke in deinem Zimmer umher – deinem Lieblingszimmer oder deiner bevorzugten Ecke eines Zimmers. Kannst du jenes Zimmer vor deinem geistigen Auge sehen? Wie sieht es aus? Welches ist die Farbe des Zimmers, welche Materialien befinden sich darin? Was befindet sich vor dir, was an der Seite, was hinter dir? Was siehst du durch das Fenster? Was ist am charakteristischsten für dieses Zimmer, das du am meisten liebst? Wie ist die Atmosphäre? Und wie lässt sich das alles mit deinem Totemgeist und deinem Erdpunkt verbinden?

Abbildung 4.4 ist eine Darstellung dessen, was ein Studentenzimmer sein könnte, mit einer Kaffeemaschine, einem Anschlagbrett, einem Büchergestell, einem Poster an der Wand, Lampen, Stühlen und überall herumliegenden Büchern und Papieren. Denke darüber nach, wie die Zimmer eingerichtet waren, in denen du gelebt hast. Du hattest wahrscheinlich eine Tendenz, sie immer wieder mehr oder weniger gleich einzurichten, wenn du von einem Haus in ein anderes, einer Wohnung in eine andere oder einer Stadt in eine andere umgezogen bist. Dein Prozessgeist oder die Erdpräsenz dient als Architekt deines physischen Umfeldes.

Wenn du in einen Park gehst, ein Theater oder jemandes Haus aufsuchst, befindest du dich in der Präsenz jenes Ortes. Wenn du jemandes Zimmer betrittst, betrittst du dessen Geist, dessen Prozessgeist, seinen Kraftort. Ich habe über den Prozessgeist als ein Feld gesprochen, das dich bewegt, als eine Kraft hinter deinen Metafähigkeiten. Nun hoffe ich, dass du ihn in deiner Präsenz als Totemgeist spürst, als ein Stück Erde, das auch die Welt organisiert, in der du lebst.

*Abbildung 4.4. Ein Studentenzimmer.
Welche Kraft hat es eingerichtet?*

Auf einen Blick

1. Alles verändert sich, aber Ihre Präsenz ist der stabilste Aspekt von Ihnen. Der Prozessgeist, die Essenz, ist das „Meer", in dem Sie schwimmen.

2. Die Urvölker assoziieren den Prozessgeist mit einem bestimmten Punkt auf der Erde und der unsichtbaren Kraft, die von diesem Ort ausgeht. Diese Kraft organisiert alle Ihre Lebensräume.

KAPITEL 5

Der Prozessgeist, das Tao und Babysprache

In den vorangehenden Kapiteln habe ich angedeutet, dass der Prozessgeist zwar unsere allgemeine Richtung organisiert, uns aber dennoch zickzackförmige Bewegungen im Leben erlaubt, den Bedürfnissen und Entscheidungen unseres Alltagsbewusstseins folgend. Also ist das Leben „selbstorganisierend" und in der großen Übersicht vorhersehbar, aber frei und unbestimmbar in Bezug auf Ereignisse, die von einem Moment auf den anderen stattfinden – bis zu einem Punkt, an dem diese Ereignisse durch die invariante allgemeine Richtung U begrenzt zu sein scheinen. Solange man die allgemeine Richtung des Prozessgeistes zu spüren vermag, ist eine momentane Bewegung in eine andere Richtung – selbst die der allgemeinen Richtung entgegengesetzte – akzeptabel oder sogar gut. Ist man jedoch nicht imstande, den Prozessgeist zu spüren, weil man einzig mit seinem Alltagsselbst identifiziert ist, wird man mit größerer Wahrscheinlichkeit widersprüchliche Gefühle empfinden hinsichtlich der momentan einzuschlagenden Richtung, ob im Kleinen oder im Großen. In diesem Kapitel erörtere ich den Prozessgeist im Sinne von Richtungen, aber dazu ist es zunächst erforderlich, seine Wellen- und Teilchennatur zu betrachten. Im Anschluss daran werden wir sehen, wie der Prozessgeist im *I Ging* und in der Sprache von Babys erscheint.

Der Prozessgeist besitzt mindestens zwei Eigenschaften. Erstens ist er feldartig: Er kann zwar gefühlt werden, ist aber nicht leicht zu verbalisieren. Zweitens ist er teilchenartig: Man kann ein spezifisches Etwas wie eine Körpertendenz, ein Traumbild, einen Flirt oder ein Richtungsgefühl sehen, hören, fühlen, riechen und wahrnehmen.

Das Tao wird ebenfalls als etwas beschrieben, das zwei Naturen besitzt. Die erste Zeile eines sehr alten und grundlegenden taoistischen Textes, des *Tao te King*, lautet: „Das Tao, das gesagt werden kann, ist nicht das ewige Tao." Dennoch wird das Tao im Verlauf des weiteren Textes auf viele Weisen beschrieben. Taoistinnen und Taoisten betrachten das Tao als „die Mutter von Himmel und Erde", die Quelle der Schöpfung.

Die duale Natur – nämlich Feld und Teilchen – des Tao ebenso wie des Prozessgeistes erinnert mich einmal mehr an die Quantenwellenfunktion, eine Struktur, die nicht gesehen oder „gesagt" werden kann (weil es sich dabei um eine komplexe Zahl handelt, das heißt, eine Zahl, die sowohl reell als auch imaginär ist), aber einschränkend wirkt und eine unendliche Anzahl an möglichen Wegen hervorbringt.[1] Die Gesamtsumme all dieser Wege ist der eine Weg, den wir am wahrscheinlichsten in der Realität von Zeit und Raum erleben werden.

Was man sieht, hängt von der eigenen Natur als Beobachter ab. In der Quantenphysik hängt die Wahrnehmung eines Teilchens von der Betrachtungsweise der Physikerin oder des Physikers ab. Wenn man als Physikerin ein Quantenteilchen durch einen Spalt schießt, verhält es sich wie ein Sandpartikel. Während immer mehr Teilchen durch den einen Spalt geschossen werden, bildet sich unterhalb des Spaltes auf dem Boden des Kastens ein Teilchenhaufen, der wie ein kleiner Sandhaufen aussieht (siehe die linke Seite von Abbildung 5.1). Befinden sich nun zwei Spalten in dem Schirm, sodass sich das Teilchen durch einen von beiden hindurchbewegen kann (siehe die rechte Seite der Abbildung), würde man erwarten, dass sich die Teilchen aufhäufen und man zwei „Sandhaufen" auf dem Boden des Kastens zu sehen bekommt. Aber nein! Stattdessen erhält man ein wellenförmiges Muster. Werden die Teilchen durch eine Öffnung geschossen, verhalten sie sich wie Teilchen in unserem Alltag und häufen sich auf wie Sand. Werden sie aber durch zwei Öffnungen geschossen, häufen sie sich mehr oder weniger wie Wellen auf. Auf Quantenebene erscheint Materie sowohl in Form von Teilchen als auch Wellen, abhängig von der Art, wie es betrachtet wird.

Die Psychologie ist ebenfalls der Ansicht, dass das, was gesehen wird, von der Natur des Beobachters abhängt, das heißt, davon, wie die Dinge betrachtet werden. Richtet man beispielsweise seinen Fokus auf das Gefühl von Gott als etwas, das einen bewegt, erfährt man jenen Gott vielleicht als ein Feld, ähnlich der Schwerkraft. Erwartet man ein Bild, erfährt man Gott möglicherweise in Form einer menschlichen Gestalt oder als Teil der menschlichen Welt. Betrachtet man das, was Jung das „Unbewusste" nannte (und ich als „Prozessgeist" bezeichne), so wie es sich in Nachtträumen zeigt, kann es wie ein machtvolles Feld oder bestimmtes Bild erscheinen. Betrachtet man es jedoch im Körper, erscheint es in Form von Körpertendenzen, Richtungen oder sogar Körpersymptomen – das heißt in sehr viel „greifbarerer" Gestalt. In der Religion könnte das Unbewusste oder der Prozessgeist als mythische Figur im Himmel dargestellt werden. In der Wissenschaft scheint es das Mysterium hinter Wellen und Teilchen zu sein.

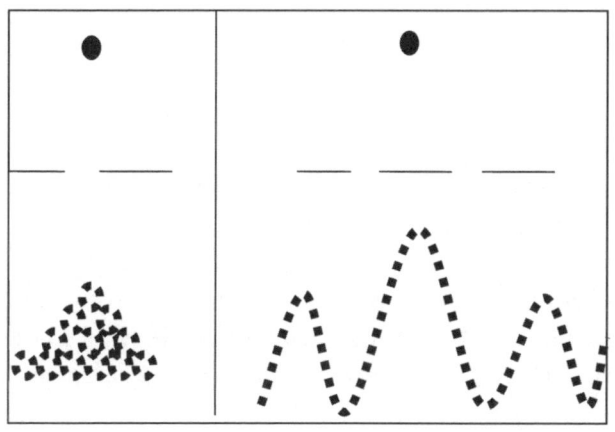

Aufhäufung beim Einzelspalt   Doppelspalt für Quantenteilchen

Abbildung 5.1. Doppelspaltexperiment

Der Prozessgeist ist ähnlich. Wie er aussieht, hängt vom eigenen Bewusstseinszustand bei der Betrachtung ab. Es gibt den Prozessgeist, über den wir sprechen können – denjenigen, der in Form von Träumen, Körpererfahrungen oder Orten auf der Erde erscheint –, der aber nicht den ganzen Prozessgeist abbildet. Und es gibt die feldartige Aura, aus der alle Dinge hervorgehen, über die gesprochen werden kann. In gewisser Hinsicht ist die feldartige Aura des Prozessgeistes dem Tao ähnlich, das nicht gesagt werden kann.

Das Tao

Für die alten Chinesen war das Tao eine Art von „vereinheitlichter Feldtheorie", die Himmel und Erde umfasste. Die frühen Taoisten verstanden, dass sich das Tao spontan in Ereignissen oder Richtungen manifestierte. Damit sie wussten, was sie als nächstes tun sollten, lautete ihre Richtlinie: „Folge dem Tao." Und sie entwickelten spezielle Techniken, um das Tao zu bestimmen.

Indem sie eines der ältesten Divinationsverfahren der Welt anwandten, das im I Ging oder „Buch der Wandlungen" aufgezeichnet ist, teilten die frühen Taoisten Stäbe oder warfen Münzen, um dasjenige zu identifizieren, was sie „*Yin-*" und „*Yang-*" Energien nannten, je nachdem, welche Seite der Münzen nach oben zeigte.[2] Es wurde vom Tao, das „nicht gesagt werden kann", angenommen, dass es sich in der Art und Weise zum Ausdruck brachte, wie die Münzen fielen. Das Tao wurde als eine Art Feld hinter jenen spontanen Ereignissen verstanden, so wie der dunkle Himmel ein Feld ist, das dem Blitz vorausgeht. (Siehe mein Buch *Earth-Based Psychology*, Anhänge 9, 10 und 11 für weitere Einzelheiten zum I Ging, zum großen U und zum Vektordenken).

Nach der Art und Weise, wie die Münzen fielen, wurden „Trigramme" erstellt, bestehend aus verschiedenen Trios von durchgehenden (-) und durchbrochenen Linien (- -), die die Yin- bzw. Yanglinien repräsentierten. Mit diesen wurden Hexagramme hergeleitet, die aus zwei übereinander angeordneten Trigrammen bestanden. Zum Beispiel zeigt das linke Bild in Abbildung 5.2 Hexagramm 27 des I Ging, „die Mundwinkel" oder „die Ernährung".

In Kapitel 42 des Tao te King wird das Tao zusammengefasst als das „Tai Chi" oder das universale Feld: „Das Tao, als Einheit manifestiert, ist das Tai Chi." Das Tao symbolisiert die Quelle, aus der alle Dinge hervorgehen, ein großes vereinigendes Feld, das von Beginn des Universums an gegenwärtig war. Das Bild rechts in Abbildung 5.2 zeigt die kreisrunde Form, die das Tai Chi, das große Äußerste repräsentiert, die potentielle Quelle, aus der alle Dinge hervorströmen. Die um das Tai Chi herum angeordneten acht möglichen Formen des Trigramms entsprechen den acht Richtungen: Norden, Nordosten, Südosten, Süden und so fort.

Da ein gegebenes „Tao" oder Hexagramm die Summe von zwei Trigrammen ist, ist das Tao oder der „Weg" im Prinzip die Summe (oder Superposition) von zwei Richtungen. (In Anhang 8 von *Earth-Based Psychology* gehe ich detaillierter auf diesen Punkt ein.) In Abbildung 5.3 habe ich die beiden mit den Trigrammen, die Hexagramm 27 bilden, verbundenen Richtungsvektoren (Nord und Nordost) addiert, um die allgemeine Vektorrichtung aufzuzeigen – die Richtung des Tao, die durch die fettgedruckte Linie repräsentiert wird –, worüber man im I Ging unter jenem Hexagramm nachlesen kann.

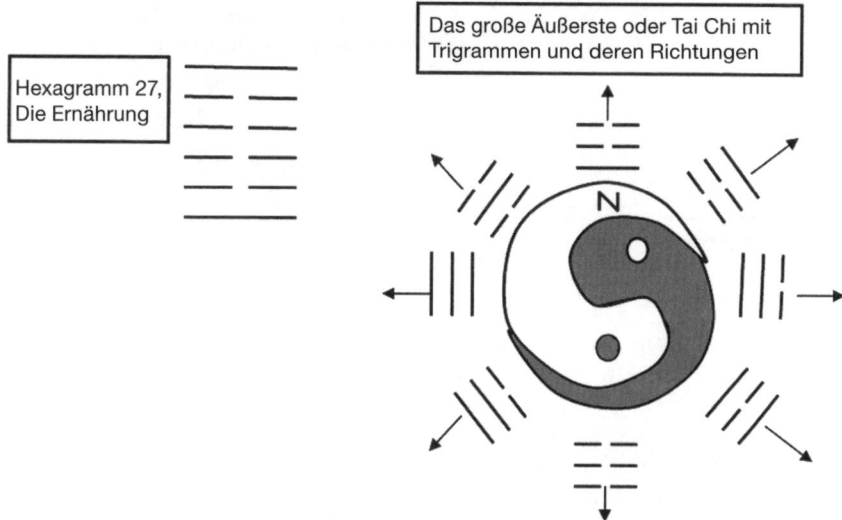

Abbildung 5.2. Trigramme, Hexagramme und Richtungen im I Ging.

Warum präsentiere ich Ihnen, liebe Leserin, lieber Leser, dieses Vektormaterial? Dieselbe Idee der Vektorsummen, die im taoistischen Denken vor Tausenden von Jahren impliziert war, findet sich heute in der Mathematik der Quantentheorie. So wie die Gesamtstruktur (oder Quantenwellenfunktion) die Summe von getrennten Zuständen ist, ist das Tao die Summe von zwei oder mehr Zuständen. Ich würde ebenfalls nahelegen, dass sowohl die Quantenphysik als auch der Taoismus Indikatoren für eine allgemeinere Prozessgeist-Struktur sind, eine feldartige Kraft, die uns von Moment zu Moment durch das hindurchbewegt, was andernfalls wie zufällige Ereignisse und willkürliche Richtungen erscheint.

Wie das Tao ist der Prozessgeist ein unsichtbares Feld hinter den Richtungen. Das Konzept des Prozessgeistes ist ein Nachfolgemodell der Konzepte des Quantengeistes und des taoistischen Geistes – wobei der „taoistische Geist" der Geist des taoistischen Weisen ist, der mit dem Moment ebenso wie mit dem Universum verbunden ist und beiden zu folgen vermag.

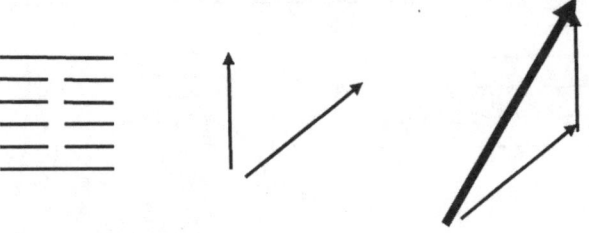

Abbildung 5.3. Hexagramm: Die Vektorsumme von Trigramm-Richtungen.

Die Physik beschreibt Felder zum Teil im Sinne von Kraftlinien, wobei sie sich auf die potentielle Kraft bezieht, die ein Feld auf ein Objekt in seiner Nachbarschaft ausübt. Die alten Taoisten beschrieben das Tao im Sinne von wellenförmigen Feldlinien, den sogenannten „Drachenlinien". Feng Shui ist die Kunst, sich in Übereinstimmung oder Harmonie mit der Umgebung zu bringen. Eine Schamanin könnte Feng Shui die Kunst des Wissens darum nennen, wo, wann und wie man sich am bestmöglichen Ort befindet.

Die Methode des Feng Shui weist auf unsere menschliche Fähigkeit hin, das Tao zu kennen und damit als erdbasiertem Feld verbunden zu sein. Dies impliziert ebenfalls die Fähigkeit, die Bedeutung dessen zu erkennen, uns selbst und die uns umgebenden Räume entsprechend anzupassen. Die Botschaft ist einfach: Folge dem Tao, dem Gefühl für das Kraftfeld, um eins mit der Natur und dem Prozess zu sein. Folge dem Prozessgeist, um eins zu sein mit dem, was geschieht.

Die Magnetfelder der Erde

Ein Objekt wie ein Magnet oder eine elektrische Ladung besitzt Kraftlinien um sich herum, die auf seinen Einfluss auf andere Objekte hinweisen. Die Erde selbst ist ein solcher Magnet mit einem Feld, das ihn umgibt. Das Bild links in Abbildung 5.4 zeigt ein um die Erde gezeichnetes elektromagnetisches Feld mit seinen Kraftlinien. Dort, wo die Linien nahe beieinander gezeichnet sind, ist die Kraft, die sie auf Objekte ausüben, stärker. Dort, wo die Linien weiter auseinander liegen, wird weniger Kraft auf Objekte im Feld der Erde ausgeübt.

Solche Feldlinien können als von den Nord- und Südpolen eines Magneten ausgehend vorgestellt werden (siehe die rechte Seite der Abbildung). Mit anderen Worten, unser Planet ist in gewisser Hinsicht ein Stabmagnet. Flüssige rotglühende Metalle in seinem Kern erzeugen sein Magnetfeld. Das Feld der Erde befindet sich ständig im Prozess, verändert sich andauernd und kehrt sich eines Tages möglicherweise um. Der magnetische Norden könnte in der Zukunft zum magnetischen Süden werden. Dann müssen Sie die Interpretation der Anzeige Ihres Kompasses ändern.

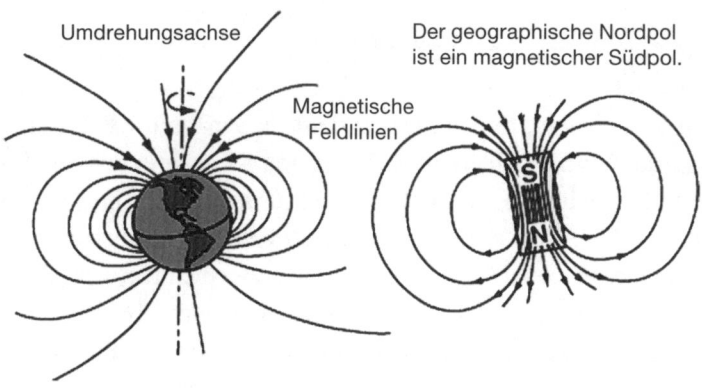

Abbildung 5.4. Das elektromagnetische Feld der Erde.
Das elektromagnetische Feld gleicht dem Feld eines zweipoligen Stabmagneten.

Kraftfelder sind Konzepte, mathematische Ideen, die Wissenschaftlerinnen und Wissenschaftlern erlauben, die Auswirkungen von Objekten aufeinander zu visualisieren und jenen essenzartigen Feldern Gestalt zu verleihen. Lange bevor wir die Theorie des Magnetismus kannten, verstanden unsere Vorfahren, dass wir von jenen Feldern – dem Tao, dem Tai Chi, der Schwerkraft und dem Elektromagnetismus – bewegt werden. Wenn wir über das Feld der Erde nachdenken, hilft uns unsere Vorstellungskraft, dessen unbeschreibliche Qualität zu verstehen. Wir sehen Kraftlinien, Drachenlinien, Unendlichkeit, Symmetrie, Leere und so fort. Wir spüren Felder objektiv und/oder subjektiv.

Übung 5: Das Sie umgebende Feld des Prozessgeistes

Bislang haben wir über Felder gesprochen. Erforschen wir nun das Feld Ihres Prozessgeistes. Wie sieht das Feld um Sie herum aus? Wenn Sie ein Gefühl für das Feld Ihres Prozessgeistes besitzen, haben Sie ein vollständigeres Bild von sich, als irgendein Foto von Ihnen zeigen könnte.

Nehmen Sie ein Blatt Papier und einen Stift zur Hand und zeichnen Sie sich selbst als ein Strichmännchen. (Vergessen Sie nicht, diese Figur unter Punkt 5, Anhang B, am Ende dieses Buches einzutragen.) Folgen Sie Ihrem Atem ein bis zwei Minuten lang. Scannen Sie dann Ihren Körper, wie Sie es in Übung 3 getan haben, um den tiefsten Teil in Ihnen zu finden. Wenn Sie ihn gefunden haben, atmen Sie in jenen Bereich.

Wenn Sie so weit sind, fühlen Sie den Bereich, der Ihren Körper umgibt, was auch immer das für Sie heißen mag. Betrachten Sie währenddessen Ihr Strichmännchen und erlauben Sie Ihrer Hand, schnell das „Feld" Ihres tiefsten Selbst als eine Art von Bereich oder Linien um Ihr Strichmännchen herum zu zeichnen. Erlauben Sie Ihrem spielerischen Geist einfach zu zeichnen, was Sie um Ihren Körper herum fühlen. Vielleicht wird Sie Ihre Zeichnung überraschen.

Wenn Sie fertig sind, erforschen Sie jenes Feld. Betrachten Sie es. Spielen Sie mit dem Gedanken, dass Sie nicht nur ein Körper sind, sondern *jenes Feld*. Geben Sie dann vor, das Feld zu sein, und machen Sie kleine Bewegungen, die die Bewegungen des Feldes sichtbar machen. Nehmen Sie den Unterschied wahr, den es ausmacht, das Feld zu sein oder Ihr gewöhnliches Selbst. Lassen Sie sich

*Abbildung 5.5. Energiezeichnung des Prozessgeistes:
Strichmännchen mit umgebendem Feld.*

ein wenig von Ihrem Feld bewegen; lassen Sie es umherschwirren oder sich bewegen, wie auch immer es sich bewegen will. Welches ist die Natur Ihres Feldes? Meditieren Sie darüber. Was lehrt es Ihr Alltagsselbst über Ihr größeres Selbst?

Zum Beispiel sagte das Feld um das Strichmännchen in Abbildung 5.5 der Frau, die es gezeichnet hatte, dass sie sich in ihrem Leben mehr drehen solle. Sie sollte nicht so linear sein wie ihr Strichmännchen, sondern sich drehen und schwingen, ein wenig schwindlig sein und demjenigen folgen, was sie „Himmel" nannte.

Sich selbst einschließlich seines Prozessgeist-Feldes zu kennen, bedeutet zu wissen, wie man wirklich aussieht. Ihre Zeichnung ist eines Ihrer „realen" Bilder.

Synästhesie und Babysprache

Legen Sie die Zeichnung nun beiseite. Ich möchte Sie ermutigen, Ihr Feld mit einer weiteren Methode zu erforschen und zu beschreiben, nämlich derjenigen der Synästhesie. Lassen Sie mich die Synästhesie zunächst beschreiben. Vielleicht haben Sie bemerkt, dass Sie manchmal beim Erwachen am Morgen das Gefühl haben, weder wach zu sein noch zu schlafen. Sie sind „halb hier und halb dort", in einem synästhetischen Seinszustand, in dem sich Denken, Sprechen, Bewegen, Sehen, Hören, Schmecken, Träumen und Ihre weiteren Sinne überlagern. Die unmittelbare Erfahrung des Prozessgeistes ist ebenfalls ein veränderter Bewusstseinszustand von „halb hier, halb dort".

Syn ist das altgriechische Wort für „Summe" und *aisthesis* dasjenige für „Sinneswahrnehmung" (Empfinden). *Synästhesie* bedeutet wörtlich übersetzt „Summe der Sinne". Synästhesie ist eine Superposition der Sinne. Fühlen und Sehen können für gewöhnlich voneinander unterschieden werden, in der Synästhesie überlagern sie sich jedoch. Im Grunde genommen können die meisten Körpersymptome wahrscheinlich am besten beschrieben werden als eine Kombination oder Verknüpfung von verschiedenen Sinnen. Denken Sie zum Beispiel an einen Migränekopfschmerz. Viele Menschen nehmen bei einer Migräne das Klopfen als von einem Hammer ausgehend wahr, während sie gleichzeitig die „Aura" des Kopfschmerzes oder dessen Feld, das vor Schmerzen summt und brummt, beinahe sehen und hören können.

Manche Menschen sehen Farben, die mit bestimmten Formen, Buchstaben und Zahlen verbunden sind. Zum Beispiel sehen Synästheten den Buchstaben *S* vielleicht in rosa. Wenn diese talentierten Menschen lesen, sehen sie Farben und hören auch Klänge. Einige Wörter sind mit Geschmäcken verbunden. Einer meiner Klienten bat mich, das Wort *Inspiration* nicht auszusprechen, weil es zu salzig war!

Jeder Mensch hat Zugang zu dieser Verknüpfung der Sinne. Betrachten Sie Abbildung 5.6. Diese beiden Bilder benutzte der Psychologe Wolfgang Köhler zur Erklärung der Synästhesie. Er fragte Testpersonen, welche dieser beiden Formen sie „Kiki" und welche sie „Bouba" nennen würden. „Kiki" wurde meistens mit der spitzen Form links auf der Abbildung assoziiert und „Bouba" mit der weichen Form rechts.

Abbildung 5.6. Zwei Zeichnungen zur Demonstration der Synästhesie. Welche ist „Kiki" und welche „Bouba"?

Wir sind alle Synästheten in dem Sinne, dass wir Formen mit Klängen oder Körpergefühle mit Visualisierungen assoziieren. Denken Sie zum Beispiel an Redewendungen wie „eine schreiende Farbe" oder „die Situation schmeckt mir nicht". Synästhesie ist ein Essenzaspekt dessen, wie wir miteinander kommunizieren. Babys kommunizieren zum Teil auf diese Weise, was vermutlich der Grund ist, weshalb Erwachsene dazu tendieren, präverbale Klänge, Bewegungen und Gesichtsausdrücke zu machen, wenn sie mit kleinen Kindern reden. Manche Babys scheinen beispielsweise bestimmte Arten von Klängen mit dem Gefühl zu assoziieren, umarmt zu werden.

Kehren wir nun zu Übung 5 zurück. Werfen Sie einen Blick auf Ihre Zeichnung des Feldes um das Strichmännchen herum, das Ihren Körper repräsentiert. Erlauben Sie sich nun einen Augenblick lang, ein Baby zu sein. Gehen Sie zu der Zeit zurück, als Sie noch keine Wörter hatten und experimentieren Sie damit, sich ein wenig wie ein Baby zu fühlen. Benutzen Sie die Babysprache: „Guu, Guu, Kiti" und so fort. Erinnern Sie sich an die „Guu-Guu" Zeit in Ihrem Leben.

Betrachten Sie nun Ihr Bild und versuchen Sie, es in Babyklängen und -bewegungen zu beschreiben. Bringen Sie Ihr Feld so zum Ausdruck, wie es ein Baby tun würde. Wenn Sie dann so weit sind, tanzen und singen Sie Ihr Feld – was immer das für Sie heißen mag. Benennen Sie dann das Feld und drücken Sie Ihre Erfahrung in Worten aus. Seien Sie mutig – machen Sie einfach Babyklänge und -bewegungen, Tanzbewegungen, und verleihen Sie Ihrer Erfahrung am Ende Worte.

Ihre Zeichnung und die Klänge und Bewegungen, die Sie machen, erinnern Sie vielleicht an Kindheitserfahrungen oder erlauben Ihnen, einige Ihrer Verhaltensweisen als Kind zu verstehen. Ist diese Erfahrung des Prozessgeist-Feldes irgendwo in Ihrer Kindheit aufgetaucht? Wie hat dieses Feld versucht, in Ihren Träumen, Ihrem Körper, Ihren Beziehungen und Ihrem Lebenskontext in Erscheinung zu treten? Seien Sie diese Erfahrung des Prozessgeistfeldes und geben Sie sich einen Rat, insbesondere in Bezug auf Dinge, die Sie gerade beschäftigen. Vergessen Sie nicht, zum Schluss Ihre Zeichnung und Ihre Aufzeichnungen unter Anhang B, Punkt 5, festzuhalten.

Als meine Frau Amy das Feld ihres Prozessgeistes zeichnete (siehe Abbildung 5.7), malte sie schnell eine Menge wellenförmiger Linien um sich herum und sagte, ihre Aura sei „wellig, warm und magisch". Sie sagte: „Ich bin der Prozessgeist, ein süßer kleiner Magier mit *Uuguushu*-Klängen. Die Liebe zur Magie ist

Abbildung 5.7. Amys Prozessgeist.

mein Weg." Amy spielte und sprach gleichzeitig, während sie zu sich selbst sagte: „Du süßes kleines Ding, du kannst fliegen! Wenn du dich selbst liebst und nach innen gehst, kannst du alles tun." Amy kommentierte dann: „Ja, das klingt nach meinem ‚Weg'. Wenn mein innerer Kritiker auftaucht, ist es unnötig, auf gewöhnliche Weise mit ihm umzugehen. Ich sollte einfach Magie auf ihn anwenden!"

Ihr Prozessgeist besitzt bestimmte Kräfte und Metafähigkeiten. Er besitzt Präsenz und Richtung. Er strebt danach, sich selbst in Form Ihrer Träume und jener Orte auf der Erde kennenzulernen, die Sie sich in Form Ihres Zimmers, Ihres Tao, Ihres Feldes und selbst der Babysprache suchen! Wo immer Sie hingehen, denken Sie an Ihren Prozessgeist. Er ist das große Bild, das als ein Feld erscheint, als eine Richtung, als die umfassende Kraft; er ist die „Landkarte", die den Weg zeigt.

Auf einen Blick

1. Quantenwellenfunktionen, magnetische Felder, das Tao, das Tai Chi und die Feng-Shui-Kraft der Erde sind allesamt Aspekte und Metaphern für die Kraftlinien des Prozessgeistes.

2. Der Prozessgeist lässt sich vielleicht am besten in Babysprache ausdrücken.

II

Der Prozessgeist in Symptomen, in Beziehungen und in der Welt

Ihr seid vollkommen, so wie ihr seid,
und ihr könntet ein wenig Verfeinerung gebrauchen.

SHUNRYU SUZUKI

KAPITEL 6

Wie Ihr Signaturfeld Probleme meistert

Im ersten Teil dieses Buches habe ich spezielle Eigenschaften Ihres Prozessgeistes erörtert und verschiedene Übungen zur inneren Arbeit präsentiert, die helfen, diese Eigenschaften zu enthüllen. In Teil zwei möchte ich Ihnen zeigen, wie Sie die Erfahrungen Ihres Prozessgeist-Feldes zum Umgang mit Beziehungsfragen sowie persönlichen Problemen, Körperproblemen und Weltproblemen nutzen können. Dieses Kapitel zeigt auf, dass das „Signaturfeld" Ihres Prozessgeistes nicht nur aus den Sie umgebenden Kraftlinien (wie wir in Kapitel 4 gesehen haben) besteht, sondern auch aus dem Gefühl, das Sie mit bestimmten Orten auf der Erde assoziieren. Das Kapitel beschreibt auch, wie Sie diese Assoziation zum Umgang mit Ihren Stimmungen nutzen können.

Marginalisierung

Wenn der Prozessgeist die leitende Intelligenz hinter dem Leben ist, warum müssen wir dann überhaupt etwas tun, um ihn auf unser Leben anzuwenden? Arbeitet er nicht ohnehin schon an allem? Ja, der Prozessgeist scheint jene Intelligenz zu sein, welche die Prozesse und Ereignisse organisiert, die uns während unseres Tages- und Nachtlebens begegnen. Aber ebenso marginalisiert der Prozessgeist im Alltagsleben seine mystischen oder imaginären Teile. Warum? Eine Quantenphysikerin würde sagen, dass der Grund dafür in der Mathematik sichtbar sei. Die Beobachtung „kollabiert" die Superposition verschiedener möglicher Zustände in einen und nur einen Zustand. Das ist einfach die Art und Weise, wie unsere Natur, und in der Tat die gesamte Natur, funktioniert. Wenn wir uns selbst beobachten, identifizieren wir uns meist mit unserem Körper, unseren momentanen Problemen und damit, was morgen geschehen könnte. Unser tiefstes Selbst und seine verschiedenen Zustände scheinen zu kollabieren, als wären sie „nur ein Traum".

Gibt es einen Zweck hinter dieser Marginalisierung? Ich weiß die Antwort nicht sicher, aber ich kann darauf hinweisen, dass wir uns, wenn die Superposition kollabiert, mit dem Beobachter identifizieren und nicht mit dem Beobachteten, das sich „außerhalb" von uns zu befinden scheint. Dies erinnert mich an das Bild, das der Physiker John Wheeler vom Universum gezeichnet hat. Es zeigt das Universum als einen riesigen Wal, der sich krümmt, um seinen Schwanz zu betrachten (siehe Abbildung 6.1). Wir menschlichen Beobachter, die sich im gegenwärtigen Moment auf der Erde befinden, haben das Gefühl, dass sich das Universum *weit dort draußen* befindet, seine äußerste Grenze über 40 Milliarden Lichtjahre von uns entfernt ist und es etwas anderes ist als wir! Mit einer tieferen Prozessgeist-Perspektive erkennen wir jedoch, dass wir ein Teil des Wales (des Universums) sind, der seine anderen Teile betrachtet. Wir sind unsere Familien, Freunde, Gemeinschaften, Nationen, die Planeten und das Universum, das sich fortwährend entdeckt. Im Folgenden zeige ich auf, wie uns diese Perspektive bei der Lösung von Problemen auf vielen verschiedenen Ebenen helfen kann.

Abbildung 6.1. Das sich selbst betrachtende Universum.
Inspiriert durch eine Zeichnung des Physikers John Wheeler.

In gewisser Hinsicht braucht der Prozessgeist unser Alltagsbewusstsein, unser berüchtigtes „Ego" oder den Primärprozess, um sich zu objektivieren. Die Marginalisierung unserer traumartigen Natur und unserer Quantennatur erlaubt uns, die Realität zu beobachten, zu messen und zu erschaffen, als sei sie etwas anderes als wir. Aber das anhaltende Gefühl, dass der andere „nicht ich" ist und mit „mir" in Konflikt steht, wird schließlich unangenehm. Schlimmer noch, dieser der Konsensusrealität zugehörige Standpunkt ist selbstdeprimierend. Depression impliziert, dass etwas auf das Alltagsbewusstsein drückt. Oft besteht Linderung darin, dasjenige kennenzulernen oder zu integrieren, was den deprimierenden Druck ausübt. Manchmal kann es bei einer depressiven Verstimmung sehr hilfreich sein, sich zu entspannen, loszulassen, nachzugeben oder „tief hinunter" zu gehen, im Sinne dessen, die Erde zu spüren.

Wie die Erde „versteht"

Verstehen im englischen Sprachraum bringt eine sehr bildhafte Qualität des Begriffes zum Ausdruck. Im wörtlichen Sinne bedeutet es „darunterstehen", „under-stand". (Anm. d. Übers.) Die Erde ist so auf eine sehr konkrete Art und Weise der gemeinsame Untergrund, die gemeinsame „Auf-Fassung" von allem, was auf ihrer Oberfläche erscheint. Somit wird die Erderfahrung essentiell sowohl für unsere inneren als auch für unsere äußeren Prozesse. Durch meine Arbeit mit individuellen Konflikten, interpersonalen Konflikten, Organisationskonflikten und Weltkonflikten habe ich erkannt, wie wichtig dieses Gefühl für das „Auf-Fassungsvermögen" der Erde sein kann. Ich bin in der Tat erstaunt, dass ich so viele Jahre gebraucht habe, die entscheidende Rolle zu erkennen, die das Feld der Erde in unserer Psychologie spielt. Die Prozessgeist-Erfahrung des „Auf-Fassens" (Verstehens) ist dasjenige, was wir benötigen, um die Probleme anzusprechen, mit denen der Planet heute konfrontiert ist. Was für ein Paradoxon! Die Erde ist imstande, sich selbst zu helfen.

Denken Sie darüber nach. Die Erde entstand vor ungefähr 4,5 Milliarden Jahren. Der moderne Mensch, der *homo sapiens,* ist gemäß einer Schätzung von 1997 etwa 1.000 bis 10.000 Generationen alt.[1] Das bedeutet, dass der moderne Mensch höchstens etwa 200.000 Jahre alt ist. Menschen sind Neuankömmlinge auf dem Planeten. Wir sind Babys! Unsere Erde, von den Ureinwohnern der Anden verehrt als die Göttin Pachamama, was so viel wie „Mutter Erde" oder „Mutter Universum" bedeutet, ist unsere Verbindung zum Universum. Sie ist buchstäblich unser gemeinsamer Boden. Häufig streiten wir über die Grenze zwischen „meinem" Land und dem Land der anderen Person, worüber wir unsere gemeinsame Verbindung mit Pachamama vergessen. Wenn ich von unserem Planeten spreche, stelle ich mir dessen Inneres, seine Kruste, seine Täler, Wälder, Wüsten, Gletscher, Wasser, Himmel, Städte, Straßenecken, Cafés – allesamt als sowohl real als auch traumartig vor. Die Teile der Erde sind gleichzeitig messbare Orte und Felder, die als Totemgeist-Figuren und Präsenzen vorgestellt werden können.

Signaturfelder und Totemgeister

In Kapitel 5 haben wir gesehen, dass jeder unter uns eine bestimmte Präsenz oder ein bestimmtes Feld besitzt. Diese Präsenz mit einem bestimmten erdbasierten Feld zu verbinden, lässt dasjenige entstehen, was ich Ihr „Signaturfeld" nenne, eine beständige Kraft, die eine spezielle Eigenschaft Ihrer Natur ist. Als Menschen teilen wir alle dieselbe „Mutter Erde", und dennoch repräsentiert jeder unter uns einen bestimmten Teil von ihr. Die Art und Weise, wie Sie irgendetwas tun, ist Ausdruck Ihres Signaturfeldes, der Kraft, die Sie bewegt, des Erdpunktes, von dem Sie „herstammen".

Abbildung 6.2 zeigt einen visuellen Eindruck von Einsteins möglichem Signaturfeld. Ich kannte Einstein nicht persönlich, aber ich weiß, dass er für sein Leben gern segelte. Deswegen habe ich dieses Foto von ihm ausgewählt. Es zeigt ihn beim Segeln auf dem Saranac Lake in den Bergen von Adirondack nördlich von New York, wohin er oft fuhr, wenn er sich erholen und regenerieren wollte. Die Gegend um den See reflektiert sein Interesse an Himmel und Erde, und das Segeln verleiht seinem Gefühl für die Relativität der Bewegung (zwischen dem Segelboot, dem Wind, dem Wasser und der Erde) Ausdruck. Vielleicht half ein solcher Ort, Einstein in Bezug auf seine eigene Natur und diejenige des Universums zu erleuchten.

Wir wissen aus der Geschichte und den Darstellungen von Buddhas Erleuchtung unter dem Bodhi-Baum, wie wichtig die Erde unterhalb des heiligen Feigenbaums war. Den häufig wiederkehrenden Assoziationen bezüglich seiner Erleuchtung unter dem Baum nach zu urteilen (wie sie nur schon im Internet zu sehen sind!) können wir sagen, dass die Gegend um diesen Baum das erdbasierte Signaturfeld seiner „Buddhanatur" oder des „Buddhaprinzips" (buddha-dhatu) war. Diese Natur und dieses Prinzip werden gelehrt als „eine wirklich reale, aber im Innern verborgene Potenz oder ein Element in den reinsten Tiefen des Geistes, das in allen fühlenden Wesen gegenwärtig ist, damit sie zur Buddhaschaft erwachen".[2]

Abbildung 6.2. Einsteins Signaturfeld.
Einstein beim Segeln auf dem Saranac Lake.

Gegen Ende der Erleuchtungsgeschichte wurde Buddha von Mara herausgefordert, dem großen Verführer, der Personifikation aller irdischen Leidenschaften, der die Erde für sich in Anspruch nehmen wollte. Der Buddha berührte jedoch die Erde, womit er darauf hinwies, dass Erleuchtung auf der irdischen Ebene, nämlich die Befreiung von Mara, geschehen konnte und geschah.[3] In Abbildung 6.3 sehen Sie die sitzende Buddhafigur, die mit den Fingern der rechten Hand den Boden berührt. Manchen Geschichten zufolge antwortete die Erde mit einem Erdbeben, als der Buddha sie mit den Händen berührte, was impliziert, dass die Erde in der Tat dem Buddha zugehörte und nicht Mara.

Es scheint auch möglich, dass der Buddha, indem er die Erde berührte, darauf hinwies, dass die Erde von entscheidender Bedeutung ist. Die wahre Natur des Buddha, seine Buddhanatur, war das Signaturfeld, jene Kraft, die von der Erde unter ihm und dem Bodhi Baum ausging.

Buddhistinnen und Buddhisten sprechen von Erleuchtung im Sinne von *Nirvana*, einer andauernden Bewusstheit jener Buddhanatur (siehe Absatz 3). Im Zustand des Nirvana gibt es kein Leiden. Vielmehr ist Ausgeglichenheit vorhanden und der Kreislauf zwischen Leben und Tod hat ein Ende. Im japanischen

Zen-Buddhismus wird der flüchtige Blick auf die eigene wahre Natur, auf die Natur, so wie sie ist, *Kensho* genannt. *Satori* ist eine beständigere Form der Erleuchtung.

Abbildung 6.3. Der die Erde berührende Buddha.

Für mich bedeutet, den Prozessgeist zu kennen und sich damit zu identifizieren, eine Form von *Kensho, Nirvana* oder *Satori.* Jeder einzelne erlebt Momente, in denen er den Prozessgeist oder den Buddhageist findet und ihn dann wieder verliert. Die meisten Menschen fühlen sich so gut, wenn sie ihren Buddhageist finden, dass ihnen, wenn sie ihn wieder verlieren, ihr maraartiger Geist zu verstehen gibt, dass sie irgendwie gescheitert sind. Aber Mara ist bloß ein Teil des Erleuchtungsprozesses. Mara zwingt uns, „hinunterzugehen", um der Erde näherzukommen, und der Buddha ist, aus der Perspektive der Prozessarbeit betrachtet, derjenige, der dieses „Untensein" verwirklicht und dadurch erleuchtet wird.

Die Wege zur Erlangung von Bewusstheit über die eigene wahre Natur, jenes Feld des „dunklen Himmels", variieren je nach Kultur. Manche Kulturen betonen die Traumarbeit, andere folgen dem Atem und meditieren über etwas Heiliges oder beten und so fort. Für erdbasierte Menschen ist der Buddhageist ungefähr analog zu jenem Ort auf der Erde, an dem sie sich am wohlsten oder am meisten zu Hause fühlen. Seinen Prozessgeist oder erdbasiert „Totemgeist" zu kennen, ist für manche eine neue Erfahrung, aber sie ist ebenfalls eine alte Form von Bewusstheit, die mit dem Raum verbunden ist, der sich zwischen den Dingen befindet und sie umgibt.

In Kapitel 4.1 sprach ich von dem Glauben der australischen Ureinwohner, dass während des fünften Schwangerschaftsmonats der eigenen Mutter ein Totemgeist aus irgendeinem Teil der Erde heraus in ihren Körper hineinsprang. Diese indigene Idee ist eine der ältesten mythologischen Interpretationen des Menschen und eine der Erklärungen dafür, wie Sie hierhergelangten und wer Sie sind. Sie impliziert, dass Sie jedes Mal, wenn Sie an das Land denken, das Sie am meisten lieben, „zu Hause" sind. Wir sind hingebungsvolle Hüter von Orten auf der Erde. Wir finden diese Identifikation mit dem Land in indigenen Traditionen weltweit. Amerikanische und europäische Ureinwohner benannten ihre Kinder gleichermaßen nach Orten auf der Erde. One Feather, Black Elk, Sun Bear, Waldland, Wald, Berg, Stein und so fort sind allesamt Namen, die mit Objekten oder Materialien der Erde verbunden sind.

Übung 6a: Ihr Signaturfeld

Das Ziel dieser Übung besteht darin, eine meditative Achtsamkeitspraxis zu entwickeln, deren Fokus auf Ihr Signaturfeld, Ihren Ort auf der Erde gerichtet ist. In der zweiten Übung dieses Kapitels benutzen wir Ihr Signaturfeld, damit es Ihnen beim Umgang mit schlechten Stimmungen hilft. Für diese Übung benötigen Sie etwas Papier und einen Kugelschreiber oder Bleistift, damit Sie Notizen machen und etwas zeichnen können. Bitte vergessen Sie nicht, beide Übungen auf den Prozessgeist-Collageseiten unter Anhang B, Punkt 6a und 6b, festzuhalten.

Nehmen Sie sich zur Vorbereitung einen Augenblick Zeit, um die Erde unter Ihnen und um Sie herum zu spüren, was auch immer das im Moment für Sie bedeutet. Beziehen Sie sich auf irgendeine Weise darauf, die sich im Moment natürlich anfühlt. Notieren Sie nun auf einem Blatt Papier die früheste Erinnerung oder den frühesten Traum, an den Sie sich erinnern. Legen Sie das Blatt dann zur Seite. Stehen Sie auf und bewegen Sie sich ein wenig an Ihrem Platz. Spüren Sie den tiefsten Teil Ihres Selbst, was auch immer das im Moment für Sie bedeutet. Auch wenn Sie diesen Teil der Übung in früheren Übungen bereits gemacht haben, nähern Sie sich ihm mit einem „Anfängergeist", das heißt, so, als hätten Sie ihn noch nie gemacht. Die Wiederholung kann die Verbindung zu Ihrem tiefsten Teil zu einem automatischeren und somit zugänglicheren Prozess werden lassen.

Wo in Ihrem Körper befindet sich der tiefste Teil Ihres Selbst jetzt gerade? Dies ist eine Sache der Intuition; vertrauen Sie Ihrem Körper, dass er Ihnen sagt, wo sich jener Teil befindet. Atmen Sie in jenen Punkt und fühlen Sie seine Eigenschaft und Energie. Nehmen Sie Klänge wahr, die von jenem Punkt ausgehen. Vielleicht taucht eine Melodie oder ein Lied auf. Benutzen Sie all Ihre Sinne und Synästhesie – das heißt Ihre sich überlappenden Sinne –, während Sie sich bewegen und Klänge erzeugen. Vielleicht haben Sie beispielsweise das Gefühl zu atmen und Klänge zu erzeugen wie das Meer, der Wind und so fort. Singen und summen Sie, fühlen und visualisieren Sie Ihre Erfahrungen.

Wenn Sie so weit sind, fragen Sie sich, welchen Ort auf der Erde, ob real oder imaginär, Sie mit dieser Erfahrung, diesem Klang oder dieser Vision verbinden. Falls Ihnen viele Orte in den Sinn kommen, wählen Sie einen aus. Wenn Sie so weit sind, gehen Sie in Ihrer Vorstellung dorthin. Fühlen Sie, wie Sie dort sind, fühlen Sie die Gegenwart oder Kraft der Erde, die mit diesem Ort verbunden ist. Spüren Sie das Feld dieses Ortes, seine Gegenwart und seine Kraft. Wie würden Sie sie beschreiben? Erlauben Sie diesem erdbasierten Feld, dieser erdbasierten Kraft, Sie zu bewegen oder zu „tanzen".

Während Sie sich bewegen oder tanzen, fragen Sie sich, ob Sie dieses Feld an irgendetwas aus Ihrer frühesten Erinnerung oder Ihrem frühesten Traum erinnert. Wenn Sie so weit sind, lassen Sie unter Punkt 6a auf den Collageseiten eine schnelle Zeichnung entstehen. Geben Sie ihr einen Namen. Dieses Stück Land und seine Kraft sind zentrale Aspekte der Energie Ihres Prozessgeistes, Ihres Signaturfeldes.

Seien Sie nun das Feld jenes Erdpunkts: Fühlen Sie seine Präsenz und Kraft und wechseln Sie dann, mit einem entspannten, offenen Bewusstsein, die Form – treten Sie für einen Augenblick aus Ihrer menschlichen Gestalt heraus –, und erlauben Sie, sich vorzustellen, das Feld zu *sein*. Nehmen Sie sich Zeit, während Sie dem Feld erlauben, Sie zu bewegen. Nehmen Sie Ihre Visionen, Gefühle, Empfindungen, Impulse und Gedanken wahr.

Falls Sie an irgendeinem Punkt abgelenkt werden, gehen Sie einfach zur Energie Ihres Signaturfeldes und der Zeichnung zurück, und erlauben Sie dem Feld des Prozessgeistes, weiter zu meditieren, während ein anderer Teil von Ihnen jenen Ablenkungen folgt. Machen Sie unter Punkt 6a Notizen darüber, was Sie über Ihr Signaturfeld gelernt haben.

Schlechte Stimmung

Mit dem Prozessgeist in Ihrem Bewusstsein fühlen Sie sich wahrscheinlich von Alltagsereignissen losgelöster und möglicherweise mehr „in Ihrem Körper". Benutzen wir nun das Signaturfeld des Prozessgeistes zur Arbeit mit schlechter Stimmung, indem wir Ihre schlechteste Stimmung mit einer Richtung auf der Erde verbinden. Doch lassen Sie mich zunächst Vektoren erklären.

Als ich einer Ältesten der Aborigines die Vektorarbeit zeigte, sagte sie: „Oh, sehr gut, das machen wir schon seit Jahren." Den erdbasierten Richtungen zu folgen, ist eine sehr alte Praxis. Ihr Körper weiß von Natur aus um Signaturfelder und Vektoren, selbst wenn Ihnen diese Konzepte neu sind. Vertrauen Sie Ihrem Körper, dass er Ihnen zeigt, in welche Richtung Sie gehen sollen. Ihre Intuition oder Ihr Traumkörper wird erklären, warum Sie in jene Richtung gehen.

Manche Menschen bewegen sich in Richtung des tatsächlichen Nordens, Südens, Ostens oder Westens und verbinden bestimmte Erfahrungen mit bestimmten Orten in jenen Richtungen. Andere haben das Gefühl, sich in Richtung Westen, Norden und so fort zu bewegen, obgleich das entsprechend dem Kompass nicht der Fall ist. Das ist vollkommen in Ordnung. Es geht um die subjektive Erfahrung dessen, wohin Sie sich bewegen. Vielleicht bewegen Sie sich auch einfach in einem Raum irgendwohin oder auf einen Baum oder ein Bild zu – einen Ort, der sich einfach richtig anfühlt. Ob Sie das in einen winzigen Raum führt oder an einen Ort mit einem ausladenden Blick, vertrauen Sie dem tiefsten Teil Ihres Selbst in Ihrem Körper, dass er Sie in jene Richtung führt, die Ihnen am meisten nutzt.

Übung 6b: Stimmungen und Vektorlaufen

Für diese zweite Übung benötigen Sie zwei kleine Zettel. Kennzeichnen Sie einen mit einem Pluszeichen (+) und den anderen mit einem Stern (*).

Wir können diese Übung, die ich „Vektorlaufen" nenne, für beinahe jede Erfahrung benutzen. Hier möchte ich den Fokus jedoch auf schlechte Stimmung richten, da es sich hierbei um eine Erfahrung handelt, mit der schwer umzugehen ist. Denken Sie an Ihre schlechteste Stimmung oder an eine, die Sie vor kurzem beunruhigt hat. Wählen Sie nur eine aus, nämlich diejenige, die jetzt auftaucht. Beschreiben Sie jene Stimmung und machen Sie eine Geste, die einfängt, wie Sie sich verhalten, wenn Sie so gestimmt sind. Wenn Sie sich jene Geste aufgeschrieben haben, fragen Sie sich, welcher Teil in Ihnen am meisten über diese Stimmung beunruhigt ist. Lassen Sie ihn einfach in Ihrem Bewusstsein auftauchen. Machen Sie sich auch darüber eine Notiz.

Der nächste Schritt ist spannend. Finden Sie die „Richtung" heraus, die die Erde Ihnen für jene Stimmung vermittelt und für jenen Teil in Ihnen, der dieser Richtung entgegengesetzt ist, und benutzen Sie beide für einen „Vektorlauf". Nehmen Sie den Zettel mit dem Pluszeichen darauf und markieren Sie einen Startpunkt auf dem Boden. (Sollten Sie nicht stehen oder laufen können, markieren Sie den Startpunkt auf Papier und machen Sie den gesamten Vektorlauf auf Papier.) Erinnern und fühlen Sie Ihre schlechteste Stimmung und machen Sie ein Gesicht, das dazu passt. Bitten Sie dann die Erde, Sie in eine Richtung zu drehen, von der Sie intuitiv fühlen, dass Sie mit jener Stimmung verbunden ist. (Oder fühlen und zeichnen Sie eine Linie auf Papier, die in jene Richtung verläuft.) Machen Sie ein paar Schritte in die Richtung jener Stimmung; Ihr Körper wird wissen, wie viele Schritte richtig sind.

Wenn Sie am Ende des „Stimmungsvektors" angekommen sind, rufen Sie sich denjenigen Teil von Ihnen in Erinnerung, der über jene Stimmung am meisten beunruhigt ist. Fühlen Sie dessen Energie in Ihrem Körper. Machen Sie ein Gesicht, das dazu passt. Erlauben Sie dann der Erde, Sie in die Richtung zu bewegen, die mit jenem Teil von Ihnen verbunden ist, und machen Sie ein paar Schritte in jene Richtung. Ihr Körper weiß, wie viele. Markieren Sie Ihren Endpunkt mit dem Zettel, auf dem sich der Stern befindet.

Addieren wir nun diese beiden „Stimmungsvektoren". Als getrennte Vektoren bilden sie einen zickzackförmigen Weg. Um sie zu addieren, stellen Sie sich vor, wie ein Vogel einfach vom Anfangspunkt (+) zum Endpunkt (*) fliegen würde. Finden wir nun den Flugweg des Vogels. Gehen Sie zum Anfangspunkt (+) zurück und bewegen Sie sich direkt auf den Endpunkt (*) zu. Sobald Sie diesen Vektor gefunden haben, gehen Sie ihn ein paarmal von Punkt (+) nach Punkt (*), langsam und spürend. Nehmen Sie während des Gehens winzige Empfindungen, Gefühle oder Bilder wahr, die auftauchen. Vielleicht spüren Sie beim Gehen die Bedeutung des Flugweges, den der Vogel nimmt. Nennen wir diesen Weg das „große U" (von engl. *big you*, was so viel bedeutet wie das große Ich. Anm. d. Übers).

Gehen Sie nun noch einmal das U ab und nehmen Sie dessen Präsenz, seine Atmosphäre wahr. Sofern Sie die Bedeutung dieser Richtung spüren können, beschreiben Sie sie in Worten. Fühlen Sie den Weg des „großen U" und machen Sie ein paar Bewegungen und Klänge, die dazu passen.

Wenn Sie so weit sind, verbinden Sie jene Gefühle und Bewegungen oder Klänge mit einem Stück Land. Dieser Ort kann derselbe sein wie das Signaturfeld, das Sie in Übung 6a identifiziert haben, oder sich davon unterscheiden. Stellen Sie sich vor, auf jenem Stück Land zu stehen. Fühlen Sie die Atmosphäre und das Feld dort und nehmen Sie deren Auswirkung auf Ihren Körper wahr. Erlauben Sie jenem Ort, einen Klang zu erzeugen und zu beginnen, Sie zu tanzen. Wenn Sie so weit sind, machen Sie eine schnelle Zeichnung auf der Collageseite unter Punkt 6b, damit Sie sich an diesen Tanz und diese Energie erinnern können. Benennen Sie Ihre Erfahrung mit ein paar Worten. Diese Atmosphäre ist ein Aspekt Ihres Signaturfeldes und wahrscheinlich derjenigen ähnlich, die Sie unter Punkt 6a gefunden haben.

Während Sie sich nun in diesem Aspekt Ihres Signaturfeldes befinden, erlauben Sie Ihrem Prozessgeist, Ihre schlechteste Stimmung zu erfahren und damit umzugehen. Rufen Sie sich Ihre schlechteste Stimmung in Erinnerung. Das Signaturfeld Ihres Prozessgeistes weiß, wie damit umzugehen ist. Dies kann ein sehr nonkognitiver Prozess sein. Denken Sie daran, sich auf den Collageseiten unter Punkt 6b Notizen über Ihre Einsichten, Vektoren und Erfahrungen zu machen.

Meine schlechteste Stimmung trat zum Beispiel vor ein paar Monaten nach einer Grippeerkrankung auf. Ich war ermüdet, und jener Teil von mir, der am meisten über diesen Erschöpfungszustand beunruhigt war, war mein energiereiches Selbst, meine gewohnte, vibrierende Energie. Der Vektor für schlechte

Stimmung verlief direkt nach Norden, und der Vektor für den energiereichen Teil von mir, den diese Stimmung am meisten beunruhigte, ging nach Osten, in Richtung Ostküste, wo ich aufgewachsen bin; man muss hart sein, um dort zu überleben. Als ich jedoch den Vektor U von (+) nach (*) lief und die Präsenz der Erfahrung des großen U fühlte, befand ich mich in meinem Signaturfeld, der Küste von Oregon. Es war Nacht, und ich konnte spüren, wie mich die Kraft des Ortes tanzte. Meine Erfahrung war wellenähnlich. Wie gingen das Signaturfeld meines Prozessgeistes und die Erfahrung des großen U mit meiner Müdigkeit um?

Als die Küste von Oregon vermochte ich das Ansteigen und Abebben des Meeres zu spüren; erst ist es voller Energie und dann wird es ruhig. Der Prozessgeist ist weder hoch noch niedrig, energiereich oder müde; er fließt einfach von Flut zu Ebbe in einem natürlichen, meditativen Rhythmus. Das Meer ist zunächst ruhig, um dann plötzlich voller Energie hochzuschießen. Ich erkannte, dass sowohl meine Müdigkeit als auch meine Energie Teil eines einheitlichen Fließens waren. Es gab keine „schlechte" Stimmung. Sie war einfach Teil eines größeren Bildes, womit ich nicht in Verbindung war. Der Vektor der schlechten Stimmung plus der Vektor der Energie bildeten die Richtung des großen U, die mit dem Signaturfeld des Prozessgeistes verbunden war (siehe Abbildung 6.4).

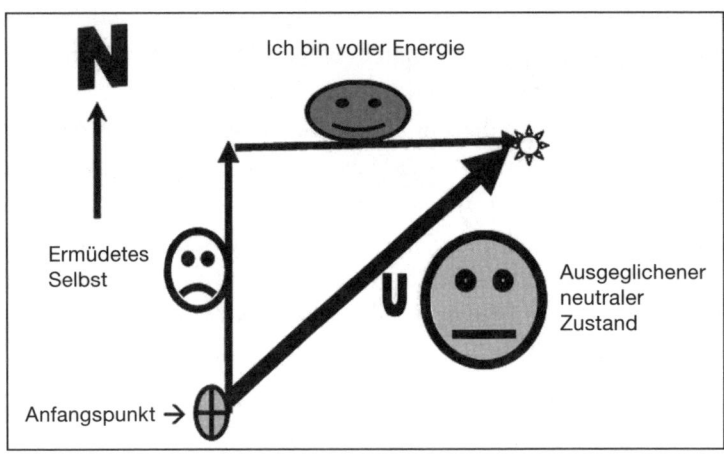

Abbildung 6.4. Dynamik des Signaturfeldes von Arnys Prozessgeist.
Meine schlechte Stimmung (das ermüdete Selbst) ging nach Norden; der „Ich-bin-voller-Energie"-Teil von mir ging nach Osten; den U-Vektor zu laufen, führte in den neutralen Zustand des Prozessgeistes.

Vielleicht haben Sie bemerkt, dass Ihre schlechteste Stimmung eigentlich Teil der Natur des Prozessgeistes ist. Ein Problem ist nichts weiter als ein Aspekt des Prozessgeistes, der versucht, Bewusstheit zu erlangen. Das, was Ihr Alltagsselbst als Problem erfährt, kann nötig sein, um Sie „auszugleichen". Die Prozessgeist-Erfahrung drückt sich zum Teil durch die Verschiedenheit Ihrer Phasen und Gefühle aus. Ihr Signaturfeld, Ihr Ort auf der Erde, besitzt die Fähigkeit, mit allem, was Sie erfahren, umzugehen, es aufzufassen und zu verstehen (under-stand).

Wir verfügen jetzt über zwei Wege, zu unserem tiefsten Selbst zu gelangen. Sie können direkt darin eintauchen und meditieren, um sich mit dem Signaturfeld Ihres Erdpunktes zu identifizieren, wie in Übung 6a. Als Alternative können Sie mit Ihrer schlechtesten Stimmung beginnen, sie zu jenem Teil addieren, der am meisten davon beunruhigt ist, und bei Ihrem tiefsten Selbst ankommen, wie in Übung 6b. Welche Methode Sie benutzen, hängt davon ab, was Sie in einem gegebenen Moment fühlen. Beides sind gleichermaßen kraftvolle Wege zu Ihrem Prozessgeist. Keine Probleme zu haben, ist nicht besser oder schlechter, als welche zu haben. Das Wissen darum könnte eine Kensho-Erfahrung sein!

Auf einen Blick

1. Sie fühlen sich verstanden (under-stood), wenn Sie mit dem erdbasierten Signaturfeld des Prozessgeistes in Kontakt sind.

2. Mit den Fingern auf die Erde zu deuten, war Teil von Buddhas Erleuchtungsprozess.

3. Ihre schlechteste Stimmung oder Ihr größtes Problem ist vom Standpunkt des Prozessgeistes aus bloß eine Phase oder ein Teil seines Selbst.

KAPITEL 7

Der Urgrund des Seins und Satori in Beziehungen

Das Wetter an der Küste von Oregon war stürmisch, als Amy und ich bei einem Seminar, das wir dort gaben, über das Thema „Beziehungen" zu sprechen begannen. Das Folgende waren die ersten Sätze meiner Einführung:

> Heute fegen starke Winde die Küste entlang. Ich höre den Wind tosen, wenn er durch die Bäume fährt. Bei dem strömenden Regen und den starken Winden, die über unser Blechdach hinwegfegen, kann ich mein eigenes Wort nicht verstehen. Vielleicht möchte Mutter Erde sprechen. Warum ist sie heute so wild? Oder vielmehr, warum bin ich so ruhig und beobachte sie als diejenige, die wild ist? Ich wünschte, sie wäre ruhiger, damit ich nicht so laut sprechen müsste. Hmm … Beziehungen … ich liebe sie und manchmal machen sie mich wild!
> Der Wind bringt mich meiner Leidenschaft für das Thema Beziehungen näher. (Der Wind draußen beruhigt sich.) Was ist Beziehung? Wenn sie mit einem Menschen stattfindet, den man liebt, nennen wir sie einen Liebesprozess. Bei einem Geschäftskontakt handelt es sich um eine Geschäftsbeziehung. Mit einem Feind ist sie ein Kampf. Jedoch scheint die Essenz oder das traumartige Feld des Prozessgeistes, das Menschen zusammenbringt, gleichzubleiben, ungeachtet der Bezeichnung einer Beziehung und ungeachtet der Veränderung ihres Inhalts und ihrer Themen.
> In der Konsensusrealität handelt Beziehung von zwei oder mehr Menschen; es geht um Themen, die Wahrnehmung von Fakten und sichtbaren Signalen, und es geht um Träume und das Träumen – Signale, die Sie aussenden, mit denen Sie sich aber nicht identifizieren. Aber auf der tiefsten Essenzebene handelt Beziehung von einer geradezu nonverbalen Erfahrung, einem Feld mit einem eigenen Geist, einem Prozessgeist.

In den vorangehenden Kapiteln habe ich den Fokus hauptsächlich auf das Individuum gerichtet und Wege aufgezeigt, wie eine Person mit ihrem tiefsten Selbst in Beziehung treten kann, das mit der Erde verbunden ist. In diesem Kapitel untersuche ich den Prozessgeist oder das Feld des Prozessgeistes im Hinblick auf Beziehungen.

Der Prozessgeist des Roshi

Beginnen wir mit einem Beispiel, damit wir verstehen, inwiefern jede Beziehung ihr eigenes spezielles Feld besitzt. Amy erzählte mir folgende Geschichte über unseren Freund Keido Fukushima, einen Zen-Roshi und leitenden Abt des Tofuku-ji Rinzai-Zen-Klosters. Diese Geschichte findet sich auch in seiner Biographie.[1]

Während seiner Ausbildung hatte der Roshi zwei Lehrer; einen sehr strengen und einen sehr sanften. Eines Tages, als er bei seinem strengen Meister saß, sprach der Roshi über den sanften Meister. Der strenge Zen-Meister fragte: „Wie gefällt dir der Sanfte?" Der Roshi antwortete: „Der Sanfte vermittelt mir ein Gefühl von Frieden." Dann zeigte er auf ihn, den strengen Meister, und fügte hinzu: „Du hingegen machst mich nervös!" An diesem Punkt brachen der Roshi und sein strenger Meister in solches Gelächter aus, dass sie beinahe umfielen. Ihr gemeinsamer Zen-Geist, die buddhabasierte Natur ihrer Beziehung, erlaubte ihnen, ihre Verschiedenheit zu schätzen und sogar darüber zu scherzen.

Diese Geschichte beinhaltet zwei Botschaften für mich. Die erste lautet, dass es keinen „einzigen" Zen-Geist gibt. Manche Zen- oder Prozessgeister sind sanft und freundlich, während andere wild und streng sind. Die zweite Botschaft ist, dass der Zugang zu unserem Prozessgeist uns erlaubt, offen und ehrlich mit den Menschen umzugehen, die uns umgeben. Viele Menschen wären einfach höflich und würden einem angesehenen Lehrer nicht sagen, dass er streng ist. Aber mit unserem Prozessgeist können wir fast alles sagen und tun, weil „nichts" (das heißt das Feld) es tut. Darum geht es mir hauptsächlich in diesem Kapitel: Spaß an Beziehungen zu haben und fließender darin zu werden sowie seinen eigenen und/oder den Prozessgeist der Beziehung zu finden.

Den Fokus auf das Feld der Beziehung richten

Das Feld der Beziehung ist auch ein Schlüssel zur Heilung von Beziehungsproblemen. In *Den Pfad des Herzens gehen* beschrieb ich die Arbeit afrikanischer Schamanen mit Paaren. Wenn ein Paar mit Beziehungsproblemen zu ihnen kam, „erfühlten" die Schamanen die Situation, warteten, bis sie wussten, was zu tun war, und schickten die Leute dann nach Hause. Wenn die Schamanen die Paare später noch einmal einluden, waren die Beziehungen stets besser. Die Schamanen arbeiteten mit dem Prozessgeist-Feld der Beziehung und brauchten daher den Fokus nicht auf die Teile der Beziehung oder der Individuen zu richten, obgleich sie ihnen gegenüber freundlich waren. Es reichte aus, einfach über das Feld der Beziehung, seine Präsenz und seinen tiefsten Teil zu meditieren.

Ich erinnere mich an die Arbeit an einer Beziehungssituation Ende der 1960er Jahre. Die Beziehung umfasste fünf Menschen, die zusammenlebten und das Bett miteinander teilten. Ich hatte gerade meine Praxis eröffnet und wusste noch nicht, was ich tat. Ich war unfähig, das Gespräch zwischen ihnen zu moderieren. Welch ein Durcheinander! Sie schrien sich dermaßen an, dass ich das Problem nicht identifizieren konnte. Schließlich sagte einer von ihnen, das einzig Gute an ihrer Gemeinschaft sei der „riesengroße Futon" – er sei groß und weich. Dann gab es eine Pause. In dem Moment wurde mir klar, worum es ging: Das einzige, was sie wirklich miteinander teilten, waren ihre Schlafzimmererfahrungen. Daraufhin nahm ich meine erste erfolgreiche Intervention vor. Mit ein wenig Ermutigung meinerseits begannen sie über die Natur des Futons zu sprechen! Für ein paar Minuten wurden sie selbst „weicher" und glücklicher. Wir erörterten Futons in allen vorstellbaren Einzelheiten.

Damals verstand ich nicht, warum alle mit einem Mal glücklicher waren, aber heute weiß ich es. Ihr Futon symbolisierte den Prozessgeist ihrer Beziehung. Hart miteinander umzugehen, war ihr alltäglicher Primär-Gruppenprozess, und der Futon erlaubte ihnen, sich davon zu erholen – zeitweise. Wenn sie heute zu mir kämen, würde ich ihnen vorschlagen, sich an den Futon (oder dessen erdbasierte Assoziation) zu erinnern und ihn während des Gesprächs miteinander zu fühlen.

Tiefe Demokratie in Beziehungen

Demokratie legt nahe, dass alle Menschen gleich sind und gleichermaßen vertreten sein sollten. Meine Definition von tiefer Demokratie in meinem Buch *Der Weg durch den Sturm* erweitert die Idee der Demokratie, indem sie besagt, dass auch alle Bewusstseinsebenen gleichwertig sind und gleichermaßen vertreten sein sollten. Ich spreche insbesondere von drei Bewusstseinsebenen: Konsensusrealität, Traumland und Essenzebene. In der Konsensusrealität sind an Beziehungen zwei oder mehr Personen, deren Worte und Themen beteiligt. Der Traumland-Aspekt der Beziehung – die oftmals marginalisierte subjektive Verbindung zwischen Menschen – beinhaltet deren Körpersignale und ihre Träume. Auf der Essenzebene der Beziehung befindet sich das Feld des Prozessgeistes. Jenes Feld ist das wahre Zuhause der Beziehung, ihre „Buddhanatur", der gemeinsame Boden der Individuen.

Wie erkennen Sie dieses Feld? Indem Sie hören, fühlen oder sehen, was die Menschen miteinander teilen. Wenn Sie beispielsweise den Strand entlang joggen und an einem Paar vorbeikommen, das dort sitzt und auf das Meer blickt, ist das Meer das, was sie miteinander teilen. Das Wissen darum ermöglicht es Ihnen, mit den beiden zu sprechen, ohne sie zu kennen. Wenn Sie vorsichtig ihre Aufmerksamkeit erlangen, indem Sie über das Meer sprechen, als würden Sie über den gemeinsamen Boden ihrer Beziehung sprechen, werden sie wahrscheinlich Lust haben, sich mit Ihnen über das Meer zu unterhalten. Sprechen Sie mit dem Feld zwischen den Menschen. Wenn Sie das tun, fühlen sie sich wahrscheinlich nicht gestört, sondern zutiefst wahrgenommen.

Das Prozessgeist-Feld der Beziehung ist nicht bloß ein miteinander geteiltes Ereignis, sondern eine Präsenz, die in der Beziehung lebt und sie umgibt. In gewisser Hinsicht ist eine Beziehung ein nichtlokales Feld, das in Erscheinung treten möchte. Es enthält die subtile Kraft und Metafähigkeit, mit der Beziehungssituation umzugehen. Das liegt daran, dass die Kommunikation zwischen Menschen aus Signalen und Feldern besteht.

Lassen sie mich dies erklären. In Abbildung 7.1 repräsentieren die horizontalen Pfeile die Signale, die wir aussenden, und das Feedback, das wir von anderen erhalten. Mit Hilfe einer Videokamera ist es möglich, die physikalischen Ursprünge dieser Signale, die Stimmen und Gesten, zu identifizieren. Eine Person könnte zum Beispiel sagen: „Ich habe dies gesagt!" Die andere Person könnte daraufhin antworten: „Nein, du hast jenes gesagt!" Auf dieser Ebene ist der

Austausch lokal, körperorientiert und kausal – ein Signal von einer Person lässt in der anderen eine Reaktion entstehen. Jedoch ist vieles von dem, was zwischen Menschen geschieht, nicht mit einer Videokamera zu sehen und auch nicht bloß kausal. Ich nenne diese traumartige Kommunikation „verflochten" wegen ihrer Ähnlichkeit mit der Quantentheorie. Sie ist nichtlokal und entsteht an verschiedenen Orten gleichzeitig, ohne sich als sichtbares lokales Körpersignal zu manifestieren. In der Abbildung sind diese Signale als vertikale Pfeile dargestellt, die sich zwischen den beiden Menschen aufwärts und abwärts bewegen.

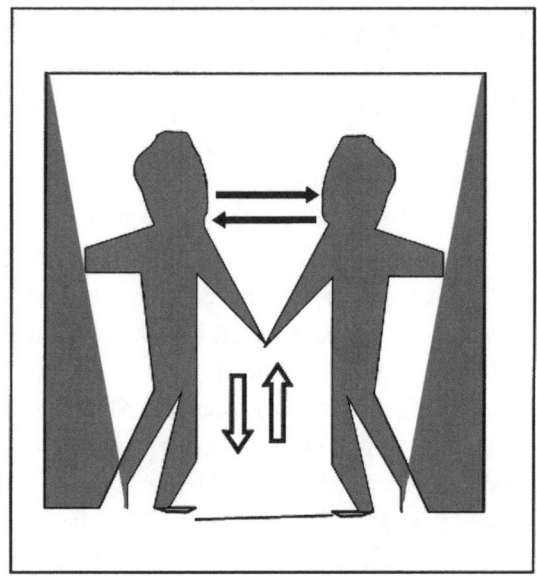

Abbildung 7.1. Kausale und verflochtene Beziehungssignale und das Feld.

„Fernwirkung": Verflochtenheit in Beziehungen

Wir Menschen (und wahrscheinlich alles weitere im Universum) verbinden uns von einer gegebenen Lokalität aus – das heißt von unserem körperlichen Standort aus und durch ihn hindurch – und ebenso nichtlokal durch Verflochtenheit. In der Physik bezieht sich „Verflochtenheit" auf die Art und Weise, wie sich Teilchen oder Moleküle, die aus derselben Quelle hervorgehen oder Teil desselben Quantensystems sind, ohne irgendeinen sichtbaren Signalaustausch miteinander verbinden. Wie funktioniert das? Niemand hat die letzte Antwort auf diese Frage. Wissenschaftlerinnen und Wissenschaftler sprechen einfach von einer Art „Fernwirkung", um einen Begriff aus der Physik zu benutzen. (In Kapitel 15 befasse ich mich eingehender mit der Verflochtenheit oder – im Fachjargon – der „Verschränkung" von Quantensystemen.)

Als Psychologe benutze ich die Idee der Verflochtenheit, um Menschen als Teile von psychologischen Systemen – Beziehungen oder Gefühlsverbindungen – zu betrachten, in denen sie sich wie Quantenobjekte verhalten. Wenn wir uns mit anderen verbunden fühlen, verbinden sich manche unserer Erfahrungen und Signale, ungeachtet dessen, wie weit wir voneinander entfernt sind. In der Quantenwelt bleiben Teile von Quantensystemen im Prinzip miteinander verbunden, selbst wenn sie sich an entgegengesetzten Enden des Universums befinden.[2]

Es gibt sicher viele anekdotische Zeugnisse für diese nichtlokale Verbindung zwischen Menschen. Mit Hilfe von Telefon und E-Mail machen heute viele Menschen die Erfahrung, an jemanden zu denken und dann plötzlich von demjenigen zu hören. Hier geht es mir jedoch hauptsächlich um die praktischen Aspekte der Verflochtenheit. Beispielsweise sind manche Signale reaktiv und hervorgerufen, während andere „verflochten" zu sein scheinen, als seien sie Äußerungen, die aus dem Feld zwischen den Menschen hervorgehen. Eine mögliche Auswirkung ist Ungewissheit in Bezug darauf, wer was als Erster oder als Zweiter tat. Beide Partner haben das Gefühl: „Ich habe dies getan, weil du das getan hast". Aber wenn sie es versuchen, stellt es sich als unmöglich heraus zu sagen, wer was zuerst getan hat!

Verflochtenheit findet auch mit Objekten statt. Wir sagen oft: „Das und das hat meine Aufmerksamkeit auf sich gezogen", als würde das Objekt uns „dazu bringen", es zu beobachten. In vorhergehenden Arbeiten habe ich von dieser Erfahrung im Sinne von „Quantenflirts" gesprochen. Die Worte bewegen sich von der Metapher hin zur Möglichkeit, wenn wir die Präsenz eines miteinander „geteilten Feldes" in Betracht ziehen, das uns selbst und jene Dinge, die unsere Aufmerksamkeit spontan auf sich ziehen, umfasst sowie Beobachter und Beobachtetes miteinander verflicht. Obgleich wir meinen, etwas beobachtet zu haben, hat es vielleicht tatsächlich unsere Aufmerksamkeit „auf sich gezogen"; möglicherweise zeigt sich das Feld in Gestalt von Beobachter und Beobachtetem.

Damit Sie verstehen, was ich meine, probieren Sie folgende Übung zur inneren Arbeit aus: Wenn Sie so weit sind, schließen Sie die Augen und entspannen Sie sich. Wenn Sie bereit sind, erlauben Sie Ihren Augen, sich von selbst wieder zu öffnen. Blicken Sie sich dann mit halb geöffneten Augen in dem Raum um, der Sie im Moment umgibt. Erlauben Sie irgendeinem Objekt, Ihre Aufmerksamkeit auf sich zu ziehen. Wenn Sie nicht wissen, welchem, lassen Sie Ihr Unbewusstes wählen. Betrachten Sie jenes Objekt ganz genau, und stellen Sie sich vor, dazu zu werden. Können Sie spüren, dass das, was Sie betrachten auf irgendeine Weise mit demjenigen verbunden ist, was Sie sind? Was teilen Sie mit dem Objekt, das Ihre Aufmerksamkeit auf sich zog? Auf welche Weise ist dieses Geteilte *in* Ihnen, aber auch *um Sie herum* oder zumindest *zwischen* Ihnen und besagtem Objekt? In welcher Hinsicht ist diese geteilte Qualität ein Aspekt Ihres Prozessgeistes, wie Sie ihn vielleicht aus vorangehenden Übungen kennen?

Vom alltäglichen Standpunkt aus betrachtet, entstehen Beziehungen, sei es zwischen Menschen und Objekten oder einfach nur zwischen Menschen, durch Menschen. Vom Standpunkt der Essenzebene aus entstehen Beziehungen als Antwort auf ein miteinander geteiltes „Etwas" ohne bestimmte Lokalität, ein nichtlokales Feld, das aus der Verschiedenheit von zwei oder mehr Menschen oder einer Person und einem Objekt entsteht. Auf diese Weise auf Beziehungen zu blicken, kann praktische Einsichten gewähren. Experimentieren Sie beispielsweise damit, eine Freundin, ein Paar, eine Familie oder eine große Gruppe, mit der Sie verbunden sind, als ein Feld zu betrachten, das sich zu zeigen oder sich seiner bewusst zu werden versucht. Vielleicht stellen Sie fest, dass Sie weniger geneigt sind, sich gegen bestimmte Freunde oder Mitglieder eines Teams zu wenden. Wenn Sie Konflikte facilitieren, ist dies ein entscheidender Gedanke. Anstatt zu denken „dies ist ein guter oder schlechter Teil der Gruppe", ziehen Sie in Betracht, dass das Feld zwischen den Beteiligten Bewusstheit zu erlangen versucht.

Der Urgrund des Seins in Beziehungen

Um an den Beziehungen zwischen Menschen zu arbeiten, beginnen Sie mit demjenigen, was Menschen miteinander teilen, und behalten Sie es in Erinnerung, wenn Probleme erörtert werden. Geben Sie den Beteiligten Zeit, über ihre individuellen Erfahrungen des Signaturfeldes der Beziehung zu sprechen. Nehmen Sie Ihre eigenen Beziehungen als Beispiel und versuchen Sie, über den mit jeder Beziehung verbundenen Lieblingsort zu sprechen. Sie könnten sich und Ihren Partner oder Ihre Freunde fragen: „Welcher unserer Beziehungsorte gefällt dir am besten?" Jeder hat einen Lieblingsort der Beziehung. Lernen Sie jenen Ort und sein Feld kennen. Vielleicht ist es das, was Mystikerinnen und Mystiker meinen, wenn sie davon sprechen, sich mit dem Boden oder Urgrund des Seins zu verbinden.

Zum Beispiel sagte der deutsch-amerikanische Theologe Paul Tillich, Christus ist „Du oder er, der nicht länger vom Grund des Seins entfremdet ist". Er sieht Christus als einen Teil des eigenen Selbst, der nicht länger von diesem höchsten Prinzip entfremdet ist. In diesem Sinne ist der Prozessgeist ein „Grund" in einem selbst oder in einer Beziehung. Vielleicht beschreibt Rumi, der persische Poet des dreizehnten Jahrhunderts, islamische Rechtsgelehrte und Theologe, den Prozessgeist einer Beziehung am besten:[3]

> Draußen, jenseits der Vorstellungen von Fehlverhalten
> und Wohlverhalten liegt ein Feld.
> Dort werd' ich mit dir zusammentreffen.
> Wenn die Seele sich in jenes Grasland niederlegt,
> ist die Welt zu sehr erfüllt, um darüber zu reden.
> Vorstellungen, Sprache, selbst der Ausdruck *einander*,
> ergeben keinerlei Sinn mehr.

Hier wird der Prozessgeist buchstäblich als ein „Feld" beschrieben, worin sich die „Seele niederlegt". Wie Rumi sagt, ergibt hier selbst der Ausdruck *„einander"* keinerlei Sinn mehr.

Übung 7a: Der Urgrund des Seins, der uns umgibt

Wählen Sie eine Beziehung, auf die Sie sich konzentrieren möchten. Dies kann eine gegenwärtige, vergangene oder potentielle zukünftige Beziehung sein. Identifizieren Sie eine der damit verbundenen Herausforderungen, ein Problem oder potentielle Probleme, und machen Sie sich unter Punkt 7a auf den Collageseiten eine Notiz darüber. Wie sehen Sie aus oder könnten Sie aussehen, wenn Sie sich mit jener Person in einer Problemsituation befinden? Machen Sie ein Gesicht, eine Geste oder eine Aussage, um jenem Aussehen Ausdruck zu verleihen. Machen Sie sich dann eine Notiz über das Problem und zeichnen Sie das Gesicht in den oberen Teil oder eine Ecke von 7a.

Finden wir nun den Boden des Seins oder den Prozessgeist der Beziehung. Welcher Raum oder auch Platz in einem Raum ist für jene Beziehung am meisten charakteristisch oder könnte es sein? Erlauben Sie solch einem Platz, in Ihrer Vorstellung aufzusteigen. Abhängig davon, wie formell, informell oder intim die Beziehung ist, könnte es sich dabei um einen Platz in einem Büro, Ihrem Zuhause, einem Lieblingsrestaurant und so fort handeln. Fühlen Sie jenen Raum nun und treten Sie mit seiner Natur in Kontakt. Wie ist sie beschaffen? Woraus bestehen die Wände, woraus die Einrichtungsgegenstände? Wie riecht der Raum und wie fühlt er sich an? Können Sie nach draußen blicken? Wenn ja, was sehen Sie? Fühlen Sie die Atmosphäre des Raums, und wenn Sie so weit sind, lassen Sie sich ein wenig davon bewegen.

Während Sie die Atmosphäre bewegt, versuchen Sie einen Ort auf der Erde zu spüren, sich vorzustellen oder zu assoziieren, der am besten zu der Atmosphäre des Raumes passt. Es könnte sich um jene Landschaft handeln, in der sich der Raum befindet, oder um eine Landschaft anderswo auf der Erde. Sobald Sie dieses Gebiet kennen, begeben Sie sich in Ihrer Vorstellung dorthin und fühlen Sie dessen Präsenz und Kraft. Lassen Sie sich davon bewegen. Das heißt, wechseln Sie die Form und werden Sie zu jenem Erdpunkt, seinem Feld und Prozessgeist. Inwiefern ist dieses Feld charakteristisch für die Beziehung? Machen Sie sich unter 7a eine Notiz und eine schnelle Energiezeichnung des Feldes, damit Sie sich später daran erinnern können.

Während Sie das Feld verkörpern, erlauben Sie ihm, Sie zu bewegen oder gar zu tanzen, was immer das für Sie bedeutet. Benutzen Sie diese Prozessgeist-Erfahrung, um über jene Beziehung zu meditieren, indem Sie Ihren inneren Erfahrungen folgen. In welchem Sinne könnte dieses Feld den „Boden des Seins" der Beziehung bilden, das Prozessgeist-„Feld" jenseits von richtig und falsch? Wenn Sie als Ihr Prozessgeist so weit sind, blicken Sie auf Ihr gewöhnliches Selbst zurück, auf das Gesicht und die Gesten, die Sie machten, um sich inmitten des Beziehungsproblems zu beschreiben, und geben Sie Ihrem gewöhnlichen Selbst einen Beziehungsratschlag. In der Zukunft können Sie zu diesem Boden des Seins zurückkehren, wenn Sie den „Beziehungshaushalt" in Ordnung bringen wollen.

Ich habe diese Übung benutzt, um an meiner Beziehung mit Amy zu arbeiten. Mitunter gerät sie in einen niedergeschlagenen Zustand aufgrund dessen, was sie ihren inneren Kritiker nennt, eines „Dämons", der sie kritisiert. Nach einer Weile verschlechtert sich auch meine Stimmung, weil ich einfach nicht mit dem

Standpunkt ihres inneren Kritikers übereinstimme und den Kritiker kritisiere. Früher stritt ich mich immer mit ihm. Wie Sie sich vorstellen können, war dieser Ansatz wenig hilfreich.

Wie habe ich mich verändert? Ich stellte fest, dass das Wohnzimmer in unserem Haus an der Küste von Oregon der Signaturraum unserer Beziehung war. Von dem Raum aus vermag man auf das Meer hinauszublicken. Bevor das Haus gebaut wurde, befand sich eine Radarstation auf dem Land, die über das Meer „blickte". Entsprechend charakterisiert die Energie des Auf-das-Meer-Blickens jenen Raum. Die Aussicht, der Raum und die Erde dort lassen in mir die Lust aufsteigen, das Symbol für Unendlichkeit zu zeichnen (siehe Abbildung 7.2). Wenn ich mich in jenem am Hang gelegenen Raum mit Meeresblick befinde und auf mich selbst inmitten meiner Probleme zurückblicke, schlägt mein Prozessgeist Folgendes vor: Anstatt dich im Moment zu verlieren, erinnere dich an das Ansteigen und Abebben des Meeres und fließe einfach mit, tauche in die Wellen ein und verbinde dich mit dem Geist der Beziehung. Spüre das Wunder des miteinander geteilten Bodens und überlasse alles Weitere dem Meer.

Abbildung 7.2. Unendlichkeit.

Wenn Sie alleine arbeiten, wird es bereits hilfreich sein, einfach zu dem Erdpunkt zu gelangen, der mit dem Raum verbunden ist. Wenn Sie unmittelbar mit einer Freundin oder einem Freund arbeiten, gestehen Sie jedem von Ihnen genügend Zeit zu, den Prozessgeist zunächst individuell zu finden. Jeder von Ihnen wird seine eigene Sicht jenes Erdpunktes haben. Wichtig ist, die Bewusstheit darüber während des Zusammenseins mit der anderen Person aufrechtzuerhalten.

Den Prozessgeist in Erinnerung zu behalten, während man in Beziehung ist, verlangt, „halb drinnen und halb draußen" zu sein, das heißt, mit seinem Prozessgeist in Verbindung zu bleiben und sich gleichzeitig auf seine eigene und die Alltagsrealität der anderen Person zu beziehen. Dies ist die Essenz der tiefen Demokratie. Wenn Sie halb drinnen und halb draußen sind, sind Sie kongruenter und senden weniger Doppelsignale aus.

Übung 7b: Vektorarbeit in Beziehungen

Für diejenigen, die Interesse daran haben, stelle ich hier noch einen weiteren Zugang zum Prozessgeist der Beziehung vor, der auf den Vektoren der Beziehung basiert. Dieser Zugang lässt die Verschiedenheit in der Beziehung sichtbarer werden. (Vielleicht möchten Sie das Material über das „Vektorlaufen" in Kapitel 6 noch einmal durchsehen.) Sie können diese Übung einzeln oder mit einem Gegenüber machen.

Meditieren Sie einen Moment lang über Ihr allgemeines Gefühl in Bezug auf die Erde. Markieren Sie nun den Startpunkt Ihres Vektorlaufes mit einem (+) auf dem Boden. Spüren Sie Ihre eigene Natur, spüren Sie die Erde und erlauben Sie ihr, Sie zu drehen, bis sie Ihnen die Richtung zeigt, in die *Sie* sich bewegen sollten. Machen Sie ein paar Schritte in jene Richtung; Ihr Körper wird wissen, wie viele.

Stellen Sie sich die andere Person von diesem neuen Punkt aus vor und spüren Sie sie, wobei Sie sich wieder von der Erde drehen lassen, damit sie Ihnen die *Richtung jener Person* zeigt. Bewegen Sie sich ein paar Schritte in jene Richtung und markieren Sie Ihren Endpunkt auf dem Boden mit einem (*). (Siehe Abbildung 7.3.)

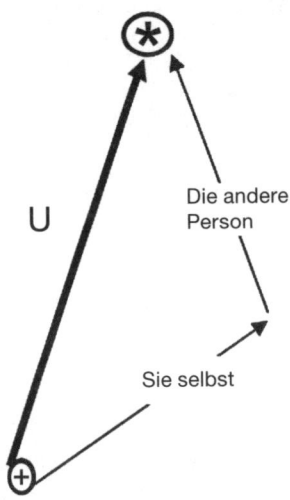

Abbildung 7.3. U, Sie selbst und die andere Person.

Kehren Sie nun zum Anfangspunkt (+) zurück und laufen Sie direkt und langsam von dort zum Endpunkt (*). Wenn Sie die Linie U laufen, nehmen Sie noch so winzige Empfindungen, Phantasien oder Gefühle wahr, die aufsteigen. Erfassen Sie die Bedeutung jener Richtung. Laufen Sie den Weg einige Male, um die Bedeutung der Linie U herauszufinden und zu spüren. Der gesamte Prozess kann nonkognitiver Natur sein. Vertrauen Sie einfach Ihrer Erfahrung.

Laufen Sie den Weg des „großen U" so oft wie nötig, um seine Bedeutung zu erspüren. Nehmen Sie wahr, was er Ihnen über die Beziehung erzählt.

Wenn Sie jene Linie laufen, stellen Sie sich vor oder fühlen Sie, welche Art von Ort auf der Erde damit verbunden sein könnte. Es könnte sich dabei sogar um jenen Ort handeln, dem Sie auf der Linie U entgegenlaufen, aber auch um einen anderen.

Begeben Sie sich nun in Ihrer Vorstellung zu jenem Erdpunkt und spüren Sie ihn als ein Feld mit Kraft und Präsenz. Erlauben Sie ihm, Sie zu bewegen. Erlauben Sie ihm, Ihre Hand zu bewegen und unter Punkt 7b auf den Collageseiten eine Energiezeichnung anzufertigen. Fügen Sie ein paar Wörter hinzu, die jenes Feld beschreiben. Nehmen Sie sich Zeit, das Feld, den Prozessgeist der Beziehung, zu erfahren. Nehmen Sie den Unterschied zwischen dem Prozessgeist der Beziehung und Ihrem Alltagsselbst wahr. Erlauben Sie dem Signaturfeld des Prozessgeistes der Beziehung, Sie zu bewegen oder zu tanzen. Benutzen Sie dann das Feld des Prozessgeistes ein paar Minuten lang, um Ihren Körpersignalen zu folgen. Machen Sie eine Zeichnung und ein paar Notizen unter Punkt 7b auf den Collageseiten.

Als ich diese Übung mit Amy machte, lief das sich ergebende große U direkt nach Kenia. Die Linie U und Kenia waren für mich mit schamanistischen Erfahrungen verbunden, die Amy und ich vor Jahren in Kenia machten. Das am meisten charakteristische Land für jene Erfahrungen befand sich jedoch, wie sich herausstellte, nicht in Kenia, was meiner Erwartung entsprochen hätte, sondern wieder an dem Hang an der Küste von Oregon, dem Ort, wo wir heute leben. Warum war die Linie U mit dem Feld der Küste von Oregon verbunden? Vielleicht wegen der schamanistischen Erfahrungen, die wir an diesem erstaunlichen Ort machten. Jedenfalls taucht das Unendlichkeitssymbol wieder in meiner Zeichnung auf, das gleiche wie in Übung 7a.

Nachdem Sie diese Übung alleine oder mit einem Freund oder einer Freundin gemacht haben, meditieren Sie gemeinsam und erinnern Sie sich an Ihre erdbasierten Erfahrungen des Prozessgeistes. Sie werden Ihnen sagen, was zu tun ist und wann. Ich schlage vor, zunächst Ihre Prozessgeist-Erfahrung miteinander zu teilen. Wenn Sie dann beide in Ihre eigene Erfahrung des Signaturfeldes der Beziehung eingetaucht sind, lassen Sie Ihren Prozessgeist folgen und fließen. Bleiben Sie bei Ihrem Prozessgeist, indem Sie halb drinnen und halb draußen sind, während Sie mit ihren eigenen und den Signalen der anderen Person mitfließen.

Wenn Sie abgelenkt werden, gehen Sie zum Signaturfeld des Prozessgeistes der Beziehung zurück und überlassen Sie ihm den Umgang mit den Ablenkungen; oder fahren Sie einfach fort, Signale, Doppelsignale und so weiter wahrzunehmen. Sie beide werden wissen, wann Sie fertig sind. Letztlich werden Ihre Körper wissen, wann es Zeit ist, über die Dinge zu reden. Bleiben Sie bei Ihrer Prozessgeist-Erfahrung, sobald Sie in einem mehr oder weniger gewöhnlichen Bewusstseinszustand zu sprechen beginnen. Wenn Sie so weit sind, fertigen Sie gemeinsam unter Punkt 7b eine Zeichnung an, die darstellt, was Sie erfahren haben. Fügen Sie ein paar Wörter hinzu, die jene Erfahrung beschreiben.

Der entscheidende Punkt bei dieser Übung ist, dass sie nur ein geringes Signalbewusstsein erfordert, weil der Prozessgeist Signale wahrnimmt und verarbeitet, bevor sie unser Alltagsbewusstsein erreichen. Aus der Perspektive des Prozessgeistes entstehen verwirrende Signale und Doppelsignale aufgrund von festgelegten Identitäten. Es ist normal, in der Konsensusrealität eine festgelegte Identität zu haben, aber diese Identität enthält nicht die Gesamtheit unserer Beziehungsfähigkeiten. Denken Sie an den Roshi und seinen strengen Lehrer, die sich vor Lachen beinahe gekugelt haben. In dem Moment waren sie nicht länger als Lehrer oder Schüler identifiziert. Tatsächlich wurde jener Roshi, der der Schüler war, in dem Moment zum Lehrer seines Lehrers. Der Prozessgeist ist frei und unvorhersehbar!

Was ist, wenn man ein tiefes Beziehungsgefühl für jemanden hegt, es aber aus irgendeinem Grund nicht ausleben kann? Vielleicht begrenzen äußere Zwänge die Verwirklichung der Beziehung. Natürlich gibt es nicht nur eine Antwort auf eine solche Frage. Aus Sicht des Prozessgeistes existiert die Beziehung jedoch immer, ungeachtet dessen, wie sie in der Alltagsrealität verwirklicht wird. In diesem Sinne befindet man sich die ganze Zeit über in Beziehung mit anderen, selbst jenen, die man nicht besonders mag! In gewisser Hinsicht kann man nicht an Beziehungen „arbeiten"; man kann lediglich üben, sich zu beziehen, das heißt, sich mit dem Beziehungsfeld vertraut zu machen und dann dazu zu werden.

Auf einen Blick

1. Beziehung ist eine traumartige Felderfahrung ebenso wie eine Erfahrung in der Konsensusrealität, die durch zwei oder mehr voneinander getrennte Individuen zum Ausdruck kommt.

2. Es ist es nicht notwendig, Wörtern oder Signalen zu folgen, wenn Sie dem Prozessgeist nahe sind. Er folgt Signalen fast schon, bevor sie in Erscheinung treten.

KAPITEL 8

Teamarbeit oder warum der Feind gebraucht wird

So wie die innere Arbeit zentral ist für die Beziehungsarbeit, ist die Beziehungsarbeit grundlegend für die Teamarbeit. Für gewöhnlich vergessen wir jedoch den Prozessgeist, wenn wir mit Teams oder großen Gruppen arbeiten. Diese Art von Arbeit kann sowohl erschöpfend als auch deprimierend sein. Teams sind oftmals beeindruckend, weil viele Geister und Körper kreativer sein können als eine Einzelperson. Wenn sich das Team jedoch im Konflikt befindet oder man jemanden darin nicht mag, ertappt man sich vielleicht dabei zu denken: „Ach, wäre doch Soundso bloß nicht in diesem Team. Wer braucht diese Person schon. Ich würde das lieber selber machen!"

Der Prozessgeist ist ein machtvoller Team- und Organisationsfacilitator. In kleinen Teams und großen Gruppen bis zu tausend Menschen habe ich ihn offenkundige Feinde in Teamkollegen verwandeln sehen. In diesem Kapitel richte ich den Fokus auf die Anwendung des Prozessgeistes auf Teams zwischen zwei und zweiundzwanzig Menschen, das heißt, Gruppen, die klein genug sind, dass sich die Menschen untereinander kennen.

Abbildung 8.1 beschreibt den Prozessgeist als Facilitator. Unten in der Abbildung befindet sich ein Gesicht, das den Prozessgeist repräsentiert. Das Gesicht ist rund und von einem Quadrat umgeben, womit der Prozessgeist als ein unaussprechliches Gefühl symbolisiert wird ebenso wie eine Figur des Traumlandes und als realer Facilitator, eine „quadratische" Person in der Alltagsrealität. Solange Ihre Alltagsidentität – das heißt „Sie selbst" – in dem dunklen Kasten oben links nicht in Kontakt mit Ihrem Prozessgeist ist, sprechen Sie für gewöhnlich nur als ein einseitiger Teil in einem Feld mit anderen einseitigen Teilen Ihres Teams. Sie alle sind bloß „Quadrate" in der Konsensusrealität.

Das Quadrat als Symbol bedeutet, dass Sie nicht „rund" sind und fließen. Wenn Sie von Ihrem Team träumen oder darüber phantasieren, können Sie dessen Mitglieder als Traumland-„Projektionen" Ihres Selbst oder als potentielle Team-„Rollen" kennenlernen. Indem Sie realisieren, dass die Quadrate zu runden Rollen werden und fließen können, werden Sie zur Facilitatorin oder zum Facilitator der Teamsituation. Wenn Sie darüber hinaus in der Lage sind, sich mit dem Prozessgeist zu verbinden, werden alle Rollen und Menschen als momentane Aspekte der Gesamtsituation und Ihres umfassendsten Selbst gesehen. Die in der Abbildung erwähnten „Geisterrollen" beziehen sich auf jene Menschen und Dinge (wie den Chef oder die Umwelt), worüber die Gruppenmitglieder zwar reden, die aber nicht direkt repräsentiert werden.

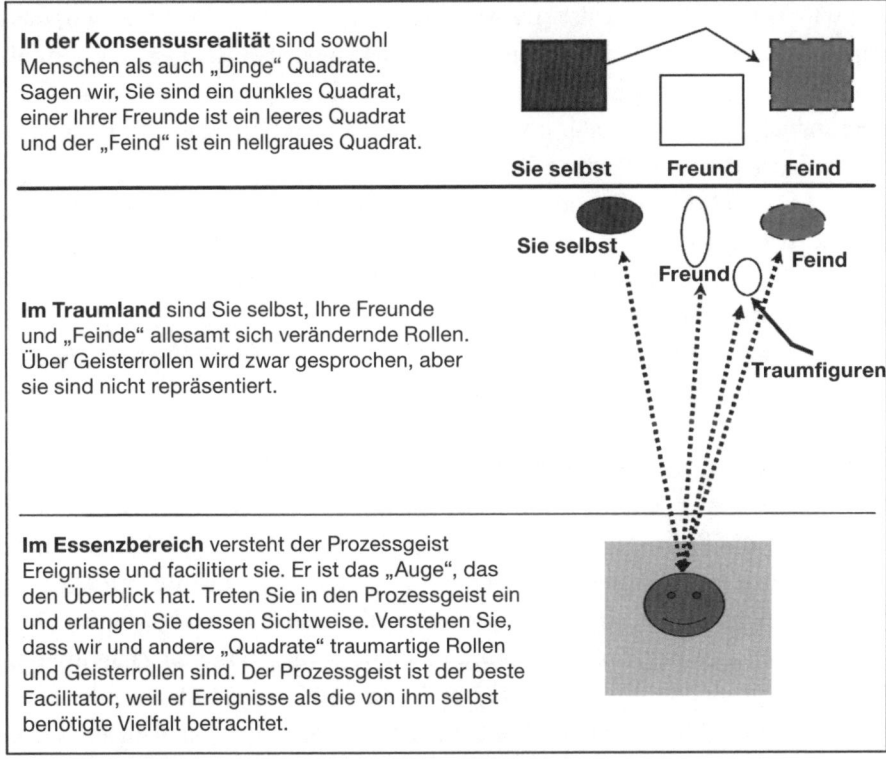

Abbildung 8.1. Wie der Prozessgeist facilitiert.

Der Prozessgeist des Gartens

Betrachten wir Amy und ihren Garten, um den Prozessgeist auf eine weniger theoretische Weise zu verstehen. Amys Garten ist von einem Fenster in unserem Haus aus zu sehen. Wenn wir beide aus dem Fenster schauen, gilt ihr erster Blick meist ihrem Garten. Er scheint zu wollen, dass sie ihn betrachtet. Oft sagt sie: „Sieh mal da, die kleine Karotte." Noch öfter sagt sie: „Schau dir das Eichhörnchen dort an … dieser kleine Schädling will sich an meinem Garten gütlich tun!" Andere Garten-„Feinde" schließen Rehe, Vögel, Elche und Schwarzbären aus dem nahegelegenen Nationalpark mit ein.

Jenes Eichhörnchen war ein solcher Störenfried, dass Amy und ich die Situation diskutierten. Zunächst ergab meine Idee, den Feind als den eigenen „Teamkollegen" zu betrachten, überhaupt keinen Sinn für sie – oder für mich! Als wir aber am Prozessgeist von Amys Garten arbeiteten, erkannten wir, dass der Garten nicht nur die Pflanzen und Gemüse in sich einschloss, sondern alles, was den Garten umgab, einschließlich des Eichhörnchens. Der Garten ist buchstäblich der Boden unter uns, ein wahrer Urgrund des Seins. Er ist sowohl real als auch eine essenzartige Kraft.

Die Traumrollen im Bereich des Gartens schließen Amy als Gärtnerin, das Eichhörnchen als wahrgenommenen Dieb, die Karotten, Erbsen und so fort mit ein. Und zugleich sind die saftigen Karotten, das Eichhörnchen und ich in der Alltagsrealität reale quadratische Mitglieder des „Gartenteams". Auf der Essenzebene ist der Prozessgeist des Gartens eine Art von Totemgeist, den ich neben Amy und dem Eichhörnchen in Abbildung 8.2 positioniert habe.

Auf jeden Fall fokussierte Amy auf die Natur ihres Gartens, fand dessen Prozessgeist und sah von seinem Standpunkt aus, dass die Gemüse, die Eichhörnchen und Amy allesamt Teil jenes Geistes waren. Sie wusste sofort, dass der Bereich des Prozessgeistes das Eichhörnchen liebte. Eichhörnchen sammeln Nahrung, essen oder lagern und beschützen sie in ihrem „Zuhause". Der Garten war dem Eichhörnchen ähnlich – auch er wollte seinen Bereich schützen. Mit dieser Erkenntnis begann Amy sofort, einen besseren, stärkeren Zaun um den Garten zu bauen, um ihre „Nahrung" zu lagern. Zu ihrer Freude hielt der Zaun nicht nur das Eichhörnchen fern, sondern auch die Rehe, Elche und andere Tiere. Und noch besser war, dass Amy keinen Groll mehr gegen das Eichhörnchen hegte. Sie betrachtete es sogar als einen ihrer Lehrer. Ihr früherer Feind wurde zu einem benötigten Teamkollegen. Sie erstellte sogar ein Youtube-Video, welches das im Kreis herumwirbelnde Eichhörnchen zeigt.

Worin besteht der Unterschied zwischen der Arbeit mit dem Prozessgeist und der einfachen Frage: „Was hast du auf das Eichhörnchen projiziert?" Bei letzterem verharrt man in seinem Selbst und „integriert" den anderen darin. Bei der Arbeit mit dem Prozessgeist bleiben man selbst und der andere beide sie selbst und sind Ausdruck einer tieferen Einheit. Ein Team ist nicht nur eine „Anzahl von Personen und/oder Tieren, die durch eine gemeinsame Tätigkeit vereint sind", wie dem Merriam-Webster Wörterbuch zu entnehmen ist. Das ist nur ein Teil der Definition. Ein vollständigerer Standpunkt betrachtet das Team als alles, was mit einem gegebenen Landpunkt verbunden ist, einschließlich Ihrer selbst, Ihrer Freunde, Ihrer Feinde und all der Geister des Prozessgeistes des Teams.

Abbildung 8.2. Schwarzes Eichhörnchen, Amy und der Geist des Gartens.

Der Prozessgeist bei der Arbeit

Lassen Sie mich ein weiteres Beispiel anführen, wie der Prozessgeist Feinde in Teamkollegen verwandelt. Ende der 1990er Jahre arbeiteten Amy und ich im Rahmen eines Stadtforums, bei dem es um Fragen des Landrechts der Aborigines in einer bestimmten Stadt in Australien ging. Eine große Gruppe von Menschen hatte sich versammelt, um die Fragen zu diskutieren. Es gab viel Feindschaft, eine Menge schmerzvoller Fakten und qualvoller Geschichten darüber, wie die Aborigines unter der rassistischen Politik gelitten hatten. In dem großen Versammlungsraum waren die realen Unterdrücker und Unterdrückten zugegen. Aber aufgrund der Geschichte waren ebenfalls viele Rollen und Geisterrollen zugegen, die von verschiedenen Menschen in verschiedenen Momenten repräsentiert wurden.

Gegen Ende eines der Großgruppenprozesse, bei dem es um einen schweren Konflikt ging, trat ein Aborigine nach vorne. Er schien sich in einem veränderten Bewusstseinszustand zu befinden – zumindest im Vergleich zu uns anderen, die wegen des Stresses und der Anspannung des Moments ärgerlich, niedergeschlagen und nervös waren. Dieser Mann lief ruhig nach vorne, als befände er sich in einem Meditationszustand. Mit sanfter Stimme sagte er, er spüre „Mutter Erde" und dass er jetzt für sie sprechen würde. Dann begann er zu sprechen, als wäre er Mutter Erde, der Prozessgeist selbst. Mit langsamer, ruhiger und stolzer Stimme sagte er: „In bin hier. Ich bin hier. Und ihr seid auch hier. Wir stehen alle auf verschiedenen Seiten. Aber ich bin hier und halte euch, und ich halte alles, was hier ist, in der Gegenwart und in der Vergangenheit. Es ist Raum für alle da."

Seine Stimme und seine Gefühle hatten eine tiefe Wirkung auf die Menschen; einigen kamen die Tränen. Er fuhr fort und sagte: „Ich werde immer da sein. Selbst wenn ihr gegangen seid, werde ich noch hier sein." In dem Moment beruhigte sich der ganze Raum. Seine Worte und seine Gegenwart halfen allen, zu einem Team zu werden, und wir begannen sofort, an den Zukunftsfragen des australischen Landrechts zu arbeiten. Er verwandelte Feinde in Teamkollegen. Er war „halb drinnen und halb draußen"; er war mit der tiefsten Ebene der Gemeinschaft ebenso wie mit den realen Menschen in Kontakt. Er schuf die Atmosphäre, in der wir zusammenarbeiten konnten, und jene Atmosphäre ist der Punkt. Sie ermöglicht die Zusammenarbeit.

Die tiefe Demokratie der Teamarbeit

Diese australische Geschichte erinnert mich an die Totempfähle von Gruppen der amerikanischen Ureinwohner, mit denen wir gearbeitet haben. Die vielen mythischen Bilder bezüglich des Totempfahls werden als Zusammenarbeit gesehen. Siehe beispielsweise den Totempfahl der Haida in Abbildung 8.3. Der Totempfahl ist das Zentrum einer Stammesgemeinschaft, der Führer, die „Stimme" der Erde an jenem Ort. Auf jedem Pfahl sind die verschiedenen mythischen Rollen oder Traumlandrollen ebenso wie die Gemeinschaftsrollen als Totemfiguren in Superposition repräsentiert – das heißt, obwohl voneinander getrennt, arbeiten sie als eine Einheit zusammen.

Teams von Menschen kooperieren nicht immer – in der Tat findet sich Konkurrenz häufiger als Kooperation. Feinde werden selten als Teamkollegen betrachtet! Dazu werden sie erst aus der Perspektive des Prozessgeistes. Jeder Einzelne benötigt diese Perspektive. Denken Sie bloß an jene Teams, denen Sie angehören. Betrachten Sie die Menschen, die in Ihrer Nähe und weiteren Umgebung leben, als Teamkollegen. Es gibt Küchenteams, Städteteams, Zweierteams, virtuelle Teams und Menschen, mit denen wir über das Internet zusammenarbeiten. In gewisser Hinsicht ist der ganze Planet ein Team, weil wir mindestens zwei gemeinsame Absichten teilen: Wir müssen alle atmen, und wir versuchen alle zu überleben. Darüber hinaus leben wir alle auf demselben Planeten.

Um einem Team zu helfen, beginnen Sie mit Ihrer Sicht darauf. Ich stelle mir Teams als aus Menschen, Tieren und der Umwelt bestehend vor, die miteinander oder gegeneinander arbeiten in Verbindung mit der Geschichte, mit Träumen, Rollen und Geistern – die alle einen gemeinsamen Prozessgeist teilen. Im Falle unseres Planeten ist jener geteilte Boden die Erde. Wenn Sie die dem Traumland zugehörigen Rollen und Geisterrollen in einem Team identifizieren möchten, hören Sie dem Klatsch zu. Wie identifizieren Menschen einander gemäß ihrer Arbeit und ihrer Natur? Zum Beispiel gibt es Chefs, Sekretärinnen, Hausmeister und so fort. Und dem Klatsch zufolge gibt es die Missbraucher, die Revolutionäre, die Süchtigen, die Faulen, die nichts zu Ende bringen, jene, die eine Affäre haben, den „Kunden" und so fort. Sobald Sie die Menschen, Teile und Rollen kennen, finden Sie den Prozessgeist: Er besitzt die machtvollsten Metafähigkeiten, um bei der Team- und Gruppenarbeit zu helfen.

Es gibt verschiedene Wege, den Prozessgeist eines Teams zu finden. Sie können den Prozessgeist aufgrund von verbalen oder geschriebenen Aussagen er-

*Abbildung 8.3. Totempfahl der Haida.
Eine Superposition von Gemeinschaftsrollen,
die von Totemgeistern repräsentiert werden.*

raten, welche die Mission oder die Absicht der Gruppe beschreiben, aber das reicht nicht aus. Sie müssen nachdenken und zu demjenigen gelangen, was Sie als die Essenz der Gruppe annehmen. Zum Beispiel pflegte General Motors zu sagen, ihre Mission sei es, „weltweit führend in der Fortbewegung" zu sein. Aber die Essenz der Vision von GM könnte darin bestanden haben, Menschen zu helfen, auf allen Ebenen mobil zu werden: in der Kommunikation, im Denken, in Beziehungen und darin, sich von einem Ort zum anderen zu bewegen. Die Essenz einer Aussage über die Mission ist so elementar, dass sie kaum in Worte zu fassen ist. Wie Individuen und Paare vergessen Unternehmen und Organisationen gewöhnlich die Vision und Leidenschaft, die sie ursprünglich zusammengebracht haben. Welche spezifischen Probleme sie auch identifizieren mögen – die Entfernung von der Essenz ihrer Vision ist eines der Hauptprobleme. Jener Essenz näherzukommen und der Gruppe zu helfen, sich mit ihrem Prozessgeist zu verbinden, vermittelt der Gruppe die Werkzeuge zur Lösung ihrer Probleme.

Amy und ich arbeiteten vor kurzem für die Naropa-Universität. Dabei handelt es sich um eine wunderbare Schule, die, wie alle Organisationen, Probleme hatte. Wir unterstützten sie, indem wir sie an die spirituelle Tradition hinter der mythischen Figur des Naropa erinnerten, wonach die Universität benannt war. Naropa war ein buddhistischer Mystiker und Mönch, der 956 in Indien geboren wurde, wo er 1014 verstarb. Mit Ende zwanzig beschloss er, sein Leben der Suche nach seinem Lehrer Tilopa zu widmen. Dabei durchlebte er schreckliche Prüfungen. Er wurde ausgeraubt, geschlagen und erlitt anderweitige Verletzungen. Als er schließlich das Gefühl hatte, keine Kraft mehr zu besitzen, beschloss er, sein Leben aufzugeben. Doch in dem Moment, als er sich die Kehle durchschneiden wollte, erschien ihm Tilopa in Form eines blauen Lichtes. Der in einer Vision erscheinende Lehrer sagte: „Ich war in allen deinen Problemen gegenwärtig. Ich stand hinter allem, was geschehen ist und lehrte dich Losgelöstheit von deiner Identität." Naropa erfuhr Erleuchtung und wurde selbst ein großer Lehrer.

Um es kurz zu machen, es war bereits hilfreich, die Menschen der Universität an Naropa und Tilopa zu erinnern und daran, dass die augenscheinlichen Probleme Lehren in Bezug auf die Losgelöstheit von der Identität bedeuten konnten. Es gelang ihnen daraufhin, das „Problem", dem sie gegenüberstanden, schnell zu lösen.

Oftmals ist der Prozessgeist einer Gruppe mit einem Wechsel zu einer höheren, globaleren Perspektive verbunden. Der niederländische Maler Adriaen van de Venne stellt dies in seinem 1614 entstandenen Gemälde „Seelenfischerei" dar. Das Gemälde ist eine satirische Allegorie des Konfliktes zwischen religiösen Gruppen in Holland. Links im Bild befinden sich die Katholiken, rechts die Protestanten. Die Fischerboote auf dem breiten Fluss sind bereits voller Menschen, während andere noch hineingezogen werden, nackt und halb ertrunken. Ansammlungen von Menschen beider Gruppierungen füllen die Ufer des Flusses, und im Hintergrund ist ein Regenbogen über dem Fluss zu sehen.

Aus meiner Sicht zeigt der Fluss den von Moment zu Moment um „verlorene Seelen" stattfindenden Kampf zwischen den Religionen. Der alles überspannende Regenbogen scheint jedoch bereit zu sein, die dissonanten Teile des Gemäldes zu vereinigen. Der Regenbogen ist ein weiterer Raum, ein psychologischer „Hyperraum" oder eine „höhere" Dimension, und er fungiert als eine Präsenz und ein Abbild des Signaturfeldes.

Abbildung 8.4. Seelenfischerei von Adriaen van de Venne, 1614, Rijksmuseum, Amsterdam.

Abbildung 8.5 illustriert die Natur des Hyperraums. Links sehen Sie die Alltagsrealität als ein Flachland dargestellt, eine zweidimensionale Oberfläche wie ein flaches Blatt Papier. Stellen Sie sich jenes Flachland als von zweidimensionalen

Flachköpfen besetzt vor! Eine auf das Land gezeichnete Linie wird zu einer Barriere. Um zueinander zu gelangen, müssen die Flachländer auf eine dritte Dimension zugreifen. Sobald diese dritte Dimension hinzugefügt ist, vermögen sie die Barriere zu überwinden wie in der Illustration rechts.

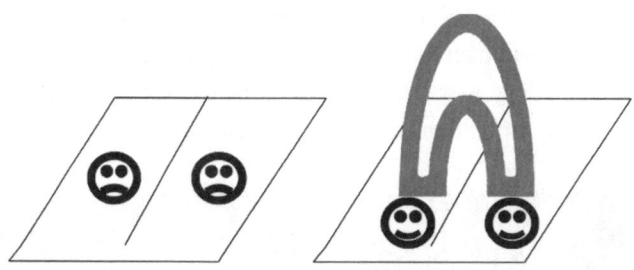

Abbildung 8.5. Hyperraum.
Die beiden Menschen links können nicht zusammenkommen, bis wir, wie rechts, eine dritte Dimension hinzufügen, einen Prozessgeist-„Hyperraum".

Ihr Familientotem

Wärmen wir uns für die folgende Übung zur Teamentwicklung auf, indem wir den Prozessgeist einer der schwierigsten Organisationen finden, die wir uns vorstellen können: Ihre Familie oder Ihr soziales Netz! Denken Sie einen Augenblick lang über Ihr Familiensystem nach. Hier geht es nicht um die Stimmungen Ihrer Familienmitglieder, nicht um die guten und schlechten Dinge, die sie taten, sondern um die Essenz Ihres Familiensystems. Was motivierte jenes System? Welches waren seine Hauptbestrebungen?

Selbst wenn diese Familiengruppe heute zersplittert ist oder alle möglichen Probleme hat, fragen Sie sich: „Welche Kraft oder welches Feld könnte die Essenz jener Gruppe symbolisieren?" Sie können die Antwort darauf auf viele Weisen finden, aber zunächst können Sie sich folgende Fragen stellen: „Woher stammten meine Familienmitglieder, meine Großeltern, meine Urgroßeltern? Was erlitten sie? Worin waren sie erfolgreich? Wonach sehnten sie sich?" Denken Sie über deren tiefste Hintergrundmotivation nach. Waren sie Stadtmenschen? Waren sie Sklaven? Waren sie Migranten auf der Suche nach Freiheit? Mit welchem Teil des Landes sind sie jetzt verbunden?

Welchen Ort auf der Erde könnten Sie mit der Essenz Ihres Familiensystems assoziieren? Wenn Sie ihn finden, notieren Sie ihn sich. Rufen Sie ihn sich in Erinnerung, wenn Sie mit schwierigen Familienmitgliedern in schwierigen Fragen zu tun haben. Versuchen Sie bei jenem Bild zu bleiben, wenn Sie mit ihnen zusammen sind – seien Sie halb drinnen und halb draußen.

In meinem Fall repräsentiert beispielsweise die Freiheitsstatue mein Familiensystem. Meine Vorfahren waren Immigranten auf der Suche nach Freiheit. Als ich ein kleiner Junge war, nahm mich meine Mutter zur Freiheitsstatue mit. Damals interessierte mich der kalte, windige Ort am Meer nicht.

Abbildung 8.6. Die Freiheitsstatue als ein Totem-Erdpunkt.

Aber für meine Eltern waren Freiheit, Unabhängigkeit und Hoffnung zentrale Themen. Ich weiß, dass diese Statue nicht für jeden ein Freiheitssymbol bedeutet, aber für mich ist es eines. Meine Mutter sagte, und meine Großmutter wiederholte es ständig, dass diese Statue uns erlaubte, frei zu sein. Wenn ich mit potentiell aufreibenden Familienproblemen zu tun habe, denke ich an diese Statue. Ich erinnere mich an die Freiheit, und die Dinge nehmen einen guten Verlauf.

Übung 8. Kensho in der Teamarbeit

Wenden wir uns nun Organisationen oder Teams zu, mit denen Sie arbeiten. Wählen Sie ein Team-, Familien- oder Gruppensystem aus, womit Sie sich näher befassen möchten. Erinnern Sie sich an die schwierigste Person oder schlimmste Situation in der Erfahrung jenes Teams und notieren Sie sie unter Punkt 8 auf den Collageseiten. Vergessen Sie dann jene unangenehme Situation für den Moment, entspannen Sie sich, und rufen Sie sich stattdessen die für das Team am meisten charakteristische Atmosphäre in Erinnerung. Erlauben Sie Ihrem kreativen Geist, sie zu spüren und sich vorzustellen. Zeichnen Sie dann schnell ein Feld, das die Atmosphäre repräsentiert, die jenes Team umgibt. Erlauben Sie dem Feld, Ihre Hand zu bewegen; machen Sie auch ein paar Bewegungen und Klänge, um es zu repräsentieren.

Wenn Sie so weit sind, atmen Sie in jene Atmosphäre hinein, um zu ihrer Essenz zu gelangen. Erlauben Sie der Erde selbst, einen Ort zu offenbaren, der die Atmosphäre oder das Feld dieses Teams repräsentieren könnte. Sobald Ihnen ein Ort in den Sinn kommt, begeben Sie sich in Ihrer Vorstellung dorthin. Nehmen Sie die Präsenz der Erde und des Geistes jener Gegend wahr und spüren Sie sie. Erlauben Sie jener Präsenz und Energie, Sie zu Gesten zu bewegen. Machen Sie eine schnelle Energieskizze jenes Ortes auf der Collageseite und geben Sie ihr einen Namen.

Wenn Sie so weit sind, lassen Sie Ihre Identität als eine Person für einen Augenblick los und werden Sie zu dem Land selbst. Seien Sie eine oder zwei Minuten lang jenes Land. Wie ist es für Sie, der Prozessgeist und das Signaturfeld jener Gruppe zu sein? Nehmen Sie einfach wahr, was auch immer aufsteigt. Seien Sie der Geist jenes Landes, sein Bewusstsein, und folgen Sie einfach seiner Wahrnehmung in der Meditation. Erlauben Sie ihm, Sie ein paar Minuten lang zu bewegen und Klänge oder Lieder durch Sie zu offenbaren.

Während Sie jener Erdpunkt sind, denken Sie über die schwierige Gruppensituation nach – die Menschen, die Systeme. In Ihrem Prozessgeist zu sein, könnte Sie in die Lage versetzen, etwas zu „wissen", das für alle hilfreich sein könnte. Worin besteht der Rat des Landes? Stellen Sie sich vor, wie der Prozessgeist mit der schwierigsten Person in jenem Team umgeht oder die schwierigste Situation handhabt, womit das Team konfrontiert ist.

Stellen Sie sich in Ihrer Phantasie, während Sie halb drinnen und halb draußen sind, jene Prozesse vor, die in Erscheinung treten könnten, wenn Sie dem Fluss der Ereignisse und Signale folgen. Wie kann dieser Erdpunkt der Teamsituation behilflich sein? Stellen Sie sich vor, diesen Rat umzusetzen – das heißt, stellen Sie sich vor, diese Erderfahrung zu sein und Sie gleichzeitig in das Teamszenario einzubringen, worüber Sie nachdenken. Inwiefern würden Sie sich in jener Gruppe verhalten wie gewöhnlich? Inwiefern wäre Ihr Verhalten anders? Machen Sie eine Notiz über Ihre Erfahrungen unter Punkt 8 auf den Collageseiten in Anhang B.

Einer meiner Seminarteilnehmer, ein Lehrer am Process Work Institute in Portland (PWI), berichtete Folgendes:

> Was für ein Team! Eine höchst interessante Streitfrage tauchte auf, als es vor ein paar Jahren zeitweise Spannungen gab zwischen jenen, die die etablierte Organisationsform des sich entwickelnden Instituts beunruhigte, und jenen, die eher didaktisch orientiert waren und auf eine Erneuerung des Ausbildungsprogramms hofften. Diese beiden Rollen – ich nenne sie die „Träumer" und die „Realisten" – kamen, nachdem sie sich zunächst uneinig waren, schließlich zusammen. Ich folgte deiner Übung und fühlte die charakteristische gute Atmosphäre des Instituts. Sie war wie ein Summen und ein Stakkatoklopfen. Daraus entstand eine wirbelnde Energielinie mit linearen Abschnitten (siehe oben in Abbildung 8.7). Es handelte sich dabei um eine intelligente und organisierende Energie. Sie ergab eine Art von „Stufe, Stufe, Fluss"-Bild.
>
> Ich assoziierte diese Energiezeichnung mit der Gegend von Portland, wo sich das Institut befindet. Ich sah eine Art Landkarte mit quadratisch angeordneten Straßen, dem Institut an der Hoyt Street und zwei Flüssen, dem Columbia und dem Willamette, die in Portland zusammenfließen. Als ich jenes Land fühlte, beobachtete ich mich dabei, zunächst wie die Träumer zu summen, um dann linearer zu werden, den Realisten ähnlich! Ich begann mich zu drehen und zu tanzen. Ich war wie jene Zeichnung – geradlinig und fließend zugleich. Jene erdbasierte Erfahrung vermittelte mir ein *Gefühl für den Prozessgeist des Teams; er war vernünftig und klar, wenn es darum ging, Schritte zu unternehmen, und dann konnte er einfach loslassen, um wie die Flüsse zu fließen.* In jenem Zustand von Halb-drinnen-und-halb-Draußen erkannte ich, dass die beiden Flüsse von selbst zusammenkommen. Und genau das geschah! *Nach einer kurzen Diskussion, die ich mit meinem Prozessgeist zu facilitieren versuchte, kamen die beiden Seiten auf beinahe magische Weise zusammen.*

Ich musste nichts tun, um diesem Teilnehmer zu helfen; sein Prozessgeist tat das, was notwendig war, indem er ihm seine Wertschätzung für die Erde mit all ihren Menschen, Teilen und Flüssen zeigte. Gemeinsam mit der Präsenz jenes Teilnehmers gelangte die Gruppe zu einer Lösung, die alle zufriedenstellte. Während eines entscheidenden Treffens unterstützte er die Träumer und die linearer Denkenden nacheinander, bis sie beinahe von selbst zusammenflossen.

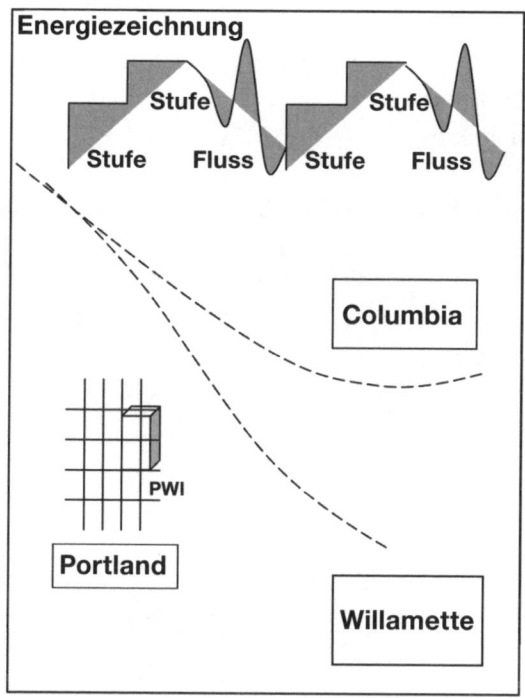

Abbildung 8.7. Der Erdpunkt des Process Work Institutes.

Wenn Sie und einige Ihrer Teamkollegen so weit sind, sollten Sie alle die Atmosphäre oder die Essenz der Aussage über die Gruppenmission spüren, den Prozessgeist der Organisation finden und, während Sie halb drinnen und halb draußen sind, die Gruppe zum nächsten Schritt führen. Meditieren Sie und werden Sie zum Prozessgeist der Gruppe.

Ich habe oft gesehen, dass die Meditation einer ganzen Gruppe über ihren Prozessgeist und dessen Anwendung in persönlichen Interaktionen eine dermaßen intensive und lebendige Atmosphäre erzeugt, dass die Gruppe es oftmals vorzieht, nicht auseinanderzugehen. Das ist ein gutes Zeichen, weil der „Boden des Seins" der Gruppe eine Art Zuhause darstellt. Und Zuhause ist ein kurzes Sichtbarwerden von Erleuchtung – Kensho in der Teamarbeit.

Auf einen Blick

1. Vom Standpunkt der Konsensusrealität aus betrachtet gibt es Feinde. Aus der Perspektive des Prozessgeistes ist jeder einzelne ein notwendiger Ausdruck desselben Erdpunktes.

2. Benutzen Sie den Prozessgeist in Zeiten des Konfliktes, um Flachländern zu ermöglichen, scheinbar unvereinbare Gegensätze zu überbrücken.

3. Benutzen Sie den Prozessgeist zur Schaffung tragfähigerer Gesellschaften.

KAPITEL 9

Weltkrieg, Tod und Ihre Aufgabe in der Welt

Seine Feinde als potentielle Teamkollegen zu betrachten, ist ein radikales Konzept für die Welt als Ganzes. Kürzlich zählte ich auf einer Weltkarte, die die militärischen Konflikte seit 2009 abbildet, etwa dreißig dunkle Flecken, die auf jene Orte hinweisen, an denen die großen Kriege auf unserem Planeten stattfinden. Den Vereinten Nationen zufolge ist ein „großer Krieg" ein militärischer Konflikt, der mindestens tausend Schlachtfeldtote pro Jahr zur Folge hat.[1]

Diese Orte bilden einen Kriegsstreifen, der genau um die Mitte unseres Planeten herum verläuft. In meiner Perspektive ist Krieg jedoch nicht auf diese Orte beschränkt. In vielerlei Hinsicht bedeutet Krieg an einem Ort Konflikt überall. Wir alle haben Anteil am Krieg. Denken Sie an sich selbst und andere, die vielleicht nicht in einem Kriegsgebiet leben, aber in den täglichen Nachrichten Kriegsbilder sehen. Einige unterstützen das Kriegsgeschehen, während andere jene bekriegen, die Krieg führen. Auf diese Weise wird selbst ein kleiner Krieg zu einem globalen Ereignis, woran all jene beteiligt sind, die Zeitungen lesen oder die Berichterstattung im Internet verfolgen und eine oder beide Seiten für verrückt halten. Manche denken: „Das sind doch Idioten – warum sind die nicht in der Lage, miteinander auszukommen?" Andere führen Krieg auf unsere evolutionäre Geschichte zurück. Wieder andere halten Menschen für von Natur aus gewalttätig. Dann gibt es diejenigen, die sagen, wir seien zu ehrgeizig, verfügten über ein zu großes „Ego". Einige legen nahe, dass wir mehr „aufeinander hören" oder „die andere Wange hinhalten" sollten. In Anbetracht der Tatsache, dass Krieg so hartnäckig und alles durchdringend ist, muss man sich fragen, ob er nicht einem größeren Zweck dient. Vielleicht gibt es, zusätzlich zu allen anderen Gründen für Krieg, etwas in uns, das sich geradezu nach Krieg und Tod sehnt, „dafür sterben würde". Warum? Krieg definiert nicht nur die Diversität einer gegebenen Situation, indem er sie polarisiert, sondern weist auch auf den Tod und die Möglichkeit hin, uns von unserem Alltagsverstand und unseren Rollen loszulösen.

Die meisten unter uns sind ihrer Identität verhaftet: Wir sind soundso alt, haben dieses Geschlecht, diese sexuelle Orientierung, Nationalität, Ethnie, Religion, Klasse und so fort. Wenn wir nachts einschlafen, träumen wir vielleicht als Gegengewicht von „dem anderen", damit sich der Griff dieser Identifikation löst und wir fließender werden. Wir träumen vielleicht von Angreifern, nicht nur um polare Gegensätze in uns zum Ausdruck zu bringen, sondern auch, um unsere Identität zu „töten". Gleichermaßen sind wir vielleicht zum Teil von einer Sehnsucht nach Krieg und Tod betroffen, um unsere leidenschaftliche Anhaftung an unsere Alltagsidentität zu lockern.

Aber ich möchte meine Position erläutern. Ich möchte nicht, dass irgendjemand seine Position, seine Identität, vollkommen loslässt. Nein. Das hat noch nie funktioniert. Wir müssen einen Standpunkt einnehmen, unsere Position definieren und uns schützen. Jedoch vermögen wir uns nicht auf eine tragfähige Weise zu schützen, ohne den anderen zur Kenntnis zu nehmen, ohne zur Essenz von dessen Position zu gelangen. Dies geschieht am einfachsten, indem man den Prozessgeist benutzt, weil alle Parteien Teile unseres Prozessgeistes sind. Wenn wir aus dem Konflikt aussteigen, zumindest einen Augenblick lang, und vom Standpunkt des Prozessgeistes aus wahrnehmen, können wir uns wenigstens zeitweise erst mit der einen und dann mit der anderen Seite identifizieren. Mit anderen Worten, unsere starre Identität „stirbt" und wir bewegen uns auf fließende Weise zwischen Identitäten hin und her.

Dieser Prozess unterscheidet sich von totaler Losgelöstheit, die uns sowohl von unseren eigenen als auch von den Problemen anderer trennen kann. In den Prozessgeist einzutreten, ist auch umfassender als das Gebot „Liebet eure Feinde". Erinnern Sie sich an Amys Garten im letzten Kapitel? Indem sie sich mit ihrem tiefsten Selbst, dem Prozessgeist, identifizierte, wurde Amy zeitweise zu dem Garten, und in dem Garten war Raum für viele verschiedene Wesen. So betrachtet, ist Krieg weder schlecht noch gut, sondern der Beginn eines Beziehungsprozesses, der sich über Friedlichkeit hinaus in den Bereich des Fließens bewegen kann. Im Gegensatz dazu marginalisiert „Liebet eure Feinde" die Trennungen der Konsensusrealität sowie die Tendenz, sich zu schützen und zu kämpfen. Ich schlage vor zu kämpfen, wenn man einen Konflikt spürt, und die Polarisierung zeitweise zuzulassen, sich aber, sobald das Kämpfen gefährlich oder unmöglich wird, lange genug „fallenzulassen", um den Prozessgeist zu finden, der versteht und in der Lage ist, sich zwischen verschiedenen Positionen hin- und herzubewegen, die Teil von ihm sind.

Die Möglichkeit, sich gleichzeitig innerhalb und außerhalb eines Konfliktes zu bewegen, kam mir zum ersten Mal in den Sinn, als ich Richard Feynmans Beschreibung von Ereignissen in der Welt der Quantenphysik studierte. (Siehe meine Interpretation der Arbeit dieses Nobelpreisträgers für Physik in meinem Buch *Der verborgene Code des Bewusstseins*.)[2] Feynman sprach darüber, was geschieht, wenn ein Materiepartikel wie ein Elektron in ein elektromagnetisches Feld eintritt, welches es umherstoßen kann. Seiner Analyse zufolge ereignet sich eines von zwei Szenarien. Jedoch wurde nur das erste im Labor beobachtet.

In dem ersten, bewiesenen Szenario, das durch die gerade Linie in Abbildung 9.1 dargestellt ist, tritt ein Materieteilchen in ein Feld auf der linken Seite ein und bewegt sich diagonal nach oben, das heißt, vorwärts in der Zeit. Gleichzeitig entsteht ein Materie-Antimaterie-Teilchenpaar (siehe Abb. 9.1 unten). Das Antimaterieteilchen bewegt sich nach links oben; wenn es auf das ursprüngliche Teilchen trifft, löschen sich die beiden gegenseitig aus. Dann geht das neue, als Antimaterie-Gegenstück entstandene Teilchen seines Weges, verlässt das Feld aber in einer anderen Richtung als das ursprüngliche Teilchen. In dem zweiten Szenario gibt es jedoch nur ein Teilchen, das sich zunächst vorwärts und dann rückwärts in der Zeit bewegt, angezeigt durch die gestrichelte Schlangenlinie, mit Andeutungen von Zeitlosigkeit in den offenen Zwischenräumen. Nun gibt es keine Auslöschung; die Bewegung des ursprünglichen Teilchens bleibt kontinuierlich. Feynman verglich dieses zweite Szenario mit der Sicht eines Piloten in einem niedrig fliegenden Flugzeug. Im Gegensatz zu jemandem, der sich am Boden befindet und etwas sieht, das aussieht wie zwei Straßen in den nahegelegenen Hügeln, sieht der Pilot aus seiner höheren Perspektive nicht zwei Straßen, sondern stattdessen eine fortlaufende Straße mit Kurven.

Ein Grund, warum das zweite Szenario nie im Labor beobachtet wurde – und warum Feynman und andere Physiker nicht weiter darüber nachgedacht haben –, besteht darin, dass die gestrichelte, gebogene Linie in der Zeit zurückschwingt. In der heutigen Physik werden lediglich Vorwärtsbewegungen (die geraden Linien) in Richtung Auslöschung wahrgenommen. Da jedoch der gestrichelte, sich biegende Pfad zu denselben Gleichungen gehört, die den Pfad der Pfeile hervorbringen, ist er Teil der Gesamtstruktur. Mir scheint, dass die gebogene Linie eine Metapher für die zeitlose Natur des Prozessgeistes ist. Auf diesem

Pfad gibt es, anstelle von Entstehung und Vernichtung aufgrund unserer Identität als Wesen, die sich in der Zeit vorwärtsbewegen, einen kontinuierlichen Fluss in die Zeit hinein und aus ihr heraus.

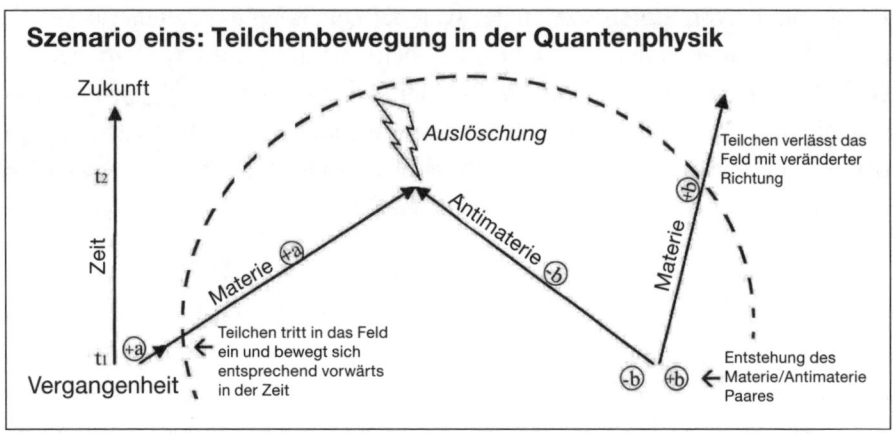

Abbildung 9.1. Der Pfad der Auslöschung versus den Pfad der Stabilität, aus den Diagrammen von Richard Feynman übernommen.
Die Bewegung eines Teilchens in der Zeit (+a) läuft der Auslöschung entgegen, weil es auf sein Gegenstück (-b) trifft; umgekehrt verläuft die Bewegung eines Teilchens im Prozessgeist variabel vorwärts und rückwärts in der Zeit, wobei es nicht auf sein Gegenstück trifft und daher stabil bleibt.

Der Punkt dieses Buches, der hier im Sinne der Quantenelektrodynamik und der Kriegstheorie wiederholt wird, ist, dass wir mehr Zugang zu den „Hyperräumen" unseres Prozessgeistes außerhalb des Raumes und der Zeit des Alltags benötigen. Dann gehören, vom Standpunkt jenes veränderten Bewusstseinszustandes aus betrachtet, unser eigener Pfad und derjenige unseres Feindes zu einem kontinuierlichen Fluss des Prozessgeistes. Um den Prozessgeist zu finden, muss man jedoch seine Identität als ein Mensch loslassen, der in der Zeit lebt und stirbt. Wenn Sie den Prozessgeist in die Konfliktarbeit einbringen, können erstaunliche Dinge geschehen, wie wir bereits gesehen haben. Erinnern Sie sich an den Aborigine, der für die Erde sprach? Erinnern Sie sich an Amys Garten? Treten Sie in das Kriegsgebiet ein, dann wieder daraus heraus und verbinden Sie sich mit der Erde! Um unsere Tendenz zum Krieg zu verändern, muss jeder einzelne unter uns eine neue Welt und die Fähigkeit entfalten, in den Prozessgeist einzutreten.

Die Fortdauer von Krieg, wie die Welt ihn gegenwärtig praktiziert – das heißt ein Kampf zwischen zwei oder mehr Seiten um Land, Macht, Rang, Geschichte, Wirtschaft, Religion und so fort –, ist zum Teil auf die Verleugnung des veränderten Bewusstseinszustands des Prozessgeistes und der mythischen Erde zurückzuführen. Aus der Perspektive der Konsensusrealität ist Krieg ein Konflikt zwischen Seiten, die in ihrer Identität eingefroren sind und sich in der Zeit vorwärts, auf die Vernichtung zubewegen. Vom Standpunkt des Prozessgeistes aus betrachtet, ist Krieg bloß ein dauerhafter, eingefrorener Zustand; er ist ebenso ein Prozess, der in der Zeit vorwärts und rückwärts fließt, wobei sein psychologisches Äquivalent darin besteht, zunächst man selbst zu sein und dann, indem man die Erde spürt, den eigenen Standpunkt umzukehren und die Energie des Anderen aufzugreifen.

Um zu diesem Standpunkt zu gelangen, folgen Sie sechs Schritten: (1) Nehmen Sie einen Konflikt wahr, (2) treiben Sie ihn weiter bis zum „Krieg", (3) erkennen Sie das Todespotential darin, (4) lassen Sie sich in den Hyperraum des Prozessgeistes fallen und (5) treten Sie mit diesem veränderten Bewusstseinszustand und der neugewonnenen Perspektive wieder in den Konflikt zwischen Standpunkten ein, die unentwirrbar miteinander verflochtene Gegensätze zu sein schienen. (6) Gehen Sie weiter und fragen Sie den Prozessgeist, worin Ihre Aufgabe in der Welt besteht. Klingt dies sehr weit hergeholt? Das ist es! Bleiben Sie bei mir. Ich werde es konkretisieren, indem ich alte schamanistische Ideen untersuche.

Die Toten als Rollen im Prozess

Jeden Tag hören wir, wie viele Soldaten und Zivilisten in verschiedenen Teilen der Welt im Kampf gestorben sind. Folglich sind die Toten real und somit Rollen in Gruppenprozessen ebenso wie lebende Menschen, Bäume, Gärten, Geld und so fort. Jedoch haben die Toten, im Gegensatz zu Objekten und lebenden Menschen, niemanden, der sie direkt repräsentiert. Dementsprechend sind sie „Geisterrollen". Da Sterben verstanden werden kann als das Verlassen der eigenen polarisierten Position im Alltagsleben, um den Prozessgeist zu finden, müssen wir den Sterbeprozess erforschen und die Toten als „Geisterrollen" repräsentieren. Der Tod ist eine Kernfrage im Krieg ebenso wie im Leben als Ganzes.

Der Zauberer-Tradition der Yaqui Indianer und anderen Traditionen amerikanischer Ureinwohner zufolge ist das einzige, was dem Tod vorzubeugen vermag, zu seinem eigenen „letzten" Tanz, der eigenen mythischen Essenz zu gelangen.[3] Der letzte Tanz ist Ausdruck des grundlegenden Selbst eines Kriegers oder einer Kriegerin, der Tanz des Prozessgeistes. Ich habe gesehen, wie das Eintreten in das tiefste Selbst den Tod irrelevant macht. In sein tiefstes Selbst einzutreten und sich davon bewegen zu lassen, vermittelt einem zumindest ein Gefühl des Wohlbefindens.[4]

Erforschen wir in Übung 9 den Prozessgeist, den Tod sowie den letzten Tanz, indem wir uns in den Krieg hinein- und darüber hinausbewegen. Viele Menschen erfahren Körpersymptome in Zeiten, in denen sie mit Konflikten konfrontiert sind, seien diese in ihrem Inneren oder in der Außenwelt. Deswegen werden wir zunächst ein Symptom untersuchen, das Sie zurzeit beschäftigt. Dann werden wir es zur Konfliktarbeit benutzen. Wie? Indem wir uns vorstellen, dass es Sie sehr schnell tötet. Es geht um die möglicherweise von Ihnen verspürte Freiheit von Ihrem Alltagsselbst, das aus Angst vor dem Tod entstanden ist. Ich möchte nicht, dass Sie in der Sterbephantasie verweilen, sondern in der Erfahrung der Freiheit von Ihrem Alltagskörper und -selbst. Sie müssen Ihrer Wahrnehmung und der Integrität Ihrer eigenen Erfahrung vertrauen. In einem bestimmten Moment wird es Ihnen möglich sein, sich zu entspannen und zu „sterben" und dann Ihre Erfahrungen dessen zu verfolgen, was „nach dem Tod" geschieht. Ich werde Sie fragen: Verlässt Ihr Geist Ihren Körper? Benutzen Sie Ihre Wahrnehmung und finden Sie heraus, was mit Ihrer Präsenz nach dem Tod passiert.

Übung 9: Konflikt, Tod und Ihre Aufgabe in der Welt

Diese Übung beginnt damit, über drei allgemeine Fragen nachzudenken. Notieren Sie Ihre Antworten unter Punkt 9 auf den Collageseiten in Anhang B. Wählen Sie erstens einen Konflikt aus, an dem Sie momentan beteiligt sind, selbst wenn es nur ein kleiner ist. Machen Sie eine Notiz, um die zwei oder mehr an diesem Konflikt beteiligten Seiten zu identifizieren. Denken Sie zweitens über Ihre Arbeit nach. Welcher Arbeit gehen Sie im Moment nach? Und worin könnte Ihrer Ansicht nach Ihre größere Aufgabe in der Welt oder Ihre Lebensaufgabe bestehen? Nachdem Sie Ihre Antworten auf diese Fragen niedergeschrieben haben, fragen Sie sich drittens, worin das störendste oder gefährlichste Symptom besteht, das Sie haben oder befürchten, haben zu können (selbst wenn es sich dabei nur um ein kleines Symptom handelt, aber nur, wenn eine kleine Angst damit verbunden ist). Schreiben Sie es ebenfalls auf.

Todesphantasie. Wenn Sie so weit sind, stellen Sie sich vor, ein gutes Leben gehabt zu haben und sehr schnell an diesem Symptom zu sterben. Denken Sie daran, dass dies *nur* eine Phantasie ist. Machen Sie schnell – konzentrieren Sie sich nicht auf den Sterbeprozess, sondern stellen Sie sich einfach vor, schnell zu sterben. Lassen Sie los, entspannen Sie sich, lehnen Sie sich zurück und benutzen Sie Ihre höchste Aufmerksamkeit zur Verfolgung, Entfaltung und Erinnerung Ihrer Erfahrungen, damit Sie sie später aufschreiben können. Wenn möglich, tun Sie so, als würden Sie Ihren Körper als ein Geistfeld oder eine rauchige Erscheinung verlassen. Kommen Sie aus dem Körper heraus, lösen Sie sich in der Luft oder der Erde auf, besitzen Sie eine Gestalt, reisen Sie irgendwo im Universum umher? Was widerfährt Ihnen als Geist oder Feld? Merken Sie sich diese Erfahrungen und notieren Sie sie später unter Punkt 9 auf den Collageseiten.

Eine meiner Studentinnen arbeitete mit Hilfe dieser Übung an sich selbst, bevor sie half, einen Konflikt in Südafrika zu facilitieren. Sie berichtete in der Rückschau:

> Ich hatte große Konflikte im Arbeitsleben. In der Übung sah ich mich eines Tages sterben, offenbar an Ermüdung, an Altersschwäche. Ich stellte mir vor, müde zu werden und meinen Körper zu verlassen. Und was geschah dann? Ich ließ meinen Körper zurück und schwebte im Raum und ... wurde plötzlich eines intensiven Verlangens gewahr, Menschen und Planeten mehr miteinander tanzen zu sehen! Das klingt zwar seltsam, aber in jenem Zustand war es für mich real.

Der Geist des Totemfeldes. Wechseln Sie nun die Form, indem Sie sich wie jene Erfahrung oder jener Geist verhalten oder dazu werden. Wenn möglich, spüren sie die Bewegung und Gegenwart jenes Geistes. Stellen Sie sich dann vor, welches Landstück des Planeten Erde mit diesem Nachtod-Geist assoziiert werden könnte. Welcher Ort auf der Erde repräsentiert Ihre Gegenwart am genauesten? Sehen und fühlen Sie dieses Stück Erde, spüren Sie es und werden Sie in Bewegung zu seiner Natur. Stellen Sie sich dann vor, welches Totem-Tier oder welche imaginäre intelligente mythische Form oder menschliche Gestalt dieses Stück Erde repräsentieren könnte. Zeichnen Sie die Energie dieser Figur.

Sobald Sie die Energie dieses erdbasierten Totemgeistes kennen, stellen Sie sich vor, dieser Geist zu sein, und erlauben Sie ihm, Sie zu tanzen und Sie selbst zu sein. Zeichnen oder skizzieren Sie diese Totemerfahrung des Prozessgeistes unter Punkt 9 auf den Collageseiten und fügen Sie ein paar Notizen hinzu. Während Sie noch immer diesen erdbasierten Totemgeist spüren, erinnern Sie sich an das Symptom, worüber Sie zu Beginn nachgedacht haben. Erklären Sie, als dieser Geist, die Bedeutung jenes Symptoms oder die Angst davor. Erinnern Sie sich an sich selbst als jenen lebenden Menschen, der wegen seiner Symptome beunruhigt ist, und interagieren Sie als der erdbasierte Feldgeist Ihres Prozessgeistes mit jener Person. Machen Sie sich Notizen darüber.

Meine Studentin fuhr mit ihrer Erfahrung fort:

> Ich ließ los, lehnte mich zurück und hatte plötzlich die Phantasie oder das Gefühl, meinen Körper als Geist zu verlassen und im Universum umherzufliegen. Das intensive Verlangen, Menschen und Planeten dazu zu bringen, mehr miteinander zu tanzen, kehrte zurück, als ich die Erde umkreiste. Die Freiheit dieses Geistes, demjenigen zu folgen, was geschieht, könnte auf der Erde durch den Globus selbst repräsentiert werden, der alle seine Teile und Menschen zusammenbringt. Eine mythische, globale, weibliche Figur, die dieses Gefühl repräsentiert ... eine Pachamama ging aus der Erde hervor und riet mir, an sie zu glauben und mich mehr zu entspannen! Ich erkannte, dass meine Ängste vor dem Alter und dem Tod mich zu entspannen versuchten.

Aufgabe in der Welt. Während Sie sich noch immer Ihr erdbasiertes Geistfeld vorstellen und/oder es tanzen, fragen Sie sich: „Wenn sich dieser Geist in Form einer realen Person inkarnieren könnte, welche Art von Person würde das sein?" Beschreiben Sie jene Person auf der Collageseite. Wechseln Sie die Form. Fühlen Sie die Person oder werden Sie ein wenig dazu und fragen Sie sich: „Wenn ich vollkommen frei wäre, diese Person zu sein, und keine Grenzen oder Hindernisse hätte, was würde ich in meinem gegenwärtigen Leben tun?" Machen Sie sich Notizen darüber.

Blicken Sie nun, als der erdbasierte Geist, auf Ihr Alltagsselbst und geben Sie ihm eine bestimmte Aufgabe in der Welt. Es könnte sich dabei um dieselbe Aufgabe handeln, der Sie bereits nachgehen, aber ebenso gut um eine neue. Wie nah ist die neue Weltaufgabe des Prozessgeistes an Ihrer gegenwärtigen Arbeit? Welches ist der inhaltliche Unterschied? Welcher Unterschied besteht in der Ausführung der Aufgabe?

Denken Sie zum Schluss, als der Totemgeist Ihres Prozessgeistes, an den Konflikt, den Sie zu Beginn dieser Übung identifiziert haben. Betrachten Sie die zwei oder mehr in Konflikt stehenden Seiten. Wenn Sie so weit sind, gibt Ihnen Ihr Prozessgeist vielleicht einen Hinweis darauf, was dort zu tun ist. Machen Sie sich eine Notiz darüber.

Meine Studentin kommentierte:

> Ich nahm Pachamama wahr ... sie brachte mich zum Weinen. Sie gab mir die Aufgabe, sie im Alltag zu repräsentieren. Ich erkannte, dass es darum ging, alle Seiten anzuerkennen und sich ihnen zuzuwenden, ohne von anderen zu erwarten oder sie dazu zu bringen, dasselbe zu tun. Das vorzuleben, war also meine Aufgabe und die Art und Weise, die ich benötigte, um mit der Konfliktarbeit im Arbeitsleben in Afrika voranzukommen. Ich erkannte, dass ich zwischen den widerstreitenden Parteien bei der Arbeit hin- und herschwingen muss, um ein solches Vorbild zu sein. Einige Wochen später probiere ich es aus, und es funktionierte gut. ... Durch eine noch tiefere Versenkung in den Bewusstseinszustand jener erdbasierten Pachamama scheine ich bei mir und anderen denselben seltsamen Effekt von größerer Entspannung bewirkt zu haben. Parteien, die nie auch nur zum Reden zusammenkommen wollten, beschlossen, es zu versuchen!

Wer sind Sie?

Vom Standpunkt der Konsensusrealität aus betrachtet, sind Sie bloß ein makroskopisches newtonsches Objekt mit einem bestimmten Alter, einem bestimmten Gewicht, einer bestimmten Größe, Chemie und so fort. Sie wurden geboren und werden zweifelsohne im Verlauf der Vorwärtsbewegung in der Zeit sterben. Die Sicht, dass Sie und andere lediglich „reale" Personen sind, die sich in der Zeit vorwärtsbewegen, ist unvollständig. Die damit einhergehende Einseitigkeit trägt zur Schaffung der eingefrorenen Polaritäten bei, die für Krieg und die Angst vor dem Tod grundlegend sind.

Vom Standpunkt des Prozessgeistes aus sind Sie multidimensional. Ja, Sie sind eine „reale" Person, die eines Tages sterben wird, aber zugleich sind Sie ein zeitloser Fluss, ein Totemgeist, der von Ihrer momentanen Identität frei ist. Die Identifikation mit dieser zeitlosen Dimension ist möglicherweise nicht nur gut für Ihren Körper, sondern könnte auch Träume erklären, die Sie in jüngster Zeit hatten, und Ihnen so ermöglichen, Konflikte zu lösen und hilfreich zu sein für andere, vielleicht sogar für die ganze Welt.

Konfliktsituationen als eine Gelegenheit zu sterben zu verstehen, im positiven Sinne dessen, dass Sie zum Totemgeist Ihres Prozessgeistes in Aktion werden, kann Ihnen und unserem konfliktbeladenen Planeten nur helfen. Ich bin nicht daran interessiert, die Welt, wie sie ist, zu verändern, sondern daran, Konflikt als eine Erinnerung zu verstehen: Finden Sie Ihren Prozessgeist und den Pfad, der über Schöpfung und Vernichtung hinausführt. Wenn Menschen das tun, enden große Konflikte früher und führen zu einer bedeutungsvolleren Kreativität.

Auf einen Blick

1. Führen Sie nicht einfach Krieg gegen den Krieg.

2. Krieg signalisiert das Bedürfnis nach Aufmerksamkeit für den Prozessgeist.

3. Verstehen Sie Konfliktsituationen und Ängste bezüglich des Körpers als Möglichkeiten zu „sterben", und finden Sie Ihre Aufgabe in der Welt.

4. „Sterben" Sie, bevor Sie getötet werden, und erwecken Sie Ihren Totemgeist zum Leben.

5. Die Geister und eventuell die Transformation von Krieg sind die Toten, das heißt, jener Bewusstseinszustand, den wir für gewöhnlich mit dem Tod assoziieren.

KAPITEL 10

Der Prozessgeist der Stadt: New Orleans

In diesem Kapitel geht es mir um die Anwendung des Prozessgeist-Ansatzes im Umgang mit Konflikten in weiteren sozial und psychologisch traumatisierenden Kontexten wie den Nachwirkungen einer Naturkatastrophe oder anderer Katastrophen. Aus diesem Grund richte ich den Fokus auf die Arbeit, die Amy und ich in New Orleans durchführten nach der teilweisen Verwüstung der Stadt durch den Hurrikan Katrina Ende August 2005.

Amy und ich hatten beschlossen, New Orleans beim Wiederaufbau zu helfen. Wir waren erschüttert, als wir ein Jahr nach der Katastrophe von der steigenden Selbstmordrate und den eskalierenden Armutsproblemen erfuhren. Nur wenigen Menschen war bewusst, dass mehr als 1800 Menschen aufgrund der Flut starben. Das war mehr als die Hälfte der Anzahl an Soldaten, die bis zu jenem Zeitpunkt im Irak-Krieg gestorben waren. Dennoch war das öffentliche Interesse an New Orleans sehr viel geringer als am Irak-Krieg. Das lag vielleicht zum Teil daran, dass die Natur und nicht ein menschlicher Feind das „Problem" war.

Einerseits konnte niemand für die Naturkatastrophe verantwortlich gemacht werden. Andererseits machte jeder jeden anderen für alles verantwortlich. Die meisten waren der Ansicht, dass die Katastrophe durch Rassismus, Klassendiskriminierung und die Inkompetenz der Stadt vergrößert worden war. Viele beschuldigten die Bundesregierung und den US-Präsidenten der Nachlässigkeit. Das Armeekorps der Bauingenieure (welche die ungenügenden Deiche gebaut hatten) hätte besser arbeiten können. Manche beklagten sich sogar über Gott, der die Menschen aus verschiedenen Gründen „bestrafte" (dem damaligen Bürgermeister von New Orleans, Ray Nagin, zufolge).

Etwas schien sicher. Alles und jedes, was mit der Stadt verbunden war, war betroffen. Weitverbreitete Agonie entfacht versteckte Wut und ungelöste historische Themen. Während der Zeit, in der wir uns auf die Stadt konzentrierten, schien es oft, als sei niemand in der Lage, mit irgendjemand anders auszukommen. Selbst Organisationen, die sich im Namen der Hilfe in New Orleans aufhielten, schienen wie Schlachtfelder, die nach Feinden Ausschau hielten. Sobald wir begannen, ein Forum zu organisieren, um den Leuten besser kommunizieren zu helfen, gerieten andere helfende Gruppen in Konflikt mit uns. Einige sagten uns, was wir nicht zu tun hatten, andere sagten uns, was wir tun sollten. Einige luden uns ein und rieten uns dann, nicht zu kommen. „Ihr werdet für die Gesundheit aller verantwortlich sein, sollte während eurer Arbeit hier eine weitere Katastrophe geschehen, in deren Folge Menschen von außerhalb in der Stadt eingeschlossen werden", warnten sie.

Alle – auch Amy und ich – litten. Einige Menschen litten unter Problemen, denen ich nie zuvor begegnet war, wie dem „Wassertrauma": Diese Menschen hatten aufgrund der traumatischen Erinnerung an den auf sie hinabströmenden Regen Angst, ihre Duschen anzustellen. Trauma beeinflusst alle Arten von menschlichen Interaktionen: Beziehungen, Freundschaften, Familiensituationen, Verbindungen zur Umwelt und so fort. Institutionelle Vernachlässigung und Rassismus sind traumatisch. Vor dem Hurrikan Katrina machten Afroamerikaner zwei Drittel von New Orleans aus; zwei Jahre später die Hälfte.

Was New Orleans widerfuhr, wird während des Eintritts der Erde in die Ära der globalen Erwärmung wahrscheinlich auch anderen an Meeresküsten und Flüssen gelegenen Weltstädten widerfahren. Als Wissenschaftler, Ökologen und Ingenieure müssen wir darüber nachdenken, wie ökologische Trauma zu verhindern sind, das heißt die verheerenden Auswirkungen ökologischer Katastrophen auf Menschen und die Umwelt. Ebenso müssen wir als Therapeuten, Coachs und Konflikt-Facilitatoren darüber nachdenken, wie wir besser mit Traumata umgehen und in traumatisierten Organisations- und Stadtprozessen intervenieren können.

Aber der Geist von Städten ist mächtig, und New Orleans bildet keine Ausnahme. Als eine der ältesten Städte der Vereinigten Staaten zeigt sich die Natur von New Orleans in deren multikulturellem Erbe, ihrer Küche, Architektur und Identität als Geburtsstätte des Jazz. Ihre Mardi-Gras-Feiern[1] sind weltberühmt ebenso wie das French Quarter und die Bourbon Street (siehe Abbildung 10.1).

John Scott, ein afroamerikanischer Künstler, sagte über New Orleans: „Diese Stadt ist dermaßen reich an Geschichte und Kultur, dass die Bürgersteige davon überquellen. Wissen Sie, es ist schwierig, dort zu sein, ich meine, wirklich dort zu sein, ohne das alles zu absorbieren. Von allen Orten der Welt, an denen ich mich je aufgehalten habe, ist New Orleans der einzige, wo, wenn man hinhört, die Bürgersteige mit einem reden."[2] Die Stadt besitzt ebenfalls einen der größten internationalen Schiffshäfen und ist ein Ölzentrum in den Vereinigten Staaten. Aufgrund der langsamen Bewegung des Mississippis durch die Stadt wird sie „The Big Easy"[3] genannt.

Abbildung 10.1. Bourbon Street, New Orleans, mit Blick in Richtung Canal Street, 2003.

Den Totemgeist der Stadt finden

Ich spreche über die Natur von New Orleans, weil wir einen Zugang zum Prozessgeist der Stadt finden mussten, um inmitten des Chaos helfen zu können. Ich erinnerte mich daran, was ich in Australien über das Auffinden des Träumens einer Stadt gelernt hatte (ich habe darüber in meinem Buch *24 Stunden luzid träumen* berichtet). Amy und ich hatten in Adelaide eine Konfliktarbeit zwischen den dort ansässigen Aborigines und eher dem Mainstream angehörigen Einwohnern durchgeführt. Onkel Lewis, einer der Ältesten der Aborigines, erzählte Amy und mir, dass die gesamte Stadt Adelaide aus dem Träumen entstanden war – aus demjenigen, was ich den Hyperraum des Prozessgeistes nenne. Er nannte jenes Träumen das „rote Känguru". Er fertigte eine Zeichnung an, die in einer der Stadtzeitungen veröffentlicht wurde, worauf zu sehen war, wie die gesamte Stadt Adelaide, ihre Gebäude und Straßen – ohne Absicht ihrer Erbauer –, durch die Figur des roten Kängurus organisiert war, den spirituellen Ahnen und Totemgeist des Landes von Adelaide.[4]

Der Standpunkt der Aborigines betrachtet das, was wir der Erde angetan haben, nicht als gut oder schlecht, sondern als Teil des Träumens des Landes, so wie es von seinem Totemgeist organisiert wird. Wir brauchen den Kontakt zu jenem Träumen – es kann uns bei all den vordergründigen Problemen der Erde helfen. Einem meiner Freunde, Dr. Max Schüpbach, erzählte ein „Tantchen", eine Älteste der Aborigines: „Du kannst zwar das Känguru töten, aber nicht das Träumen des Kängurus." Gleichermaßen können wir zwar New Orleans „töten", nicht aber das Träumen von New Orleans, das heißt die Erdkräfte unter der Stadt.

Ockerfarbene Politik

Manchmal stelle ich mir die Erde als eine tiefe, subterrane Essenz des Landes vor, das all die Interaktionen trägt, die auf seiner Oberfläche stattfinden. Das Land ist eine Einheit, die die gesamte Vielfalt an Gesichtspunkten – Wetterbedingungen, Menschen, Tiere, Pflanzen, Gewässer und Landformationen – und deren Verflechtungen trägt. Als solches besitzt die Erde ihre eigene Kraft, die Probleme zu facilitieren, die zwischen Menschen und der Umwelt entstehen.

Ich möchte eine neue Kategorie politischen Denkens schaffen: „Ockerfarbene Politik". Dieses Konzept würde die Ideologie der grünen Bewegung mit ihrem Fokus auf ökologischen Zielen und Umweltzielen in sich einschließen und es mit der Weisheit der Erde amplifizieren. Es könnte bedeuten, mit den Problemen von Individuen, Organisationen, Städten und Nationen unter Bezugnahme auf den Prozessgeist zu arbeiten, den Totemgeist, das Träumen des Landes, auf dem sie sich befinden.

Von diesem Standpunkt aus betrachtet, sollten Sie sich im Falle eines Umzugs in eine neue Gegend zunächst mit dem Prozessgeist beschäftigen, dem erdbasierten Totemgeist jenes Ortes. Lernen Sie Großmutter Erde kennen, die Realität der amerikanischen Ureinwohner und Gottheit unseres Planeten. Dies ist auch der Schlüssel zur Beschäftigung mit den Menschen, die auf jenem Land leben. Menschen identifizieren sich auf natürliche Weise mit dem Land, auf dem sie leben. Oftmals sind sie Menschen aus anderen Gegenden gegenüber skeptisch. Ich erinnere mich noch immer an ein kleines Dorf in den Alpen, das ich oft besuchte. Nur ein paar Dutzend Menschen lebten in dem Dorf. Sie traten selten mit den Menschen des Nachbardorfes in Kontakt, das etwa einen halben Kilometer entfernt war. Wenn sie es taten, pflegten sie zu sagen: „Den Leuten aus dem anderen Dorf kann man nicht trauen!"

Obgleich wir alle wissen, wie gefährlich verletzend diese xenophobe Haltung sein kann, weist sie dennoch auf etwas Wichtiges hin. Aus Sicht des ockerfarbenen Politikverständnisses ermutigt sie Menschen von „außerhalb", jenes Land kennenzulernen und eine Verbindung zu den dort lebenden Menschen herzustellen. Wenn man den passendsten Ort für seinen Prozessgeist in einer Stadt oder einem Dorf findet, ist es meiner Beobachtung nach weniger wahrscheinlich, dass die dort lebenden Menschen einen als „Fremden" wahrnehmen. Ist man mit einem Stück Land verbunden, ist man auf einer tiefen Ebene kein Fremder – man ist der Ort selbst.

Unser individueller Prozessgeist findet an jedem gegebenen Ort den Punkt, der seiner Natur nach demjenigen am ähnlichsten ist, wer wir sind. Jenen Punkt zu finden, von dem man das Gefühl hat, dass es der „eigene" ist, ist von großer Bedeutung, weil er einen anweist, sich so zu verhalten, als wäre man dort zu Hause. Auf diese Weise könnte jeder einzelne unter uns an einem bestimmten Ort der Erde leben, *überall* auf dieser Erde. Selbst eine Gefängniszelle enthält einen optimalen Ort, einen „Kraftort", einen magischen Ort, an dem man sich am wohlsten und seinem Prozessgeist am nächsten fühlt.

Viele unter uns, insbesondere jene, die Organisations- und Konfliktlösungsprozesse facilitieren, arbeiten oftmals in Gegenden weit von zu Hause entfernt. Der Vorschlag lautet: Arbeiten Sie nicht in einer Gegend, ohne zu wissen, wie Ihr Prozessgeist mit dem Prozessgeist jenes Ortes verbunden ist. Wie finden Sie das heraus? Fragen Sie, wo in Ihrem Körper Ihr tiefstes Selbst lokalisiert ist, und verbinden Sie dann jene Erfahrung mit einem Ort in der neuen Gegend. Wenn Sie bislang noch nicht dort waren, müssen Sie sich auf Ihre Vorstellungskraft in Bezug auf jene Gegend und den bestimmten Ort verlassen, an dem sich Ihr tiefster Teil am meisten zu Hause fühlen könnte.

In Vorbereitung auf unsere Arbeit in New Orleans machten Amy und ich eine Übung, um herauszufinden, wo in der Stadt unser Prozessgeist lokalisiert sein könnte. Im Folgenden beschreibe ich Amys Erfahrungen. Vielleicht möchten

Sie eine ähnliche Übung in Bezug auf eine Stadt oder einen anderen Ort durchführen, an dem Sie leben, wo Sie reisen oder arbeiten möchten. Machen Sie sich auf den Collageseiten unter Punkt 10 Notizen über Ihren Prozess, so wie Sie es in den vorhergehenden Übungen getan haben.

Übung 10: Der Prozessgeist der Stadt

Amy begann ihren Prozess, indem sie sich fragte: „Wo in meinem Körper ist mein tiefstes Selbst lokalisiert?" Sie fand heraus, dass es in ihrem Kopf, weit hinter den Augen lokalisiert war. Als sie in die Erfahrung hineinatmete, wurde sie davon hin- und hergeschaukelt. Dann fragte sie sich, wo diese Erfahrung wohl in New Orleans lokalisiert sein mochte. Nachdem wir bereits zuvor in New Orleans gewesen waren, fand Amy heraus, dass der tiefste Teil ihres Selbst auf einem bestimmten Gehweg entlang dem Mississippi lokalisiert war.

In ihrer Phantasie begab sich Amy direkt zu jenem Gehweg. Sie stand dort und wurde dann zur Gegend um den Gehweg herum, einschließlich der Ufer des Flusses und seiner Wasser, die sich langsam durch die Stadt bewegten. Sie ließ sich von der Kraft und Präsenz jener Gegend bewegen. Während des Tanzens erlaubte sie dem Gehweg und dem Flussufer, als Mensch zu erscheinen. Zu ihrer Überraschung war die plötzlich auftauchende Person kein alltäglicher Mensch, sondern eine weibliche Figur der „verrückten Weisheit", eine unkonventionelle Person, die fähig war, den sich wandelnden Wellen und Bewegungen des Flusses zu folgen. Diese Figur erinnerte sie an eine Mystikerin, der wir Jahre zuvor in Indien begegnet waren, als wir am Flussufer vor dem Mahalakshmi Tempel in Mumbai standen. Amys innere Figur der „verrückten Weisheit" teilte ihr nun manche Geheimnisse mit wie: „Der Fluss fließt und alles befindet sich im Wandel; bleibe für alles offen."

Nach dieser Erfahrung fühlte sich Amy gewappnet, am nächsten Tag zu helfen, ein offenes Forum über die verheerende Zerstörung von New Orleans zu facilitieren. Ich werde diese Geschichte gleich erzählen. Zunächst möchte ich aber ein erstaunliches Ereignis erwähnen, das mit ihrer inneren Arbeit in Zusammenhang stand. Aufgrund von Amys Erfahrung beschäftigte ich mich mit der Geschichte des Mahalakshmi Tempels. Zu unser beider Überraschung stellte sich heraus, dass er 1782 nach einer gewaltigen Flut in Bombay zu Ehren von Lakshmi errichtet worden war, der hinduistischen Göttin des Reichtums und der Fülle (die auch in jainistischen und buddhistischen Monumenten zu finden ist).

Welch eine wunderbare Gottheit! Damals baute Bombay Deiche, um verschiedene Teile dessen, was heute Mumbai genannt wird, zu schützen und zu verbinden. Aber große Stürme ließen die Deiche mehrmals zusammenbrechen. Der Legende zufolge hatte der Ingenieur, der die Deiche gebaut hatte, während eines solchen Sturmes einen bemerkenswerten Traum, demzufolge sich eine Göttin im Wasser nahe der gebrochenen Deiche befand. Nachdem sich der Sturm beruhigt hatte, fuhr der Ingenieur mit einem Boot zu jener Stelle und fand tief im Wasser verborgen eine Statue der Göttin Lakshmi. Er zog sie heraus, brachte sie an Land und baute den Tempel, um sie zu ehren. Danach konnten die verbindenden Brücken und Deiche gegen das Meer gebaut werden; sie existieren bis heute.[5]

Nachdem wir dies erfahren hatten, gingen Amy und ich davon aus, dass der Totemgeist ihres Mississippi-Prozessgeistes ebenfalls ein Geist in New Orleans sein konnte. Wir hatten recht! Nach einigen Recherchen stießen wir auf die

Abbildung 10.2. Rettung in New Orleans nach Hurrikan Katrina 2005.

Wassergottheit Yemalla in jener Gegend von New Orleans, worüber Amy meditiert hatte. Yemalla ist eine Flussgottheit der Yoruba, die sich um jene Menschen kümmerte, die als Sklaven aus Afrika in die Vereinigten Staaten gebracht wurden. Sie ist Teil des Yoruba Glaubens, der bis heute in New Orleans unter Ausübenden der Yoruba-Magie und des Voodoo existiert.[6] Eine in New Orleans lebende Voodoo-Priesterin erzählte uns, dass es auf die Göttin Yemalla zurückzuführen sei, dass viele Menschen aus den durch Katrina hervorgerufenen Fluten gerettet wurden (siehe Abbildung 10.2). Yemalla hilft den Menschen noch heute, „die Wasser zu überqueren". Vielleicht versuchte die indisch-afrikanisch-amerikanische Lakshmi-Yemalla-Weisheitsfigur von Amys Prozessgeist in unser Bewusstsein zurückzugelangen, weil sie auch heute noch der Verehrung bedarf.

Yemalla in Aktion

Amys innere Arbeit und die Verbindung mit der Wassergottheit Yemalla waren für unseren Gruppenprozess in New Orleans hilfreich. Im Bewusstsein um diese Wassergottheit und den Geist der Stadt stieg Amy in das offene Forum ein. Der Gruppenprozess begann damit, dass über die verschiedenen Seiten der Probleme und Versäumnisse zunächst diskutiert und dann gestritten wurde. Die Stadt hatte versagt. Die Regierung, hieß es, war rassistisch. Die Menschen litten.

An einem Punkt brach es aus einer Frau, welche die Position jener zu erklären versuchte, die sich während des Hurrikans alleingelassen gefühlt hatten, heraus: „Ich war dabei zu ertrinken. Ich *bin* dabei zu ertrinken." Eine unbeschreibliche Stille erfüllte den Raum. „Die Regierung und die Menschen haben mich vergessen", schrie sie. „Wo wart ihr, als ich beinahe ertrank, fast starb und Hilfe benötigte? Konntet ihr mich nicht hören, sehen und mir zu Hilfe kommen? Helft mir! Wo wart ihr, als wir auf den Dächern waren?"

Zu unserer Überraschung stand jemand anderes auf und verkörperte die Rolle des Zufriedenen. Sprach dieser Mann für sich oder schauspielerte er? Wir waren uns nicht sicher. „Ich bin der Durchschnittsbürger. Ich kann nicht helfen. Ich kann nicht kommen." Mit unserer Hilfe ging er weiter. „Ich kann diese Agonie nicht länger mitansehen, dieses Ertrinken im Fernsehen. Ich halte es nicht einmal aus, im Radio davon zu hören. Ich kann keinen weiteren Schmerz ertragen. *Lasst mich in Ruhe!* Mein Leben ist bereits durcheinander genug. Lasst mich in

Ruhe, lasst mich gehen. Lasst mich meine Ohren und Augen verschließen! Ich möchte nicht helfen, ich kann nicht helfen."

Wieder durchdrang äußerste Stille den Raum. An diesem Punkt stand eine weitere Einwohnerin von New Orleans auf und begann sich zögernd in die Mitte des Forumkreises zu bewegen. Sie sprach nicht. Aber Amy, die immer noch die Figur der Yemalla im Hinterkopf hatte, spürte die Botschaft der Frau intuitiv und ermutigte sie, nach vorne zu kommen und ihren Gedanken Ausdruck zu verleihen. Die Frau näherte sich den beiden Figuren, die in einem unlösbaren Konflikt der Standpunkte gefangen waren, stellte sich zwischen sie und äußerte ihre Gedanken. Sanft sagte sie: „Ihr beide – du, die du ertrinkst, und du, der du nicht länger hinsehen kannst – ihr seid *beide* dabei zu ertrinken!" Sie fuhr fort, beide gleichzeitig anzusprechen, und sagte: „Niemand ist fähig, noch mehr tragische Begebenheiten auszuhalten. Euch beiden sage ich: „Es ist *in Ordnung*. Ich bin für euch beide da."

Das Gefühl, dem diese Frau Ausdruck verlieh, führte zu einem Wendepunkt. Sowohl die ertrinkende Person als auch diejenige, die den Schmerz nicht mehr aushalten konnte, waren berührt. Jene Person, die mit dem Schmerz nicht umgehen konnte, begann die „Ertrinkende" anzublicken, ihr zuzuhören und sich um sie zu sorgen. Das yemallaartige Mitgefühl der Frau transformierte die Situation. Alle hatten das Gefühl, dass ihnen geholfen wurde.

Jene Frau verkörperte eine „Göttin", und ihre Ansicht war leicht zu verstehen: Niemand leidet alleine. Sogar die Zufriedenen und offenkundig Privilegierten benötigen Hilfe. Ohne Liebe und ohne gesehen zu werden, kann sich niemand dafür öffnen, die Bedürfnisse anderer zu sehen und zu fühlen. Die Offenheit für den anderen Standpunkt befähigte beide Seiten, miteinander zu arbeiten und die notwendigen nächsten Schritte zu unternehmen.

Auf einen Blick

1. Katastrophale Umweltprozesse, welche die Städte und die Welt betreffen, können Schmerz und Tod sowie Fragen von Klasse und Rang beinhalten, aber sie enthalten ebenso das Potential zur Transformation auf eine neue Ebene von Verständnis und Kooperation.

2. Um die Verbindung Ihres Prozessgeistes mit einer bestimmten Gegend zu entdecken, finden Sie den tiefsten Teil Ihres Selbst in Ihrem Körper. Stellen Sie sich vor, wie jene Erfahrung mit einem realen oder vorgestellten Ort in jener Gegend verbunden ist. Erlauben Sie dem Geist jenes Ortes, Sie in Ihrer Arbeit zu bewegen.

KAPITEL 11

Die Welt in Ihrem Körper und Ihr Körper in der Welt

Wenn wir uns nicht in unserem Prozessgeist befinden, erfahren wir die Welt für gewöhnlich als „dort draußen" und „nicht-ich", manchmal als fremd und oftmals im Sinne von miteinander in Konflikt stehenden Teilen oder sogar Kriegsgebieten. In diesem Kapitel möchte ich aufzeigen, dass wir unseren eigenen Körper als Kriegsgebiet erfahren können! Wenn man sich bloß mit seinem Alltagsverstand identifiziert, hat man vielleicht das Gefühl, der eigene Körper greife einen an, schlage einen k. o. oder verletze die eigene Gesundheit. Andererseits können Körperprobleme aber auch nichtlokal sein, das heißt, dem ganzen Feld oder der ganzen Situation angehören, in der man lebt und arbeitet. Aber ob die Symptome nun die eigenen sind oder ob sie auf nichtlokale Weise mit dem Umfeld verbunden sind, die Natur des eigenen Prozessgeistes vermag die Linderung von Symptomen ebenso zu facilitieren wie Konfliktsituationen in der Außenwelt.

Der Roboter

Für gewöhnlich identifizieren wir unseren Körper als „lokal", das heißt im Hier und Jetzt. Irritationen oder Symptome werden im Allgemeinen als nicht richtig und etwas betrachtet, das ausgemerzt gehört. Dieser Standpunkt betrachtet den Körper als ein mechanisches Vehikel, einen Roboter. Wenn es eine mechanische oder chemische Lösung für ein Körperproblem gibt und diese Lösung funktioniert, umso besser. Andererseits sind mechanische Lösungen für Körperprobleme nicht immer ganz ausreichend, vielleicht weil der Körper nicht nur ein mechanischer Apparat, sondern auch ein Kanal für traumartige Erfahrungen ist, einschließlich – aber nicht darauf beschränkt – der eigenen Träume, Mythen und des Prozessgeistes. Ich nenne die Beziehung zwischen Ihrem physischen Körper und Ihren Traumfiguren den „Traumkörper" (siehe meine Bücher *The Dreambody, Der Leib und die Träume* und *Quantengeist und Heilung*).

Mit anderen Worten, die Harmonie, Konflikte und Kämpfe, an denen wir in der Außenwelt und/oder in unseren Träumen teilhaben, finden nicht nur außerhalb oder innerhalb unserer Träume, sondern auch in unserem Körper statt.

In meinem Buch *Den Pfad des Herzens gehen* weise ich darauf hin, wie Schamaninnen und Schamanen in Kenia ihren Prozessgeist mittels schamanistischer Methoden zur Heilung von Körpersymptomen und ganzen Gemeinschaften zugleich benutzen. Nicht nur in den 1980er Jahren in Afrika, sondern durch alle Zeiten hindurch und in der ganzen Welt haben Schamaninnen und Schamanen Symptome als eine Aufforderung betrachtet, in veränderte Bewusstseinszustände einzutreten – Erfahrungen, die mit ganzen Gemeinschaften geteilt wurden. Gegenwärtig glaubt jedoch die Mehrheit der Menschen, dass ihre Körperprobleme lokal und nicht mit der Gemeinschaft oder der Welt verbunden sind. Meine Studien und Erfahrungen des Schamanismus ebenso wie das Wissen, das ich im Verlauf der letzten vierzig Jahre durch die Arbeit mit Körpersymptomen erworben habe, ließen mich erkennen, dass Körpersymptome unentwirrbar mit Gemeinschaftsprozessen verflochten sind. Darüber hinaus kann sich die Arbeit an Symptomen direkt oder indirekt auf unsere Verbindung zum öffentlichen Leben auswirken, ebenso wie öffentliche Situationen auf unseren Körper einwirken können.

In meinem Buch *Quantengeist und Heilung* führte ich das Konzept der „Regenbogenmedizin" ein, um darin medizinische und andere Methoden zur Körperarbeit ebenso wie verschiedene Bewusstseinsebenen zusammenzufassen.[1] Der Prozessgeist bildet den Kern der prozessorientierten Regenbogenmedizin. Abbildung 11.1 weiter unten illustriert die Regenbogenmedizin und zeigt auf, wie wissenschaftliche Erkenntnis, rationales Denken, Soziologie und Träume alle als mögliche Quellen des Wohlgefühls oder gar der Heilung betrachtet werden. Im Zentrum des Kreises der Regenbogenmedizin befindet sich die „Körpererfahrung" des Prozessgeistes.

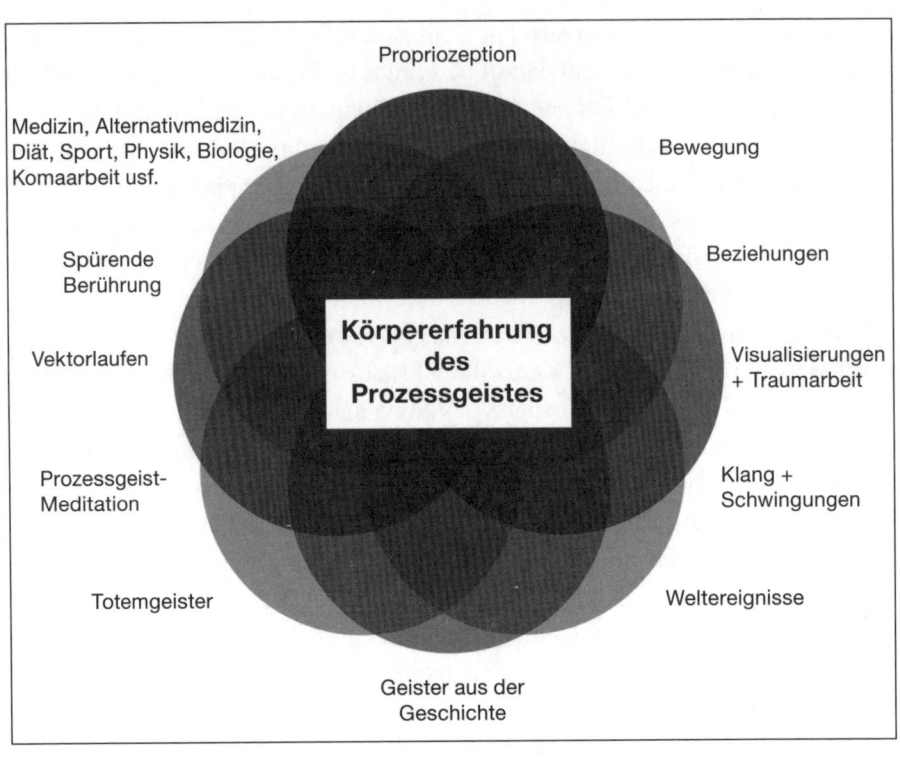

Abbildung 11.1. Regenbogenmedizin.

Warum der Name *Regenbogenmedizin*? Die meisten Hilfs- und Heilverfahren sind „monochromatisch". Sie fokussieren, beim augenblicklichen Stand der Dinge, lediglich auf eine Farbe oder Schwingung. Die Regenbogenmetapher ermuntert uns, jedes einzelne Problem als das Zentrum eines Regenbogens zu betrachten, das verschiedene Standpunkte und Bewusstseinsebenen und einige integrative Ansätze erfordert.

Die Regenbogenmedizin schließt ein offenes Interesse sowohl an allopathischen als auch an teleologischen Verfahren in sich ein. Der klassische allopathische Körperansatz nimmt an, dass etwas, das nicht stimmt, in Ordnung gebracht werden muss. Der teleologische Ansatz sucht eine Bedeutung oder Absicht in dem, was einen stört. Beispielsweise kann ein Symptom, wie bereits gesagt, aus Sicht des Alltagsverstandes ein chemisches oder mechanisches Problem sein, das geheilt werden muss. Aus der Perspektive des Prozessgeistes gehört dieser allopathische Standpunkt dem gegenwärtigen Konsens über Körpersymptome an. Dabei kann es sich um einen sehr wichtigen Standpunkt handeln. Von einem anderen Standpunkt aus betrachtet, ist ein Symptom eine persönliche und auch subjektive traumähnliche Erfahrung. Vom materialistischen Standpunkt aus könnten die Symptome einer Erkältung auf eine Grippe zurückzuführen sein. Aber unser Prozessgeist könnte diesem Standpunkt die Idee hinzufügen, dass die Grippe eine Chance ist, veränderte Bewusstseinszustände zu erforschen. Vom teleologischen Standpunkt aus betrachtet, vermögen Symptome uns auf jeden Fall an etwas zu erinnern, das wir über uns selbst, unsere Beziehungen und die Welt wissen müssen.

Ihrem Alltagsverstand erscheint es oft paradox, dem allopathischen und teleologischen Weg gleichzeitig zu folgen. Entweder „das, was kaputt ist, reparieren" oder „auf die Bedeutung dessen hören, was kaputt ist"! Für Ihren Prozessgeist gehören jedoch alle Ereignisse zu einem Regenbogen, einem Kontinuum von Schwingungen und Ansätzen. Wenn ein Problem auf mechanische Weise behoben werden kann, tun Sie das. Und wenn es eine Bedeutung besitzt, finden Sie sie heraus.

Die Abbildung der Regenbogenmedizin zeigt auf, dass die Körpererfahrung viele Sinneswahrnehmungen oder Kanäle umfasst. Die folgende Liste beschreibt kurz die allgemeineren auf die Sinneswahrnehmung gegründeten Kanäle, die mit unserer lokalen und nichtlokalen Psychologie verbunden sind.

Sinnesbasierte Kanäle

Propriozeption. Bezieht sich auf Körperempfindungen, auf das mit einem bestimmten Symptom einhergehende Gefühl. Die propriozeptive Erfahrung eines Symptoms (z. B. stechender Schmerz) kündigt sich immer in Träumen an (z. B. scharfes Messer – siehe mein Buch *The Dreambody*).

Bewegung oder Kinästhesie. Manche Körpererfahrungen drücken sich in Bewegung aus. Bewegungsprobleme können einen bestimmten Rhythmus oder eine bestimmte Kraft besitzen, die zum Ausdruck gelangen will.

Beziehungen. Obgleich „Beziehung" alle anderen Sinneskanäle in sich einschließt, betrachte ich sie aufgrund ihrer Bedeutung in Bezug auf Körpersymptome als einen eigenen Kanal. Vor Jahren arbeiteten Amy und ich mit einer Frau, die dabei war, an einem Gehirntumor zu sterben, und große Schmerzen hatte. Wir waren sicher, dass sie über jenen Tumor und die Schmerzen sprechen wollte. Dem war aber nicht so. Sie wollte darüber reden, wie sehr sie ihre Kinder hasste! Die waren zwar präsent, aber sie mochten sie ebenfalls nicht. Zu unserer Überraschung ließen ihre Schmerzen nach, als wir mit den Spannungen in der Beziehung zu ihren Kindern arbeiteten. Sie fühlte sich besser.

Visualisierungen und Traumarbeit. Die Körpererfahrung zu visualisieren – beispielsweise ein Gefühl zu sehen –, ist eine Form von Synästhesie, die mit dem Träumen verbunden ist.

Klang, der auditive Kanal. In einigen Fällen drückt sich eine Körpererfahrung in Form von Klang aus. Auditive propriozeptive Synästhesie kann beispielsweise auftreten, wenn „heilende" Klänge in den Körper geblasen werden, so wie es Heiler der Aborigines unter Benutzung des Didgeridoos tun.

Vektorlaufen. Alle unsere Sinneskanäle sind am Vektorlaufen beteiligt, wie es zum Beispiel, der Fall ist, wenn man „der Erde folgt". (Siehe *Earth-Based Psychology* für weitere Einzelheiten zu diesem Thema.)

Spürende Berührung. Obgleich spürende Berührung eine Kombination aus vielen Kanälen ist, schließe ich sie als einen eigenen Sinneskanal mit ein, weil es für Menschen wichtig ist, mit ihren Händen zu sehen, zu hören und zu fühlen. Die eigene Hand einfach in die Nähe einer anderen Person zu legen, kann sowohl einem selbst als auch dem anderen tiefe Erfahrungen offenbaren.

Ich habe bereits zuvor erwähnt, dass sich alle Sinneskanäle überlagern. Sie sind „gekoppelt", bezogen auf zwei oder mehr für gewöhnlich voneinander unabhängige Prozesse, die sich plötzlich gegenseitig beeinflussen.[2] Beziehungssituationen und Körperprobleme sind zwar meistens voneinander unabhängig, aber sie können, wie im vorhergehenden Beispiel, auch gekoppelt sein, insofern als eine sich verändernde Beziehungssituation ein Körperproblem und eine bestimmte Körpererfahrung die eigene Beziehungsfähigkeit verändern kann.

Die Auswirkung der Welt auf Ihr Körpergefühl ist ebenfalls ein gekoppelter Prozess. In der Konsensusrealität ist die Welt *nicht ich*. Aber aus Sicht des Prozessgeistes sind Sie auch die Sie umgebende Welt. Ohne den Standpunkt des Prozessgeistes würden wir vielleicht sagen: „Die Welt nervt mich!" Oder: „Du machst mich krank!" Nimmt man den Standpunkt des Prozessgeistes ein, ist das, was uns widerfährt, mit der Umwelt verbunden.

Ich erfuhr diese gegenseitige Verbindung vor Jahren, als unsere kenianischen Heiler in tiefe Trancezustände eintraten, um uns zu heilen. Die Schamanin erlaubte sich, „besessen" zu werden, und begann auszurufen: „Ich sehe dies! Ich sehe das!" Dann kam sie zu uns und führte einige magische Handlungen aus. Das war erstaunlich genug. Aber dann begann sie plötzlich, dieselben Handlungen an dem Dutzend oder mehr anderer Personen auszuführen, die während unserer Heilzeremonie einen Kreis um uns bildeten. „Unsere Medizin wurde nicht nur für uns benutzt, sondern plötzlich auch für die gesamte Buschgemeinschaft. Ihre Prozessgeist-Erfahrung – die sie Allah zuschrieb – ermöglichte ihr den Zutritt zu einer einzigen Welt, in der wir alle miteinander verflochten waren und Hilfe brauchten.

Übung 11: Öffentlicher Stress

Um zu verstehen, wie der Prozessgeist Ihren Körper mit Weltereignissen verbindet, probieren Sie das folgende Experiment aus. Richten wir den Fokus zunächst auf eine Körpererfahrung, nämlich das Gefühl, von einer öffentlichen Situation gestresst zu sein. Sind Sie so weit?

Der Stressor. Stellen Sie sich eine öffentliche Szene vor, in der Sie Stress in Ihrem Körper gefühlt haben oder gefühlt haben könnten. Wenn es verschiedene mögliche Szenen gibt, stellen Sie sich eine vor oder wählen Sie eine aus, mit der Sie beginnen wollen. Welche Menschen oder Situationen scheinen während jenes öffentlichen Ereignisses für Ihren Körper am stressigsten zu sein? Imaginieren, fühlen und beschreiben Sie in Form von Bildern, Gefühlen, Bewegungen und Klängen einfach, was dieser öffentliche „Stressor" in Ihnen auslöst. Spielen Sie es aus oder sprechen Sie darüber, und zeichnen Sie die stressauslösende Energie.

Das Opfer. Wo in Ihrem Körper reagieren Sie auf jene Energie? Ist der ganze Körper daran beteiligt? Wo befinden sich Ihre Symptome? Fühlen/spüren Sie Ihre Körper- oder mögliche Symptomreaktion und deren Energie. Spielen Sie dieses Symptom oder diese Reaktion aus. Welche Art Person oder welcher Teil Ihrer individuellen Psychologie fühlt sich als Opfer und reagiert auf den äußeren Stress oder „Unterdrücker"? Benennen Sie dieses „Opfer", spielen Sie es aus und zeichnen Sie dessen Energie.

Ihr Prozessgeist. Treten wir nun in Ihren Prozessgeist ein. Sie können dies im Sitzen oder im Stehen tun, aber Stehen ist wahrscheinlich das Beste. Lokalisieren Sie Ihr tiefstes Selbst in Ihrem Körper, wie Sie es bereits in den vorhergehenden Kapiteln dieses Buches getan haben. Atmen Sie in jenen Bereich. Fühlen und sehen Sie dann Ihr Selbst und lassen Sie sich davon bewegen. Solange Sie sich in dieser Erfahrung befinden, versuchen Sie, sie mit einem realen oder imaginären Ort auf der Erde zu verbinden. Begeben Sie sich in Ihrer Phantasie an jenen Ort. Blicken Sie sich um. Wenn Sie so weit sind, werden Sie zu jenem Gebiet der Erde, jenem Ort, Ihrem Prozessgeist.

Wechseln Sie nun die Form. Verlassen Sie Ihre gewöhnliche Identität und erlauben Sie der Erde, das heißt dem Prozessgeist jenes Ortes, Sie zu bewegen und zu tanzen. Solange Sie sich noch inmitten jener Bewegungserfahrung befinden, erinnern Sie sich an den spannungsauslösenden Stressor und die Reaktionen des Opfers. Betrachten Sie den Stressor und das Opfer aus Ihrer Prozessgeist-Erfahrung heraus. Wenn Sie in Ihrem Prozessgeist bleiben, wird er die Beziehung zwischen den Prozessen des Stressors und des Opfers verstehen (under-stand) oder facilitieren. Dies könnte eine hochgradig nonkognitive Erfahrung sein. Vertrauen Sie dieser Erfahrung, und machen Sie sich unter Punkt 11 auf den Collageseiten eine Notiz darüber, wie Ihr Prozessgeist mit jener Polarität umgeht.

Solange Sie der Erfahrung Ihres Prozessgeistes noch immer nahe sind, stellen Sie sich vor, sie in eine andere öffentliche Erfahrung einzubringen, in der dieselbe Art von Stressor auftaucht. Stellen Sie sich vor, wie Ihr Prozessgeist mit der stressigen Situation umgehen würde. Machen Sie sich Notizen über Ihre Erfahrung. Inwiefern könnte Ihre Erfahrung „Medizin" sein, nicht nur für Sie selbst, sondern auch für die öffentliche Situation, die sie auslöste? Machen Sie sich unter Punkt 11 Notizen über Ihre Einsicht.

Rachel arbeitete als Coach und fühlte sich durch eine Szene in einem Unternehmen gestresst, wobei sie Männer fürchtete, die sie belächelten. Sie schienen hart und gemein zu sein, und sie fühlte sich unterdrückt von der kalten Art, mit der sie sie betrachteten. Sie nahm wahr, dass ihr Körper mit einem ängstlich flatternden, schlagenden Herzen auf diesen öffentlichen Stressor reagierte.

Als sie diese Übung machte, fand sie ihre Prozessgeist-Erfahrung an der italienischen Riviera, wo es, wie sie sagte, „warmen Sand, beeindruckende Gezeiten und großartige Winde" gab. Auch nur über die Wärme und Langsamkeit ihrer Prozessgeist-Erfahrung der italienischen Küste nachzudenken, sorgte dafür, dass sie sich sehr viel besser fühlte.

Als sie zur italienischen Riviera wurde, verwandelten sich die Männer in die kalten Meereswellen, die auf den Sand aufschlugen und ihn „erzittern" ließen. Sie erkannte aber, dass der Strand und die dahinterliegende Landmasse so gewaltig waren, dass das kalte Meer keine große Auswirkung auf die warme

Küste hatte. Ihr wurde bewusst, dass ihr Prozessgeist sowohl das erzitternde Ufer als auch die aufschlagenden Wellen in einem einzigen Prozess umfasste. „Wow, das alles bin ich, es ist einfach die Natur! Auch ich kann mitunter kalt und beinahe bedrohlich sein. Und andererseits bin ich auch warmherzig." Diese Gedanken brachten sie zum Lachen und linderten ihre Angst sowie ihre Herzsymptome.

Es bereitete Rachel keine Schwierigkeiten, sich vorzustellen, wie sie die Prozessgeist-Erfahrung der italienischen Riviera bei der nächsten Zusammenkunft des Unternehmens anwenden konnte. Bei der nächsten Begegnung mit jenen Männern würde sie, wie der Strand, einfach erzittern und mit den hereinströmenden Wellen mitfließen, um dann selbst kühl und machtvoll zu sein. Ein paar Wochen später verwirklichte sie diese Erfahrung und benutzte die „Medizin". Sie berichtete: „Zunächst ertappte ich mich dabei, in Gegenwart der Männer wieder zu erzittern. Dann dachte ich daran, dass ich das warme Land und das kalte Meer bin. Also rollte ich vor und zurück und war ebenfalls kühler und viel kraftvoller als sonst. Zu meiner Überraschung fühlte ich mehr Wärme für mich selbst und alle anderen! Die anderen schienen mehr Respekt vor mir zu haben."

Äußere Situationen erzeugen Spannungen und Krankheiten zum Teil deshalb, weil wir die äußeren Situationen und unseren Widerstand dagegen nicht als Teile der Diversität unseres Prozessgeistes betrachten. Als Rachel erst einmal erkannt hatte, dass sowohl Stressor als auch Opfer – sowohl die gefürchtete Kälte als auch die Angst – als Phasen und Teile im „Riviera-Feld" ihres Prozessgeistes enthalten waren, vermochte ihr Körper ihre berufliche Arbeit zu unterstützen.

Abbildung 11.2. Die italienische Riviera als ein Totempunkt auf der Erde.

Mythostase

Wenn Sie durch diese Übung eine Prozessgeist-Erfahrung gemacht haben, hat sie Ihnen vielleicht zumindest ein aufflackerndes Gefühl des Wohlbefindens vermittelt. Das Wohlbefinden des Prozessgeistes ist mehr als das einfache Wohlbefinden von Körper und Geist. Lassen Sie mich dies erklären. Physikalisches Wohlbefinden ist durch Homöostase gekennzeichnet, die die Eigenschaft eines entweder offenen oder geschlossenen Systems ist, insbesondere eines lebendigen Organismus, der seine eigene innere Umgebung so reguliert, dass ein stabiler, konstanter Zustand aufrechterhalten wird.[3] Wenn Ihnen beispielsweise warm wird, beginnt Ihr Körper zu schwitzen, um sich abzukühlen und eine mehr oder weniger gleichbleibende Temperatur aufrechtzuerhalten. Allostase ist biologische Homöostase, schließt aber auch die Verhaltensweisen und psychologischen Mittel zur Schaffung von Homöostase mit ein. Wenn Sie zum Beispiel von jemandem gejagt werden, schwitzen Sie automatisch, um sich zu schützen, und gleichzeitig rennen Sie, um sicher zu bleiben. Allostatische Veränderung umfasst all die möglichen Angleichungen, die wir vornehmen, um uns sozialem, ökologischem und durch die Welt hervorgerufenem Stress anzupassen und ihn zu durchleben.[4]

Homöostase und Allostase sind die physiologischen und psychologischen Prozesse, die das Leben schützen. Das Ziel des Prozessgeistes beinhaltet diese zwar, geht jedoch darüber hinaus. Der Prozessgeist erhält unsere *mythische* Natur aufrecht. Ich definiere *Mythostase* als die Fähigkeit des Prozessgeistes, soziale, verhaltensorientierte und biologische Veränderungsprozesse zu erschaffen, um unsere Biologie aufrechtzuerhalten sowie zu stabilisieren *und* den Kontakt mit unserer grundlegenden Natur aufrechtzuerhalten. Mythostase ist unsere Fähigkeit, mit Stress umzugehen, indem wir uns wandeln, zickzackförmig zwischen Polaritäten hin- und herbewegen und positivem und negativem Feedback aus unserer Umgebung folgen, während wir unser mythisches Selbst bleiben – nahe an unserer Richtung des großen U und des Prozessgeistes. Rachels Erfahrungen aus der vorhergehenden Übung und Sara Halprins letzte Erfahrungen vor ihrem Tod, beschrieben in Kapitel 1, legen nahe, dass der Prozessgeist mythostatisch ist, sowohl im Verlauf des Lebens als auch an der Grenze des Lebens, wenn Homöostase und Allostase versagen.

Die Mythostase des Prozessgeistes unterstützt die Homöostase und organisiert aus sich selbst heraus Körperprozesse, welche unseren grundlegenden Mythos aufrechterhalten, selbst wenn das Leben gefährdet oder dem Tod nahe scheint. Gleichermaßen hält die Mythostase einer Gruppe, einer Organisation oder einer Stadt diese nahe an ihrem Urgrund. Die Mythostase erscheint in der in Kapitel 10 erwähnten Idee der Aborigines: „Du kannst zwar das Känguru töten, aber nicht das Träumen des Kängurus." Die Mythostase schließt die Physiologie zwar mit ein, kann aber auch über die physischen Lebensfunktionen hinausgehen, um unsere Essenz aufrechtzuerhalten. In Rachels Fall benutzte die Mythostase ihres Prozessgeistes den italienischen Strand und ihre grundlegende Riviera-Richtung im Leben zur Erlangung der Homöostase.

Der mythostatische Fluss des Prozessgeistes bringt das Gefühl allgemeinen Wohlbefindens zurück. In Todesnähe, wo die zur Homöostase führende Allostase zu versagen beginnt, wird das überwölbende Paradigma der Mythostase offenkundiger und erhält unsere Verbindung zu einem mythischen Totemgeist-Kern aufrecht. Für mich hat es oft danach ausgesehen, dass viele Symptome und vielleicht das Alter selbst, das Bewusstsein für die mythostatische Kraft des Prozessgeistes fördern. Während wir uns mit der Tatsache auseinandersetzen, dass unsere Identität der Konsensusrealität nicht aufrechtzuerhalten, das heißt gegenwärtig auf maximal 120 Jahre begrenzt ist, erinnert uns etwas in uns daran, dass das Leben in irgendeiner Form weitergeht. Man kann zwar das Känguru töten, aber nicht sein Träumen.

Erinnern Sie sich an Feynmans Diagramm, wie in Kapitel 9 (Abbildung 9.1) dargestellt, das erlaubte, uns vorzustellen, wie der Prozessgeist in der Zeit vorwärts und rückwärts fließt.

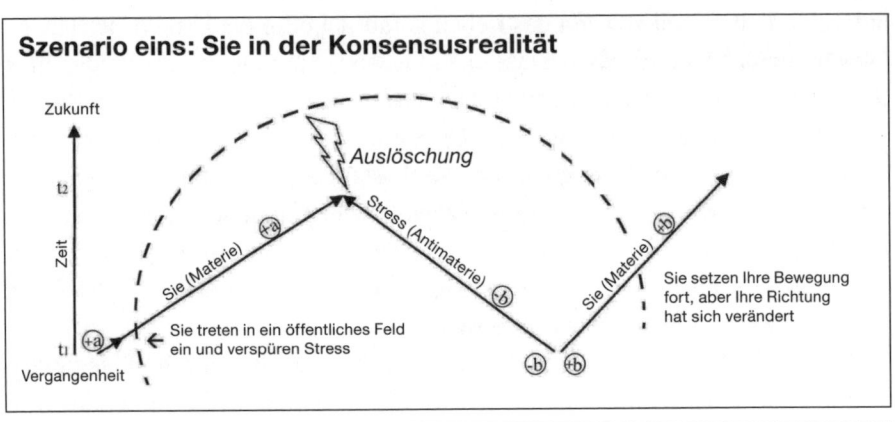

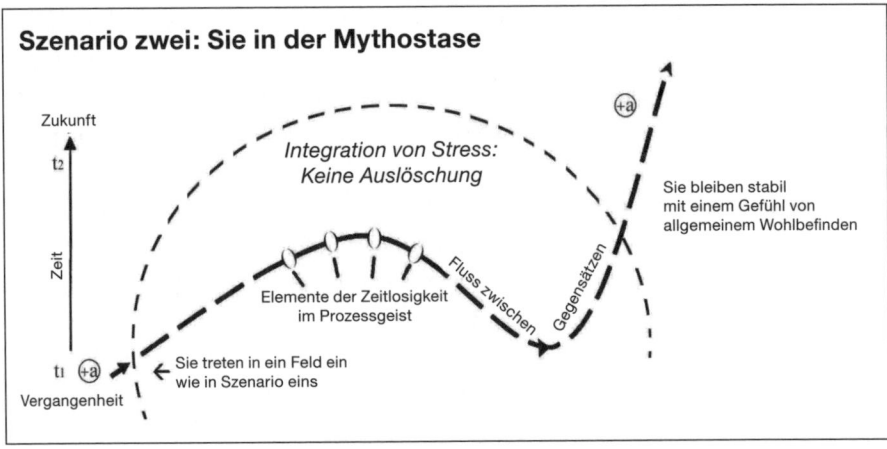

Abbildung 11.3. Mythostase, in Form der Diagramme von Richard Feynman aufgezeichnet. In der Konsensusrealität können Sie auf Gegensätzlichkeit (Stress) stoßen, aber im mythostatischen Raum des Prozessgeistes fließen Sie zwischen den Gegensätzen hin und her und bleiben so stabil.

Indem wir dieses Diagramm auf Stresssituationen anwenden, können wir die gestrichelte, zeitlose Linie des Prozessgeistes als Mythostase erkennen. Aus der Perspektive der Konsensusrealität ist Ihr Körperstress beim Vorwärtsgehen in der Zeit auf unterdrückende Symptomschöpfer zurückzuführen – das heißt, auf Stressfaktoren, die Sie „auszulöschen" drohen. Entspannt sich Ihre Alltagsidentität jedoch so weit, dass Sie Ihren Prozessgeist finden können, erscheint der gestrichelte, zeitlose Prozessgeist aus Feynmans Diagrammen. Er erlaubt Ihrer Wahrnehmung, zwischen einer Seite oder Energie und deren Gegensatz hin- und herzufließen oder zu facilitieren. In Rachels Sprache würde das heißen, alles ist nichts weiter als die Wellen und der erzitternde Strand der italienischen Riviera.

Wir sind Individuen in Raum und Zeit, und wir sind ebenso ein kontinuierlicher, mythostatischer Prozess, der von der Zeit frei ist.[5] Unser Prozessgeist facilitiert zwar die Linderung von inneren Körperspannungen, aber vielleicht entsteht das vollständigste „Wohlbefinden", wenn wir unseren Prozessgeist dazu nutzen, auch der Welt bei der Auflösung ihrer Spannungen zu helfen.

Auf einen Blick

1. Ihr Körper ist eine Maschine oder ein Roboter, aber auch ein Traum und Teil der ganzen Welt.

2. Das Leben kann stressig sein, aber die mythostatische Natur unseres Prozessgeistes schwingt gleichsam mit allem.

III

Der Prozessgeist
in Wissenschaft und Religion

Das Schönste, was wir erleben können, ist das Geheimnisvolle.
Es ist das Grundgefühl, das an der Wiege von wahrer Wissenschaft
und Kunst steht. Wer es nicht kennt und sich nicht mehr wundern
oder staunen kann, der ist sozusagen tot und sein Auge erloschen.

ALBERT EINSTEIN

KAPITEL 12

Wissenschaft, Religion und Gotteserfahrung

In den ersten beiden Teilen dieses Buches haben wir die Eigenschaften des Prozessgeistes erforscht. Wir haben uns damit beschäftigt, in einem halb veränderten Bewusstseinszustand zu verharren, den ich „halb drinnen und halb draußen" nenne, während wir diese neue (oder alte) Bewusstseinsform spüren und auf Stimmungen, Symptome, Beziehungen, Konflikte und öffentliche Situationen anwenden. In Teil drei möchte ich nun betrachten, wie das Eintauchen in das vereinigende Bewusstsein des Prozessgeistes Ihre Sicht der Wissenschaft und der Religion sowie deren wechselseitige Verbindung beeinflusst. In diesem Kapitel möchte ich Glaubenssysteme im Allgemeinen und die Natur Ihres Glaubenssystems im Besonderen erforschen: Inwiefern es Ihrem Leben Bedeutung verleiht und Ihre Aufmerksamkeit benötigt, um wirklich zu „funktionieren".

Die Grenze zwischen Wissenschaft und Religion

Wissenschaft und Religion sind zwar voneinander getrennt, aber nicht ganz so sehr, wie manche vielleicht denken. Grundsätzlich ähnelt die Wissenschaft der Religion, insofern als Wissenschaftlerinnen und Wissenschaftler an ein höchstes Prinzip glauben: die Existenz von Strukturen, die in den Messungen von Raum, Zeit und Materie erscheinen. Neben einem höchsten Prinzip besitzt die Wissenschaft auch ein Ritual: die wissenschaftlichen Methoden zu benutzen, um Theorien unter messbaren Laborbedingungen zu überprüfen. Unzweckmäßige Theorien, die nicht zum Verständnis eines gegebenen Ereignisses beitragen, werden an den Rand gedrängt. In gewisser Hinsicht ist die Wissenschaft die Religion der Konsensusrealität, die glaubt, dass räumliche, zeitliche und materielle Ereignisse durch Strukturen organisiert werden, die manche den „Geist Gottes" nennen.

Da die Wissenschaft subjektive Erfahrungen – das heißt nicht messbare Effekte – marginalisiert, ist sie nicht für alle zufriedenstellend. Viele Menschen benötigen Mythen und Bedeutung oder zumindest irgendein Gefühl, um ihr Leben als lohnend zu empfinden. Ich nenne die Welt des Mythos und der Bedeutung, von Träumen und transzendenter subjektiver Erfahrung „Traumland" oder „die Essenz". Ein prozessorientierter Zugang zu Ereignissen schließt sowohl Wissenschaft als auch Spiritualität mit ein, das heißt, die messbare Realität ebenso wie Erfahrungen, die der Traum- und Essenzebene angehören. Jede Situation vereinigt alle Ebenen in sich. Zum Beispiel ist das Stück Land, das einen Garten bildet, etwas Reales. Dem Gärtnern wohnt eine Wissenschaft inne. Man muss wissen, was man wann pflanzt. Gleichzeitig kultivieren manche Gärtnerinnen und Gärtner ein bestimmtes Gefühl für jenes Stück Land, wodurch die Wissenschaft des Gärtnerns zu einer Kunst wird. Dieses Gefühl kann nicht gemessen oder definiert werden. Für die Gärtnerin sind die Zeit, der Raum, die Materie und die Träume von dem Garten nicht voneinander zu trennen. In gewisser Hinsicht sind für die Gärtnerin Wissenschaft und spirituelle Traditionen als verschiedene Dimensionen derselben Sache miteinander verbunden.

Seit seiner Entdeckung in den 1970er Jahren hat der empirische Beweis der Nichtlokalität in der Quantentheorie Religion und Physik einander nähergebracht. Die klassische Newton'sche Physik, die Lokalität im Sinne von Räumen und Zeiten definiert, grenzt an die Quantenphysik, welche die Nichtlokalität studiert – das heißt wechselseitig miteinander verbundene Teile, die nicht unabhängig voneinander zu betrachten sind, gleichgültig wie getrennt sie in Raum oder Zeit sein mögen. Die Nichtlokalität kommt einem essentiellen Bestandteil der meisten Religionen nahe: dem Gefühl, dass so etwas wie ein intelligentes, vereinheitlichtes Feld alle und alles miteinander verbindet. Darüber hinaus besitzen sowohl die Physik als auch die Religionen ihre Theorien – wobei das Wort *Theorie* mit *Spekulation*, mit *theion* (was so viel bedeutet wie „göttliche Dinge") und mit der Betrachtung der göttlichen Ordnung der Natur (oder des „Kosmos") verbunden ist. Sowohl die Physik als auch die Religionen besitzen Geschichten, Träume und Wahrheiten über die Natur. Beide suchen nach Antworten auf Fragen wie: „Wer bin ich?" „Warum bin ich hier?" Und: „Wer stellt diese Fragen?" Beide streben danach, den intelligenten Akteur hinter dem

Universum zu erkennen, den verschiedene Wissenschaftler mit dem Göttlichen assoziiert haben. Der bekannte Astrophysiker Stephen Hawking sagte beispielsweise vor Kurzem: „Sollten wir wirklich eine Theorie von allem finden ... wäre das der ultimative Triumph der menschlichen Vernunft – denn dann würden wir wahrlich den Geist Gottes kennen."[1]

Das Universum als Bewusstseinsebenen

Von einem bestimmten Standpunkt aus können wir mutmaßen: Vielleicht wird ein Aspekt des Geistes von Gott durch die „menschliche Vernunft" erahnt, wie Hawking die wissenschaftliche Methode nennt, während ein anderer Aspekt desselben Geistes von Gott durch Kontemplation, innere Arbeit und Bewusstheit in veränderten Bewusstseinszuständen erkannt wird. Das Universum der Konsensusrealität in der Physik schließt alles mit ein, was gemessen und aufgezeichnet werden kann, das heißt alles, was physikalisch existiert: die Gesamtheit von Raum und Zeit und alle Formen der Materie, von Energie und Impuls sowie die Naturgesetze und die damit verbundenen Konstanten. In der Konsensusrealität sagen uns Messungen, dass das Universum vor etwa 13,7 Milliarden Jahren begann. Dennoch sagt die Sicht der Konsensusrealität nichts darüber aus, wie das Universum begann oder ob das Wort *Beginn* nicht bloß ein zeitbasiertes kulturelles Konzept der heutigen Zeit ist. Konzepte wie Anfang und Ende sind in der Quantenwelt, in der sich die Zeit umkehren kann, nicht immer anwendbar.

Die Grenze zwischen Konsensusrealität und Traumland, zwischen Wissenschaft und Religion, ist wie die Grenze zwischen zwei Welten. Flammarions berühmter Holzstich (aus Camille Flammarions *L'Atmosphère: Météorologie Populaire*, einem Buch über Meteorologie von 1888, das sich an die allgemeine französische Öffentlichkeit richtete) illustriert dies in wunderbarer Weise (siehe Abbildung 12.1). Die sichtbare, bekannte Welt bildet die innere Sphäre auf der rechten Seite des Bildes, während ein weiterer Bereich, vielleicht das träumende oder spirituelle Universum, sich links und jenseits davon befindet. Ein Mann späht durch die Atmosphäre der Erde, als handele es sich dabei um einen Vorhang, durch den man auf das Wirken des Universums zu blicken vermag. Die Bildunterschrift lautete: „Ein Missionar des Mittelalters erzählt, dass er den Punkt gefunden hat, an dem sich Himmel und Erde berühren."

*Abbildung 12.1. L'Atmosphère: Météorologie Populaire.
Holzstich von Camille Flammarion, 1888.*

Dieser Holzstich zeigt den Betrachter in jenem Zustand, den ich „halb drinnen, halb draußen" nenne – halb im „Himmel" und halb auf der „Erde". Psychologisch betrachtet, kann der Konflikt zwischen Wissenschaft und Religion genau auf dieser Grenze zwischen dem Bewusstsein für die Fakten und Einzelheiten der Konsensusrealität und der Verbindung zum Traumland und zum Prozessgeist kartographisch dargestellt werden. Weder Wissenschaft noch Religion sind imstande, diesen Graben aus sich selbst heraus zu überwinden; weil sich eine Seite der Konsensusrealität der „Erde" und die andere der Realität des „Himmels" verschrieben hat, vergrößert der Graben tatsächlich nur den Unterschied zwischen diesen beiden Standpunkten. Unter dieser Trennung leiden wir.

Der Prozessgeist ist fähig, die Grenze zwischen Wissenschaft und Religion zu überspannen, weil er die multidimensionale Erfahrung berücksichtigt und umfasst. Darin besteht der Wert dessen, sich mit dem Prozessgeist zu verbinden. Er ist derjenige, der jenen Holzstich erschaffen kann. Für den Prozessgeist ist das Universum sowohl ein messbares Konzept als auch eine subjektive Erfahrung.

Wie wir zuvor gesehen haben, erscheint das Universum in der Mathematik der Quantenphysik und ebenso in den „Flirts" der Psychologie als eine selbstreflektierende Intelligenz, die sich selbst zu betrachten versucht. Ich benutze den Begriff *Universum*, um auf die Summe aller der Konsensusrealität zugehörigen und traumartigen, mythischen Erfahrungen hinzudeuten – eine selbstorganisierende, selbstreflektierende Intelligenz. Diese Definition schließt die Feldtheorien der Physik und religiöse Geschichten und Mythen über den Kosmos ebenso wie unbeschreibliche mystische „Einheits"-Erfahrungen mit ein. Das Universum scheint aus der Perspektive der Konsensusrealität etwas Objektives zu sein, aber es ist auch ein Prozess, der fortwährend über sich staunt und sich durch Menschen artikuliert und neu entdeckt. Dieser Selbstentdeckungsprozess verbindet Physik und Psychologie unentwirrbar und unerbittlich miteinander. Einfacher ausgedrückt: *Das Universum ist die Summe aller sich verändernden Sichtweisen darüber.*

Warum richte ich den Fokus darauf, was das Universum ist oder nicht ist? Die meisten Menschen denken nicht über dieses Thema nach, sofern sie nicht über spirituelle Erfahrungen verfügen oder Mystiker, verrückte Wissenschaftler oder dem Tod nahe sind. Mein Hauptanliegen besteht darin, das Leiden zu reduzieren, das wir empfinden, wenn wir uns bloß als einen Teil der Natur oder des Universums identifizieren. Nur ein Teil zu sein, bedeutet, sich in ständigem Konflikt mit anderen Teilen zu befinden. Bleiben Sie halb in dem veränderten Bewusstseinszustand des Prozessgeistes und halb draußen, um die anderen Teile in der Konsensusrealität wertzuschätzen und zu facilitieren.

Die erste und die zweite Ausbildungsstufe über den Prozessgeist in Wissenschaft und Religion

Wer ist in der Lage, mit dem gesamten Universum umzugehen? Nun, niemand kann oder sollte das. Andererseits tut es jeder einzelne, weil er es muss, einfach aufgrund der Tatsache, dass wir im Universum leben – es ist unser Zuhause! Eine jegliche solche Ausbildung muss zutiefst demokratisch sein, das heißt, sie muss sowohl Fakten und Zahlen als auch das Träumen und die spürende Essenzebene der Dinge würdigen. Zunächst benötigen wir eine gründliche Ausbildung, um Fakten, Zahlen, Signale, Rollen, Flirts und Feedback wahrzunehmen.[2] Dann benötigen wir eine zweite Ausbildungsstufe, um jenen Erfahrungen zu folgen, die nicht immer zu verbalisieren sind.

Beobachten Sie während der ersten Ausbildungsstufe Signale und informieren Sie sich über die Dinge; nehmen Sie wahr, was auf der sichtbaren und auf der hörbaren Ebene geschieht. Wenn Sie etwas nicht verstehen, fragen Sie nach. Benutzen Sie Ihren rationalen, kognitiven Verstand so viel wie möglich. Seien Sie mechanisch und „realistisch". Gründen Sie Ihr Verhalten zum Teil auf bekannten Fakten, Heilmethoden, guten Ideen, überprüften Konzepten. Zweifeln Sie alles an, was Sie hören, bis Sie es mit Ihrer eigenen Erfahrung überprüft und für gut befunden haben.

Lernen Sie während der zweiten Ausbildungsstufe über den Prozessgeist, indem Sie irgendeine Art von Meditation praktizieren, die Ihren Geist für subtile Erfahrungen öffnet. Oder benutzen Sie einige der Übungen in diesem Buch. Da Ihr Bewusstsein auf natürliche Weise zwischen der Realität und dem Träumen hin- und herwandert, ist halb drinnen und halb draußen zu sein zwar erlernbar, aber nicht immer leicht in Worten zu beschreiben. Die zweite Ausbildungsstufe ist paradox. Sie geschieht. Prozessgeist-Erfahrungen hervorzubringen, ist „lernbar" und auch nicht – zumindest im kognitiven Sinne. Manche Menschen scheinen im Alltagsleben darin zu wachsen, die tiefsten Teile ihres Selbst kennenzulernen und anzuwenden. Jedoch haben nahezu alle, mit denen ich in Todesnähe gearbeitet habe, ob sie spirituell Gläubige oder eiserne Rationalisten waren, irgendeine Form der Transzendenz erfahren. Mit anderen Worten, ob sie davon wussten oder nicht – der Prozessgeist trat hervor und verlieh scheinbar chaotischen Situationen einen Sinn.

Obgleich es im Lernen über den Prozessgeist auch einen Aspekt des Lernens wie in der ersten Ausbildungsstufe gibt, kann man sich nicht zwingen, ununterbrochen in der Prozessgeist-Erfahrung zu bleiben. Ich halte das auch in keiner Weise für eine „moralische Pflicht". Jedoch kann es hilfreich sein, seinen Prozessgeist als ständig präsent zu spüren, da er in der Tat hinter allen Bewusstseinszuständen gegenwärtig ist, sowohl den rationalsten, zweifelndsten, respektlosesten als auch den „spirituellen" Zuständen.

Der Prozessgeist als die ganze Geschichte

Der Prozessgeist ist in guten und in schrecklichen Zeiten präsent. Das lernte ich bereits in der ersten Klasse auf dem Weg zur Schule. Ich wurde 1940 in den Vereinigten Staaten geboren. Meine ersten Jahre waren angefüllt mit Radioberichten über einen weit entfernt stattfindenden Krieg. Vielleicht fürchteten sich meine Eltern, über Religion zu sprechen, weil sie jüdisch waren, vielleicht wollten sie aber auch, dass ich in einer säkularen Welt aufwachse. Jedenfalls hörte ich während meiner ersten sechs Lebensjahre nichts über Religion. Mein erstes schockierendes Verständnis des Wortes *Gott* war der Gedanke: „Gott muss ein Bandenanführer sein." Warum dachte ich das? Weil eine Bande von Kindern und jungen Erwachsenen, die mich auf dem Weg zur Schule umbringen wollten, behaupteten, mein Volk habe ihren „Gott" umgebracht und sie würden sich nun rächen, indem sie mich „vernichten". Ich sagte ihnen, dass sie die falsche Person hatten; ich kannte so etwas wie „mein Volk" nicht. Aber sie waren anderer Meinung.

Es hat zwar lange gedauert, aber heute kann ich sagen, dass jene „verletzenden" Menschen, auch wenn sie sehr furchteinflößend waren, zu einigen meiner größten Lehrerinnen und Lehrer gehören. Ich erfuhr, wie nahe Gott mich dem Tod, aber auch dem Leben bringen konnte. Die Afroamerikaner, die aus sicherer Distanz beobachteten, was mir in dieser Bande von Kämpfern widerfuhr, hatten Angst, sich einzumischen, weil sie zahlenmäßig unterlegen waren. Dennoch feuerten mich diese tapferen Menschen an, indem sie sagten: „Gib nicht auf, bleib nicht am Boden liegen, während sie auf dich eintreten. Sie werden dich umbringen! Du musst wieder aufstehen und kämpfen!" Ihre unterstützenden Stimmen schienen Liebe aus einer anderen Dimension zu übermitteln. Jene Situation lehrte mich eine unvergessliche Lektion.

Heute ist mir klar, dass Angst und Hass naturgemäß sind, aber sie machen nicht die ganze Geschichte aus. Ich habe erkannt, dass das, was die meisten Menschen „Gott" nennen, nur ein Teil der Geschichte ist, der sogenannte gute Teil. Und dennoch gibt es etwas, das größer ist als der gute Teil. Es gibt etwas, das alle Teile zusammenfügt. Das, was ich heute „Gott" nenne, ist die ganze Geschichte und nicht bloß ein Teil davon.

Um denjenigen Respekt entgegenzubringen, die verletzt sein könnten, wenn ich sage, dass Gott alle Dimensionen umfasst, sowohl gut als auch böse, werde ich den Begriff nicht weiter in dieser Form benutzen. Stattdessen werde ich sagen, dass der *Prozessgeist* weder gut noch böse ist, sondern die ganze Geschichte, die alle Teile in sich einschließt. Der Prozessgeist verletzte mich, selbst als er sagte: „Los, steh auf und lebe!" Die göttliche Intelligenz in unserem Universum zeigt sich nicht nur in Form eines Zustandes, einer Energie oder einer Figur – sie zeigt sich in Form von allen Zuständen und Figuren, die benötigt werden, um die Geschichte ins Leben zu rufen. Der Prozessgeist ist die ganze Geschichte, einschließlich des Leidens, das uns veranlasst, von seiner Existenz Kenntnis zu nehmen. Sobald Sie die Intelligenz hinter schwierigen Situationen wie Körpersymptomen und äußeren Konflikten kennen, wird das Leben einfacher, zumindest einen Augenblick lang. Je mehr wir über den Prozessgeist wissen, desto mehr vermögen wir die schlimmsten Geschichten in bereicherndere zu entfalten.

Übung 12a: Der Prozessgeist als eine große Erzählung

Ich empfehle wärmstens, dass Sie an etwas Schreckliches denken, das Ihnen widerfahren ist. Wer oder was war daran beteiligt? Was geschah? Wie lange ist es her? Wenn Sie sich in der Lage sehen, die ganze Geschichte zu erkunden, erinnern Sie sich an die Ereignisse. Stellen Sie sich vor, was es war, das Ihnen erlaubte, jene schlimmsten Erfahrungen zu überleben. Fragen Sie sich oder Ihr träumendes Selbst, wie Sie es schafften zu überleben. Wenn Sie es nicht wissen, erlauben Sie sich, spontan eine traumartige Lösung zu erschaffen.

Selbst wenn Ihr Leben durch irgendeine schreckliche Erfahrung verringert wurde, wie haben Sie bis heute überlebt? Welche große Kraft stand hinter den „Schwierigkeiten"? Geben Sie ihr einen Namen. Erlauben Sie jenem Geist, seinen Namen zu erklären, sofern es ihm möglich ist. Rufen Sie sich die früheren Prozessgeist-Erfahrungen in diesem Buch in Erinnerung oder betrachten Sie Ihre Collageseiten in Anhang B, um einige Ihrer Einsichten in den Prozessgeist zu erinnern. Könnte Ihr Prozessgeist auf irgendeine Weise hinter demjenigen gestanden haben, was geschehen ist? Bitte machen Sie für sich selbst eine Notiz unter Punkt 12a auf den Collageseiten.

Diese Fragen erinnern mich an die Geschichte von Naropa, die ich in Kapitel 8 erzählte. Sein Lehrer, Tilopa, sagte Naropa im letzten Moment, dass all die Probleme seines Lebens, selbst die Nahtod-Erfahrungen, Tilopa selbst waren, der Naropa half, sich loszulösen.

Jeder einzelne unter uns besitzt seine eigene Prozessweisheit, die ihre Beweggründe und Absichten zu kommunizieren vermag. Der pragmatische Effekt dessen, seinen Prozessgeist als die ganze Geschichte, als einen fortlaufenden Prozess, zu sehen, besteht darin, dass wir eher in der Lage sind, zu akzeptieren und über Rache oder Niedergeschlagenheit in Bezug auf die Schwierigkeiten des Lebens hinauszugehen. Aus unserer Alltagsperspektive sind die Dinge entweder gut oder schlecht. Aus der Perspektive des Prozessgeistes ist nichts absolut gut oder schlecht. Alles geschieht innerhalb des Kontextes eines allgemeinen großen Erzählstranges, einer machtvollen Geschichte, die eine größere Bewusstheit zu erschaffen versucht. Abbildung 12.2 zeigt, wie die allgemeine Richtung der großen Erzählung all die Zickzackbewegungen einschließlich der schwierigen Lebensereignisse umfasst.

Abbildung 12.2. Der Prozessgeist als großer Erzählstrang.

Religiöse Richtungen

Als Individuen besitzen wir alle einen Erzählstrang, ein großes U, mit vielen verschiedenen Richtungen. Wir sind die umfassende Geschichte ebenso wie all ihre Teile. Das ist bei unseren wissenschaftlichen und religiösen Organisationen und Glaubenssystemen nicht anders. Auch sie besitzen eine Geschichtslinie, ein großes U. Das U ist die mythische Richtung der Gruppe, die der Essenz der Gruppe entspricht. Diese Richtung, oder die Kraft des Prozessgeistes, die diese Richtung erschafft, ist einer der Hauptgründe, weshalb wir jener Organisation oder Tradition mit ihren Geschichten, Regeln sowie der dazugehörigen Ethik folgen oder daran glauben.

Wie ich bereits zuvor sagte, entwickelte ich die Idee des großen U als Antwort auf die Quantenwellenfunktion und Richard Feynmans Quantenelektrodynamik. In meinem Buch *Earth-Based Psychology* erwähnte ich David Bohm, der die Wellenfunktion als eine Pilotwelle beschrieb, die ein Schiff auf dem Wasser leitet. Der psychologische Gegenpart zum Vektor der Wellenfunktion ist das große U, nämlich die wahrscheinlichste allgemeine oder mythostatische Richtung des Schiffes. Zum Beispiel erlaubt sie einem Schiff, von Zeit zu Zeit zu schwanken, sich nach rechts oder links oder sogar rückwärts zu bewegen. Mein Punkt ist, dass alle Organisationen, einschließlich der Religionen, ein großes U besitzen, das die allgemeine Richtung oder die Essenz einer gegebenen Organisation repräsentiert. Im Prinzip sind die tiefsten Überzeugungen einer Organisation oder Religion eine Art von Pilotwelle, die sich durch alle ihre Geschichten bewegt.

Die meisten Mitglieder von Organisationen (das heißt die meisten „Gläubigen") vergessen die ursprüngliche spirituelle oder mystische Essenz jener Organisation und verbleiben stattdessen in der Konsensusrealität, wo sie in ihrer Lebensführung von Regeln und „Geboten" abhängig sind. Menschen, die jenen Regeln nicht folgen, entweder weil sie nicht damit übereinstimmen oder weil sie anderen Gruppen angehören, werden für gewöhnlich als „schlechte Menschen" betrachtet. Sie sind „Störenfriede", „Zweifler" oder „Ungläubige", die den „falschen" Weg gehen. Sie müssen bekehrt und auf den rechten Weg zurückgebracht werden!

Abbildung 12.3 macht deutlich, dass die „guten" und „schlechten" Richtungen Zickzackbewegungen sind – das heißt Teil des gesamten Erzählstrangs U. Aus dieser größeren Perspektive werden alle Teile benötigt und es gibt nichts absolut Gutes oder Schlechtes. Das U umfasst, um nicht zu sagen, benötigt, die Vielfalt der Zickzack-Möglichkeiten, damit sie sich zu seiner Gesamtrichtung summieren. Alle Teile werden gebraucht, um die Bedeutung einer Organisation oder religiöser Institutionen mitzuerschaffen. Alle Teile zusammen summieren sich zu der Idee von „Gott" oder wie auch immer das höchste Prinzip genannt wird.

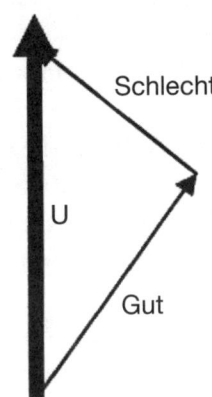

Abbildung 12.3. Das Gute, das Schlechte und das U in der Religion.

Denken Sie an die Geschichte vom Garten Eden. Vom Standpunkt des Prozessgeistes aus betrachtet, sind Gott, Adam, Eva, die Schlange und der Baum allesamt mythische Figuren, Traumland-Figuren und Konzepte, die nicht Teile, sondern verschiedene Phasen derselben Geschichte darstellen. Der „Boden" von Eden „trägt" alle diese Stimmen. Als Prozess betrachtet, erzählt uns die Geschichte vom Garten Eden, dass es natürlich ist, eine neue Welt zu erschaffen, dann Regeln zu erstellen, jene Regeln und den Schöpfer wieder in Frage zu stellen, um schließlich neue Ebenen zu erschaffen (und wieder auf die Erde zu fallen).

Mir ist bewusst, dass dies keine sehr allgemeine Sicht der Dinge ist. Es bedarf einer Prozessgeist-Ebene, um Konflikte als hilfreich zu betrachten, wenn es um die Definition des Reichtums – das heißt der Diversität – einer Institution oder Gruppe geht.

Monolatrismus

Wenden wir die Perspektive des Prozessgeistes auf biblische Gebote an. Eine zentrale, für den Monotheismus charakteristische Regel besagt, dass Gläubige sich nicht für andere Götter interessieren sollen. Aber der Gott, der uns dies sagt, sagt uns auch, dass es andere Götter *gibt*. Dies impliziert, dass Gott als Konzept bloß ein Teil einer Konfliktgeschichte ist. Die anderen Götter sind „schlecht". Im Wesentlichen sagt der „gute" Gott „seinen" Leuten, dass sie *nicht* anderen „Richtungen" folgen sollen.

Aus der Perspektive des Prozessgeistes sind Gebote dem Traumland oder der Konsensusrealität zugehörige Beschreibungen, die durch die Prozessgeistwelt „hinabgereicht" werden; sie sind nicht die Essenz selbst. Moses stieg auf den Berg und erhielt Gebote aus einer unbeschreiblichen Quelle. Diese Gebote sind der Ursprung einer „hinabgereichten" Ethik und zugleich der Ursprung von inneren Konflikten und Religionskriegen. „Du sollst keine anderen Götter neben mir haben!" Die durch den sprechenden Gott und „andere Götter" repräsentierten Richtungen schließen all die Spannungen mit ein, die benötigt werden, um die Vielfalt des Universums und das dahinterliegende Geheimnis zum Ausdruck zu bringen – das heißt den Geist von Gott.

Ein Monolatrist ist jemand, der einen Gott anbetet, aber glaubt, dass andere Versionen Gottes existieren. Ein solcher Mensch weiß oder erahnt intuitiv, dass der Prozessgeist die Essenz aller Gotteskonzepte des Traumlandes ist. Eine

Monotheistin kann eine Monolatristin sein, solange sie die mystische Essenz ihres Glaubens findet und erkennt, dass die Bilder des höchsten Prinzips von den daran beteiligten Gemeinschaften, Kulturen und Zeiten abhängen. Eine Monolatristin könnte sagen: „Ich glaube an meinen Gott und ich verstehe auch deinen und die damit verbundenen Überzeugungen und Geschichten." Vom Standpunkt des Prozessgeistes aus betrachtet, würde sie sogar sagen: „Mein Gott ist auch ein Aspekt meines Selbst!"

Monolatristen ebenso wie Polyatristen (Anhänger verschiedener Religionen) machen tatsächlich einen großen Teil der Bevölkerung aus.[3] Darüber hinaus durchlaufen wir alle verschiedene Stimmungen und Phasen, in denen wir zu verschiedenen Zeiten atheistisch, monotheistisch, monolatristisch und so fort sein können.

Mutter Teresas fehlender Gott

Die Idee des Prozessgeistes hätte für Mutter Teresa hilfreich sein können, jene bemerkenswerte römisch-katholische Nonne, die für ihre Arbeit mit Armen, Kranken, Verwaisten und Sterbenden den Friedensnobelpreis bekam. Offenbar beschwerte sie sich mitunter bitter, dass Gott, wenn sie „ihn" brauchte, nicht immer zur Stelle war. Kurz bevor sie ihre Arbeit in den Slums von Kalkutta begann, schrieb sie: „Wo ist mein Glaube? Selbst tief in meinem Innern ist nichts als Leere und Dunkelheit. Wenn es einen Gott gibt – bitte vergib mir."[4]

Jahre später brachte sie immer noch eine „tiefe Sehnsucht nach Gott" zum Ausdruck und sagte, sie fühle sich „abgewiesen, leer, ohne Glaube, ohne Liebe, ohne Verzückung". Und dann: „Wofür arbeite ich? Wenn es keinen Gott gibt, kann es keine Seele geben. Wenn es keine Seele gibt, dann, Jesus, bist auch du nicht wahr."[5]

Für mich gehören ihre Zweifel zur Diversität ihres Prozessgeistes, der durch ihren Alltagsverstand mit einem anderen Teil von sich über sich selbst sprach. Er sagte: „Ich bin auch Leere und Dunkelheit, und auch ich verliere mich. Auch ich habe vergessen und „arbeite" einfach, aus welchem Grund auch immer." Jesus selbst, derjenige, den sie anbetet, zweifelte in seiner berühmten Klage am Kreuz einen Moment lang an Gott: „Mein Gott, mein Gott, warum hast du mich verlassen?" Für mich weisen Mutter Teresas Worte auf einen weiteren Aspekt der Geschichte von Christus hin, den Aspekt des Zweifels.

Mutter Teresa erinnert mich an den Prozess einer meiner Studentinnen. Aber bevor ich ihre Geschichte erzähle, möchte ich Sie auffordern, die folgende Übung auszuprobieren, um den an Ihren Glaubenssystemen beteiligten Prozess zu erkunden.

Übung 12b: Ihre Glaubensprozesse

Beginnen Sie damit, sich Ihre tiefsten Überzeugungen oder höchsten Prinzipien in Erinnerung zu rufen. Notieren Sie sie unter Punkt 12b auf den Collageseiten. Mit welcher Organisation oder welchen Organisationen, wenn überhaupt, sind Ihre Überzeugungen verbunden? Falls es mehrere Organisationen sind, welche steht Ihrem Glaubenssystem am nächsten? Welches ist einer der problematischsten Aspekte jener Organisation?

Betrachten wir nun, was, wenn überhaupt irgendetwas, Ihr Träumen Ihrem Glaubenssystem hinzufügt. Denken Sie noch einmal über Ihren Glauben nach. Schließen Sie die Augen für einen Moment. Erlauben Sie ihnen dann, sich langsam zu öffnen. Blicken Sie langsam um sich. Nehmen Sie wahr, was Ihre Aufmerksamkeit auf sich zieht. Wenn es sich dabei um verschiedene Dinge handelt, lassen Sie sich von Ihrem Unbewussten sagen, worauf Sie den Fokus richten sollen. Studieren Sie jenen „Flirt", um herauszufinden, was er Ihnen „sagt". Was fügt dies, wenn überhaupt, Ihrem Glaubenssystem hinzu? Machen Sie sich eine Notiz darüber.

Meditieren Sie nun über die Erde. Fühlen Sie die Erde unter Ihnen und um Sie herum, und erlauben Sie ihr, Ihnen die zentrale Richtung, das große U Ihrer Überzeugungen zu zeigen. Laufen Sie in jene Richtung (oder lassen Sie Ihren Stift über das Papier „laufen"), um zu erfahren, was sie bedeutet oder wie sie sich anfühlt. Wie könnte diese Lauferfahrung als Traumbild oder -bilder plus erwachender Gefühle erscheinen? Inwiefern war diese Richtung ein Leitfaden oder Schöpfer in Ihrem persönlichen Leben? Verfolgen und fühlen Sie diese Richtung in Ihrem Körper und Ihrer Bewegung, um deren Botschaft zu verstehen.

Bedenken Sie nun: Wem folgen Sie, wenn Sie nicht dem Glaubensvektor des großen U, das heißt Ihren höchsten Prinzipien, folgen? Fragen Sie die Erde, damit Sie Ihnen die Vektorrichtung Ihrer Natur zeigt, wenn Sie nicht Ihren höchsten Prinzipien folgen. Ist diese Richtung in irgendeiner Weise mit den „problematischen Aspekten" jener Organisation verbunden, die Sie zu Beginn dieser Übung notiert haben? Laufen Sie den Glaubensvektor Ihres großen U noch einmal, und nehmen Sie während des Laufens der Linie wahr, wie sie mit der Richtung umgeht, die nicht Ihren höchsten Prinzipien folgt. Machen Sie sich Notizen unter Punkt 12b.

Die Lektion des Waldes

Eine meiner Studentinnen berichtete von ihren Erfahrungen mit dieser Übung. Sie litt, weil es sie drängte, ständig etwas zu tun, sodass sie ihre tiefste Richtung, ihren Glauben an die „tiefgrünen Wälder" im Nordwesten der Vereinigten Staaten, ebenso wenig finden wie verfolgen konnte. Während der Übung erschien der Glaubensvektor ihres großen U als die Richtung, die auf einen Teil des Landes zulief, den sie mit den Bäumen in den Wäldern von Oregon assoziierte. „Sie sind großartig; sie überleben die Stürme, biegen sich, schaukeln und werden mit jedem Sturm schöner und beeindruckender", sagte sie. Dann beklagte sie sich mit traurigem Gesichtsausdruck über jenen Teil in ihr, der nicht glaubte und „dieser Richtung nicht folgen" wollte. „Dieser Teil", sagte sie, „drängt einfach blind vorwärts."

Als sie noch einmal den Wegabschnitt des großen U ihres geliebten Waldes lief, meditierte sie darüber und fragte sich: „Wie würde diese Richtung mit der drängenden Seite in mir umgehen?" Die Richtung antwortete: „Kein Problem, dräng noch mehr! Vergiss alles, woran du glaubst, und dränge einfach, bis du erschöpft bist! So wachsen Bäume. Wälder benötigen die Stürme des Lebens, damit Bäume umfallen und neuem Wachstum Platz machen!"

Sie erkannte, dass ihr Drängen bloß einer der Stürme des Waldes war, und unter Tränen erzählte sie, dass sie bislang gegen den „drängenden" Teil in sich gewesen war und drängende Menschen in Institutionen nicht ausstehen konnte. „Solche Menschen habe ich einfach als schlecht betrachtet!"

Diese Arbeit brachte die Monolatristin in ihr heraus – eine an ein Hauptprinzip (den Wald) Glaubende, die ebenfalls andere Aspekte jenes Prinzips (die Drängende, der Sturm) erkannte und akzeptierte. Als Monolatristin verstand sie einen Moment lang, dass ihr höchstes Prinzip, „Gott", sich in „gutem" und in „schlechtem" Wetter zeigte.

Auf einen Blick

1. Wissenschaft und Religion sind nicht so gespalten, wie sie erscheinen.

2. Vom Standpunkt des Prozessgeistes aus betrachtet, sind Wissenschaft und Religion verschiedene Dimensionen einer Weltsicht, die sowohl die Alltagsrealität als auch das Träumen umfasst.

KAPITEL 13

Ihre (erdbasierte) Ethik

Wir haben betrachtet, wie sich der Prozessgeist als eine Geschichte von Ereignissen entfaltet, einschließlich der „guten" und der „schlechten" Teile. Wir können uns den Prozessgeist ebenfalls als dasjenige vorstellen, was die gesamte Schöpfungsgeschichte manifestiert. In diesem Sinne ist Gott (als der Prozessgeist des Universums) der Ursprung des Universums und ebenso der Interaktion zwischen dessen Teilen. Die Physik besitzt ebenfalls Geschichten über die Schöpfung des Universums und hat für dessen Beginn Begriffe wie „Urknall", „Grundzustand" oder „Nullpunktenergie", „Geist Gottes" und „Beobachtereffekt" präsentiert.[1]

Aber wen kümmert schon, wie das Universum erschaffen wurde? Die meisten unter uns haben genügend Körperprobleme, finanzielle Sorgen und Beziehungsschwierigkeiten, worüber sie nachdenken. Wenn die Entstehung des Universums Ihren Geist nicht gerade beherrscht, schlage ich vor, sich keine Gedanken darüber zu machen und einfach das zu tun, was für Sie am stimmigsten ist. Sofern Ihr Leben aber nicht befriedigend oder sinnvoll für Sie ist, wird es vielleicht Zeit, über die größeren Strukturen hinter dem Leben nachzudenken, um Ziele und eine Ethik zu entwickeln, die nach jenen Strukturen ausgerichtet sind. Im allgemeinen Sinne bezieht sich die Ethik auf Ihre Sicht dessen, was es bedeutet, ein zufriedenes Leben zu führen. Vom Standpunkt des Prozessgeistes aus ist Ihre Ethik mit Ihrem Gefühl dessen verbunden, warum Sie auf dieser Erde sind und wie nahe Sie an Ihrem tiefsten Selbst leben. Ethik ist nicht nur ein philosophisches Thema, sondern eine Prozessgeist-Erfahrung.

Denken Sie über die negativen und positiven Haltungen nach, die Sie einbringen, wenn Sie mit sich selbst, mit anderen in Beziehungen oder mit beruflichen Problemen arbeiten. Funktionieren diese Haltungen? Wie gehen Sie mit Freunden um, die Ihnen Schwierigkeiten machen oder Sie hintergehen, oder mit

Gruppen, die im Widerspruch zu den Gruppen stehen, denen Sie angehören? Nehmen Sie an, dass es ein absolut „Gutes" oder „Schlechtes" gibt? Ihr Glaube und Ihre Ethik leiten, für gewöhnlich unbewusst, Ihr Verhalten in allem, was Sie tun. Wenn Sie Ihrer Ethik bewusst folgen, ist es wahrscheinlicher, dass Sie Ihr Leben als lohnend oder zumindest als einen Beitrag an ein bedeutungsvolles Universum und eine reiche, interaktive Welt empfinden.

Die meisten Wissenschaftlerinnen und Wissenschaftler würden zustimmen, dass die Wissenschaft uns zwar sagt, wie wir Bomben herstellen können, aber nicht, ob wir in den Krieg ziehen sollen. Selbst wenn „bei den Fakten bleiben" Teil Ihrer Ethik ist, sind Fakten allein kaum ausreichend, um ein sinnvolles Leben zu führen. Die meisten spirituellen Traditionen legen nahe, dass wir anderen helfen und uns „gut" benehmen sollen, damit wir andere nicht verletzen. Während diese ethischen Richtlinien, die Klarheit darüber schaffen sollen, was man tun soll und was nicht, vielen ausreichen, widersprechen sie oftmals demjenigen, was wir über die Traumwelt und das physikalische Universum wissen. Ein schneller Blick auf die Umweltkonflikte und die nationalen und internationalen Konflikte, die uns umgeben, legt nahe, dass wir neue Richtungen finden müssen, um miteinander und der natürlichen Welt auszukommen. Um an der Schöpfung einer Welt teilzunehmen, die sich gut anfühlt, muss jeder einzelne mit seinem Gefühl für das verbunden sein, was sich hinter der Schöpfung befindet.

Verflochtene Mitschöpfung

Etwas, das ich aus meinen eigenen und den tiefen Erfahrungen anderer Menschen in meiner Privatpraxis und in der internationalen Konfliktarbeit sicher weiß, ist, dass *dasjenige (oder derjenige), was Sie erfahren, Sie erfährt*. Die Beobachterin und die beobachtete Erfahrung erschaffen einander gegenseitig und auf diese Weise die Realität. Dem transaktionalen Ansatz der Quantenphysik zufolge entsteht die Realität durch das Medium der Quantenwellen oder traumartigen Flirts.[2] Die Realität entsteht durch einen Reflexionsprozess! Jedes Mal, wenn wir etwas betrachten, nehmen wir an der Schöpfung des Universums teil, das in gewisser Hinsicht von nichts zu etwas hin expandiert. Der verstorbene große Physiker John Wheeler nannte dies das „partizipatorische Universum". Die Vergangenheit, die Zukunft und die Gegenwart, die Sie und mich umfasst, sind Wheeler zufolge zum Teil deshalb vorhanden, weil das

Universum partizipatorisch ist. Wir erschaffen es mit ihm gemeinsam.³ Mit anderen Worten, das Universum entsteht aus sich selbst heraus, indem es zu Beobachterinnen und Beobachtern wird, die reflektieren und dadurch helfen, die Realität zu erschaffen.

Ich nenne die Verbindung zwischen der Beobachterin und dem Beobachteten „verflochtene Mitschöpfung". Wir erfahren sie in Beziehungen. Haben Sie nicht wahrgenommen, wie sich das Gesicht der anderen Person in Reaktion auf Ihres verändert? Ebenso erfahren wir verflochtene Mitschöpfung in Träumen. Das, was Sie träumen, hat Sie bereits in irgendeiner Weise erfahren und verändert sich entsprechend, wie Sie aus den Träumen der folgenden Nächte ersehen können. Das gilt auch für die Religion: Mit zunehmendem Alter der Menschheit verändern sich auch die Bilder des Göttlichen (siehe Abbildung 13.1). Diese Bilder beeinflussen uns, wir verändern uns ... und so fort.

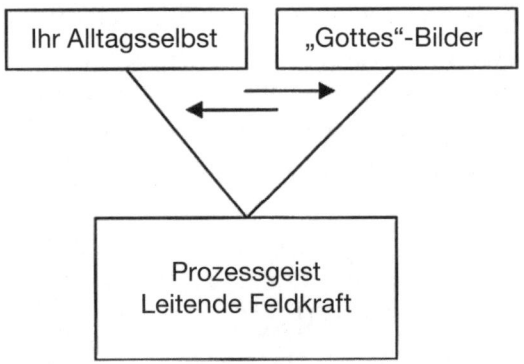

Abbildung 13.1. Verflochtene Mitschöpfung.

Dieser Prozess von Schöpfung, Feedback und Neuschöpfung wird aus unseren Zickzackbewegungen von einer Richtung zur anderen ersichtlich, die das persönliche Leben ebenso wie die Geschichte durchziehen. Die Zickzackpfade selbst sind miteinander verflochten und co-kreativ, und dennoch scheint ihr Gesamtpfad durch den Vektor eines „großen U", den Prozessgeist, organisiert zu sein. Die Namen für den Prozessgeist variieren je nach Kultur und Zeit. Ich habe an verschiedenen Punkten in diesem Buch beispielsweise Unkulunkulu, die Buddhanatur, Gott, Jesus, Allah, den Zen-Geist, Totemgeister und andere erwähnt. Ungeachtet dieser oder anderer Namen ist der Prozessgeist das Kraftfeld hinter der Geschichte und dem Geschichtenerzähler. Wir erfahren uns für gewöhnlich nur als den Geschichtenerzähler und erkennen nicht, wie die Geschichte auf uns einwirkt. Darüber hinaus spüren wir noch weniger die Kraft des Prozessgeistes, der sowohl den Geschichtenerzähler als auch die Geschichte, den Beobachter und das Beobachtete sowie den Anbetenden und das Bild des Göttlichen entstehen ließ. Die Bilder und Geschichten verändern sich über die Zeit, und die Fakten und Formulierungen der höchsten Prinzipien wandeln sich mit der Entwicklung der Gemeinschaften, aber die organisierende Kraft und Richtung des dahinterliegenden Erdfeldes verändert sich weniger oder gar nicht.

Verflochtene Mitschöpfung scheint ebenso in der Traumarbeit auf. Um einen Ihrer Träume zu verstehen, reicht das Verständnis selbst des klarsten Bildes selten aus. Um einen Traum wirklich zu verstehen, muss man genau wissen, an wen sich das Bild richtet, und man muss wissen, wie man sich vor dem Zubettgehen gefühlt hat. Träume entstehen zum Teil als eine Antwort darauf, was Sie dachten und fühlten. Mit anderen Worten, Träume tun das, was sie tun, zum Teil aufgrund dessen, was Sie taten. Das ist Verflochtenheit! Verflochtene Mitschöpfung impliziert, dass es *um den gesamten Beziehungsprozess geht*. Weder „Sie" noch „es" sind der Punkt. Alles dreht sich um Sie, es und das Feld des Prozessgeistes zwischen uns; das ist *verflochtene Mitschöpfung*.

Die Verallgemeinerung der Traumarbeit lautet, dass das Gesicht des Göttlichen durch jene verändert wird, die es erschaffen oder träumen.[4] Folglich erscheint das tiefste Prinzip, Suzukis dunkles Feld in Kapitel 1, vielleicht in keiner der Geschichten, Teile oder Bilder, zeigt sich aber als die Kraft hinter den Interaktionen zwischen Beobachter und Beobachtetem und deren Veränderungen.

Das Gleiche gilt möglicherweise auch für unsere physikalische Welt. Sie als Beobachterin oder Beobachter verändern die Welt einfach, indem Sie sie berühren. Denken Sie an die Makrophysik. Denken Sie an Ihren Körper. Als Patient gehen Sie einmal im Jahr für einen Checkup zu Ihrer Ärztin. Die Sprechstundenhilfe benutzt ein Thermometer und berührt Ihr Ohr, um Ihre Temperatur zu messen. Was glauben Sie, geschieht mit der Temperatur des Thermometers? Wenn sich das Thermometer auf einer Zimmertemperatur von sagen wir 21 Grad Celsius befindet, muss es sich erwärmen, um die Temperatur Ihres Körpers anzuzeigen. Dazu muss es sich unter Benutzung der Energie Ihres Körpers erwärmen und kühlt so Ihr Ohr und Ihren Körper ab. Die Menge an Hitze, die

Sie verlieren, ist so klein, dass niemand darüber nachdenkt. Im Prinzip verändert sich die Welt jedoch mit jeder Messung, die Sie vornehmen, mit allem, was Sie berühren und mit jedem Atemzug, den Sie tun. Das ist der Beobachtereffekt. Das Thermometer misst nicht Ihre Temperatur, aber die Temperatur, Sie selbst und das Thermometer (ebenso wie medizinische Helfer) „erschaffen gemeinsam". Selbst Ihr Verlangen, jemanden oder etwas zu beobachten oder zu berühren, verändert die Welt.

Der Beobachtereffekt findet ebenfalls auf der Quantenebene statt. Damit man ein subatomares Teilchen sehen kann, benötigt man viele winzige Lichtphotonen. Das heißt, um ein Teilchen zu sehen, benötigt man ein anderes. Dies bedeutet, dass Sie ein Teilchen, wenn Sie es beobachten, nicht nur ein wenig stören; andere Teilchen müssen es geradezu bombardieren. Diese Störung steht mit der Unschärferelation in Verbindung: Das, was Sie sehen, wird dadurch verändert, dass Sie es betrachten. Kurz gesagt, wir wissen nichts sicher über irgendetwas! Wir können keine „wahre", unveränderliche Information wie den Aufenthaltsort eines bestimmten Teilchens zu einer bestimmten Zeit erhalten. Das, was wir stattdessen sehen, ist unser fortwährender, verflochtener, co-kreativer Prozess mit jenem Teilchen. Es gibt keine feststehenden „Dinge"; es gibt nur verflochtene Mitschöpfung, deren subtiler Hintergrund der Prozessgeist ist.

Die Ethik der verflochtenen Mitschöpfung

Die Existenz und Erfahrung der Co-Kreativität lassen eine neue Ethik entstehen, die die Idee eines getrennten Du und Ich ebenso umfasst wie die Wahrnehmung des andauernden Verflochtenheitsprozesses und der Kapazität des Prozessgeistes, zu choreographieren und mit allen seinen Teilen zu fließen. Dies geschieht in etwa, wenn man sich darauf vorbereitet, etwas zu tun und die Vorbereitung dann vergisst, um seinem Prozessgeist zu folgen, während er von einem Aspekt zum anderen oder einer Energie zur anderen schwingt.

Die Ethik verhält sich zur Moral in etwa wie die Theorie zur Praxis. Ihre Moral – die Umsetzung Ihrer Ethik – hängt vollkommen von den Prozessen des Moments und der Natur Ihres Prozessgeistes ab. Wenn ich mich frage, was es bedeutet, ein erfüllendes Privatleben zu haben, oder was einem Individuum, einer Gemeinschaft oder Organisation hilft, kommt mir „folge deinen/ihren Prozessen" in den Sinn. Darin besteht meine Ethik: Meine eigenen verflochtenen, co-kreativen Prozesse zu finden, ihnen zu folgen und anderen zu helfen, das für sich zu tun. So bin ich am glücklichsten und andere Menschen in meinem Leben werden höchstwahrscheinlich ebenfalls glücklich sein. Diese Perspektive scheint für alle Facilitatorinnen und Facilitatoren zu funktionieren, die mit individuellen oder organisatorischen Konflikten oder Konflikten in Großgruppen arbeiten. Finde den Prozessgeist der Situation und benutze ihn, um mit den verschiedenen Rollen, Seiten, Individuen und Themen mitzuschwingen, während der Prozess der Mitschöpfung stattfindet.

Gemeinschaftsprozesse drehen sich häufig um die Identifikation „schlechter" Menschen und den Versuch, sie zu verändern. Denken wir vom Standpunkt des Prozessgeistes aus darüber nach. Stellen Sie sich eine Gemeinschaft vor, deren Mitglieder daran glauben, „zusammenzuarbeiten", von denen eines aber vollkommen selbstbezogen ist. Oftmals lautet die Reaktion darauf: „Sie (oder er) befolgt die Regeln nicht und muss verwarnt oder auf irgendeine Weise bestraft werden!" Würden sie jedoch zu einer prozessorientierten Ethik wechseln, könnten die Gruppenmitglieder stattdessen die Bewusstheit ihres Gruppen-Prozessgeistes benutzen, um zu erkennen, dass „selbstbezogen sein und die Dinge auf *meine* Weise tun wollen " eine bedeutsame Rolle sein könnte. Vielleicht rückt die „schlechte" Person diesen Standpunkt ins Blickfeld, damit alle darüber nachdenken. Gleichermaßen träumt das Individuum die Gemeinschaft auf, sich mit Regeln zu befassen. Sowohl die Gemeinschaft als auch das Individuum befinden sich inmitten einer verflochtenen Mitschöpfung, die über „gut" und „schlecht" hinausgeht bis zu dem Punkt, an dem alle durch die definitive Natur des „Die-Dinge-auf-*meine*-Weise-Tuns" bereichert sind.

Der Todesgang

Denken Sie nun an ein Individuum, das seiner tiefsten Ethik folgend etwas Neues tun möchte, aber Teil einer rigiden Gemeinschaft ist. Was widerfährt jenem Individuum? Die rigide Gemeinschaft, die unfähig ist, mit der Situation mitzuschwingen, und Angst hat, von einem solchen Individuum zerstört zu werden, kämpft dagegen an. Das Individuum kann dies als ein potentielles Desaster betrachten, aber auch als eine Möglichkeit, die Welt zu verändern. Wie?

In seinem Buch *Reise nach Ixtlan* erzählt Carlos Castaneda eine wunderbare Geschichte bezüglich dieser Frage, die ich in meinem Buch *Den Pfad des Her-*

zens gehen wiedererzählt habe. Ich nannte den Prozess des dort beschriebenen Kriegers den „Todesgang".[5] Castanedas schamanistischem Lehrer Don Juan Matus zufolge gab es einst Krieger, die beschlossen, die Gesetze ihrer Kriegergemeinschaft nicht zu befolgen. Jene Krieger mussten die Gesetze brechen, um sie selbst zu bleiben. Die Gemeinschaft hingegen musste die Krieger bestrafen, um sie selbst zu bleiben. Sie konfrontierte die Rebellen und teilte ihnen mit, dass sie eine letzte Chance hätten. Die Gesetzesbrecher mussten vor einer „Jury" hergehen, die ihre Gewehre auf sie gerichtet hielt in der Absicht, sie zu töten.

Während die Jury ihre Waffen zog, gingen die Krieger auf eine Weise vor ihr her, die es ihr unmöglich machte, abzudrücken. Was geschah da? Don Juan und Castaneda nennen keine Details. Aber vielleicht waren jene Krieger derart in Kontakt mit ihrer erdbasierten Ethik, dass sie zu fühlen vermochten, dass ihr Prozessgeist nicht nur ihr eigenes, sondern auch das Verhalten der Gemeinschaft beinhaltete und beeinflusste.

Ich kann mir beispielsweise vorstellen, dass sie verstanden, inwiefern das Verhalten der Gruppe etwas war, das sie benötigten, aber auch, inwiefern ihr Verhalten ihnen und der Gruppe dienen konnte. Sie vollendeten dies nicht, indem sie die Gruppe zu überzeugen versuchten, sondern indem sie ihrem innersten Selbst folgten und über Konzepte wie Macht, Führerschaft, Stärke oder sogar Wahrheit hinausgingen. Die Krieger waren eins mit dem Gesamtprozess, einschließlich ihrer eigenen Aufsässigkeit. Meiner Ansicht nach überlebten sie nicht nur, sondern erlaubten verflochtener Mitschöpfung bewusst, in Erscheinung zu treten. Sie hatten Recht und Unrecht, die anderen hatten Recht und Unrecht, und in gewisser Hinsicht wurden „Recht und Unrecht" mit dem Auftauchen einer einheitlicheren Erfahrung von verflochtener Mitschöpfung irrelevant. Der Krieger – das heißt, jede Person, die genügend Achtsamkeit besitzt, um ihre tiefste Prozessgeist-Ethik zu finden – repräsentiert nicht nur sich selbst, sondern auch die Erde. Solche Menschen erschaffen zusammen mit der Gemeinschaft und der Erde eine bewusstere Zukunft mittels verflochtener Mitschöpfung.

Übung 13: Ihre eigene Ethik finden

Jeder kann davon profitieren, seine innerste Ethik zu finden. Machen Sie sich über das Folgende Notizen und fügen Sie sie unter Punkt 13 auf den Collageseiten ein. Entspannen Sie sich einen Augenblick lang und dann können wir beginnen.

Notieren Sie zunächst zwei moralische oder ethische Probleme, die Sie dieser Tage beschäftigen – wie auch immer Sie *Moral* und *Ethik* definieren. Machen Sie dann eine Notiz über die Ethik, der Sie im Alltag zu folgen versuchen. Worin besteht sie? Versuchen Sie „gut" zu sein, sich um andere zu kümmern, für Familienmitglieder da zu sein und sich als loyales Gruppenmitglied zu zeigen? Nachdem Sie Ihre Alltagsethik niedergeschrieben haben, fragen Sie sich nach Ihrer versteckten Ethik – jenen ungeschriebenen Gesetzen, denen Sie folgen, ohne sie sich selbst oder anderen einzugestehen. Trachten Sie beispielsweise nach Macht? Sind Sie gierig? Und so fort. Überspringen Sie die „schlechten" nicht; akzeptieren Sie einfach deren Vorhandensein. Machen Sie Notizen über Ihre Antworten und lassen Sie uns fortfahren.

Denken Sie nun an Ihr tiefstes Selbst irgendwo in Ihrem Körper oder fühlen Sie es, und atmen Sie in jenen Bereich. Welcher Ort auf der Erde könnte mit dieser Erfahrung verbunden sein? Werden Sie zu jenem Ort und nehmen Sie sich Zeit zu meditieren, während Sie der Ort sind. Lassen Sie sich davon bewegen oder erlauben Sie ihm, Sie zu veranlassen, Töne zu machen. Welche Art von „Wissen" spüren Sie von jenem Ort und der ihn umgebenden Gegend? Fahren Sie fort, über Ihre Prozessgeist-Erfahrungen zu meditieren, bis sie Sie etwas lehren, das Sie im Alltagsleben benutzen können. Bitte machen Sie sich Notizen über die Lehre des Prozessgeistes.

Welches Glaubenssystem und welche Ethik, wenn überhaupt, gehen aus dieser Erfahrung der erdbasierten Prozessgeist-Ethik hervor? Beinhaltete Ihre Erfahrung auf irgendeine Weise Ihre „verborgene" Ethik ebenso wie die vertrautere alltägliche? Und wie könnte Ihnen schließlich das, was Sie während dieser Erfahrung entdeckt haben, beim Umgang mit den moralischen und ethischen Problemen helfen, die Sie zu Beginn identifiziert haben? Welches Handeln, wenn überhaupt, wird nahegelegt? Machen Sie sich wieder Notizen unter Punkt 13 auf den Collageseiten.

Jenseits von Kämpfen, Verlieren und Gewinnen

Einer meiner Studenten, nennen wir ihn John, meditierte über Übung 13 und teilte anschließend mit, was er gelernt hatte. Er hatte ein Problem mit einem mächtigen und mitunter brutalen Familienmitglied. John wollte nicht wütend werden, ihn anschreien und sich ebenso benehmen wie er, aber er konnte diesen Menschen einfach nicht ausstehen. Während der Übung erkannte John, dass seine eigene „ungeschriebene Ethik" darin bestand, wütend zu werden und zu schreien, ebenso wie jenes Familienmitglied.

Er fand auch heraus, dass seine tiefste Ethik darin bestand, dem zu folgen, was er „Jesus, mein Herz" nannte. Zur Überraschung seines Alltagsverstandes schloss diese Ethik seine ungeschriebene Ethik mit ein. Um „Jesus, seinem Herzen" zu folgen, musste John mitunter ebenso laut und wütend werden wie das Familienmitglied, das er nicht mochte! Er erkannte, dass Jesus für den „durchsetzungsfähigen" Teil seines Selbst und denselben Ausdruck aufseiten des Familienmitgliedes offen war. Sein Herz verstand, aber es erschien seinem Alltagsverstand paradox. Wie konnte er stark sein, ohne dass Stärke zum Selbstzweck wurde? Daraufhin erklärte sein Jesus-Herz, dass stark zu sein ihm und allen anderen dabei helfen würde zu erkennen, dass Stärke nicht das ist, was zählt. Stärke sei in Ordnung, aber nicht das, worum es geht. Die Liebe sei immer gegenwärtig, auch in der Wut.

Kurz darauf begegnete er jenem aggressiven Familienmitglied. John kamen die Tränen, als er mir später erzählte, was sich ereignet hatte:

> In Erinnerung daran, dass die Liebe und nicht die Stärke das war, worum es ging, beschloss ich, stark zu sein und zu kämpfen. Ich brüllte zurück, aber er war viel stärker. Während ich unterlag, geschah etwas Seltsames. Ich hörte mich zu meinem Gegner sagen, dass er so stark sei, dass allein Gott mich nun noch retten könne. Von allen vorstellbaren Verrücktheiten begann er zu weinen! Wir waren so berührt, dass wir beide weinten und uns umarmten.

John sagte, dass er nach dieser Erfahrung keine Angst mehr vor dem Mann hatte. Für die Stärke offen zu sein und sich auf die Liebe zu besinnen, hatte ihn auf eine Weise für die Liebe geöffnet, die er nie für möglich gehalten hätte. Eine andere Studentin fragte sich, ob es richtig oder falsch für sie war, mehrere intime Beziehungen gleichzeitig zu haben. Ihre Antwort lautete:

Eine meiner Regeln sagte nein! Der erdbasierte Punkt meines Prozessgeistes befand sich in Zentralafrika, einem Ort, an dem die Erde die Menschen darin unterstützt, ekstatisch zu tanzen. Ich lernte von diesem erdbasierten Standpunkt, dass meine Ethik das Tanzen ist. Wie bezog sich das auf meine ethische Frage in Bezug auf mehrere Liebhaber? Die Ethik meines Prozessgeistes implizierte: „Das ist natürlich, das Leben ist ein Tanz." Daraufhin erkannte ich etwas, was ich nie zuvor verstanden hatte. Beziehungen sind nicht mein wahres Problem! Ich tanze einfach nicht genug, nicht nur in Beziehungen, sondern in meinem Leben als Ganzes. Jener Teil in mir, der verschiedene Liebhaber wollte, war weder richtig noch falsch. Die Liebhaber waren NICHT das Problem! Ich war meiner tiefsten Ethik nicht gefolgt, die in diesem ekstatischen Tanz des Lebens besteht.

Die Ethik Ihres Prozessgeistes ist eine traumartige, leitende Weisheit, die alle Ihre ethischen Werte in sich einschließt, sowohl die bekannten als auch die verborgenen. Die Wahrheit ist ein Prozess jenseits von richtig und falsch.

Auf einen Blick

1. Ethik ist nicht nur ein philosophisches Thema, sondern eine Prozessgeist-Erfahrung, die tiefste Bedeutung, die Sie Ihrem Leben zuschreiben.

2. Die Ethik der verflochtenen Mitschöpfung erfordert, Beziehungen und die mitfühlende Weisheit des erdbasierten Prozessgeistes zu entwickeln.

3. Entdecken Sie die Ethik Ihres eigenen Prozessgeistes und folgen Sie ihr.

KAPITEL 14

Mystik und vereinheitlichte Felder

Religion, Physik und Psychologie wissen noch nicht, wie, wann oder ob sie sich zusammenschließen sollen. Dies ist mit ein Grund, weshalb es so schwierig ist, Themen wie Schöpfung und Ethik anzusprechen. Aus der Perspektive der Prozessarbeit besteht einer der Gründe für die anhaltende Spaltung zwischen Disziplinen in der Art und Weise, wie jede von ihnen unsere Aufmerksamkeit lenkt. Die Physik bevorzugt beispielsweise die Konsensusrealität und kümmert sich um wiederholbare Messungen, um sie zu definieren, während physikalische Theorien, die unmessbare Möglichkeiten produzieren (wie Feynmans sich in der Zeit rückwärtsbewegende Teilchen), als irrelevant betrachtet werden. Religiöse Traditionen ebenso wie einige Psychologien richten den Fokus hingegen auf die menschliche Erfahrung, die weitgehend unmessbar ist. Die Welt, in der wir leben, ist eins, aber wir spalten sie in Teile auf, indem wir den Fokus entweder auf Teilchen oder auf Träume und unbeschreibliche Gefühle richten. Aus Sicht dieses Buches sind alle diese Teile, Teilchen, Träume und unbeschreiblichen Gefühle Aspekte des Prozessgeistes.

Es gibt viele historische Beschreibungen der „Einen Welt", insbesondere von Mystikern und Mythenschöpfern. Das im *I Ging* als „Mutter von Himmel und Erde" beschriebene Tao und der „Unus Mundus" der europäischen Alchemisten sind zwei, die wir bereits betrachtet haben.

Merriam Websters Wörterbuch zufolge spürt eine Mystikerin oder ein Mystiker Dinge, die „weder für die Sinne erkennbar noch für die Intelligenz offenkundig sind", das heißt für den rationalen Verstand. Der Mystiker sieht gleichsam mit geschlossenen Augen. Mystiker streben danach, Einheit mit dem bewussten Gewahren der letzten Realität oder Gott zu erfahren. Mystikerinnen und Mystiker sind oftmals Radikale, die einer Religion angehören, während sie an Praktiken teilnehmen, die sich möglicherweise außerhalb davon befinden. Die

Namen, die sie jener Einheitserfahrung geben, sind ihrer Religion und Kultur entsprechend verschieden.

Im Christentum bezeichnen die Mystiker die Verbindung zu Gott als „Illumination". Im Islam wird diese Vereinigung *Irfan* genannt, das heißt das Unsichtbare kennen; man kann es zwar nicht sehen, aber man spürt es. Im Buddhismus hat die erleuchtete oder illuminierte Person *Nirvana* gefunden, ein Gefühl des Friedens, ein Ende der Begierden und mentalen Fesseln. Im Jainismus wird die Erleuchtung Moksha genannt und bedeutet das Ende des Kreislaufs von Leben und Tod. Die Hindus betrachten dies als einen Zustand der Freiheit von der eigenen weltlichen Identität, dem „kleinen Ich". Es handelt sich dabei um einen Zustand, in dem die physikalische Energie, Zeit, Raum, Kausalität und Karma nicht länger bindend sind; die Hindus bezeichnen diese nonduale Erfahrung als *Samadhi*. Die jüdische Kabbala lehrt, dass Gott weder Materie noch Geist ist, sondern stattdessen der Einheitsschöpfer, aus dem beide hervorgehen.

Die Mystiker – nicht die Physiker – waren meines Wissens die ersten, die „Theorien von Allem" vorgeschlagen haben, weil sie über die Fundamente aller Fundamente sprechen. Die moderne Physik hat jedoch ebenfalls zahlreiche Versuche unternommen, „Theorien von Allem" aufzustellen, einschließlich einer vereinheitlichen Feldtheorie, die ich später in diesem Kapitel erörtern werde.

Ein Traum

Bevor ich jedoch fortfahre, muss ich einen Traum erzählen, den ich hatte, als ich dieses Kapitel begann. In meinem Traum sah ich die letzten fünftausend Jahre religiöser Erfahrung, sowohl positive als auch negative Ereignisse. Ich sah, dass die strikte Trennung zwischen Gruppen und Glaubenssystemen nun enden wird und die Menschen in den kommenden fünftausend Jahren stärker mit der Essenz der Dinge verbunden sein werden. Nie zuvor hatte ich einen solchen Traum. Er weist offenkundig auf die Heilung meiner eigenen Spaltungen hin, aber vielleicht handelt der Traum ebenfalls von der Zukunft. Das würde bedeuten, dass in den nächsten fünftausend Jahren ein mehr essenzbasierter Zugang zur Spiritualität, und als Folge davon zur Wissenschaft, Konsensusrealität und Mystizismus miteinander integrieren wird. Prozessgeistartige Erfahrungen und Theorien würden an Bedeutung gewinnen. Ich sehe das in der Außenwelt noch nicht geschehen, aber vielleicht ist dies ein weitblickender Traum. Ich hoffe das natürlich!

Omnipräsenz

Beginnen wir mit der Betrachtung der Ausdehnung von Feldern. Aus psychologischer Sicht ist schlechte Stimmung eines der stärksten Felder. Wenn Sie sich in einem solchen Feld befinden, scheint es beinahe omnipräsent, das heißt überall präsent, zu sein. In Kapitel 4 haben wir uns mit Präsenz befasst. Unsere Fähigkeit, Präsenzen wahrzunehmen, ist stark ausgeprägt; wenn man mit jemandem telefoniert und nur die Stimme jener Person hört, vermag man immer noch deren „Präsenz" wahrzunehmen, auch wenn sie sich auf der anderen Seite des Planeten befindet. Es gibt etwas „Omnipräsentes", etwas Allgegenwärtiges oder universell Gegenwärtiges an der Anruferin oder dem Anrufer. Aufgrund der Nichtlokalität der Verflochtenheit sind Begriffe wie *omnipräsent* in der Wissenschaft der letzten dreißig oder vierzig Jahre zentraler geworden.

In mystischen und religiösen Systemen stellt Omnipräsenz schon seit langem ein Grundkonzept dar. Von den Göttern, insbesondere im Monotheismus, wird behauptet, sie seien omnipräsent. Sie sind ubiquitär, was „an allen Orten" bedeutet. Stellen Sie sich etwas vor, das *in jedem Moment* an allen Orten präsent ist. Wenn etwas omnipräsent und auch intelligent ist, ist es omniszient, allwissend. Die Omnipräsenz impliziert, dass ihr „Auge" überall ist – alles im Universum hat dieses Auge. Stellen Sie sich das vor! Dieses Buch hat ein Auge; der Baum, Ihre Freundin, die Glühbirne haben ein Auge; Stühle haben Augen; Pflanzen haben Augen. Überall ist dieselbe Art von Präsenz oder Bewusstsein.

Gott wird mitunter als das höchste Prinzip von Bewusstsein und Weisheit beschrieben, das überall dasselbe ist. Bedeutet dies, dass er oder sie auch in der Hölle ist? (Dieses Problem hat mehr mit dem Standpunkt des Fragenden als mit der Frage selbst zu tun.) Monotheistische Konzepte und Bilder von Gott als Retter oder Rächer sind mythische Figuren, die dem Traumland angehören. Als solche sind sie Teile des Feldes, aber nicht das ganze Feld. Bezieht sich die Frage jedoch auf Gott als das ganze Feld, das alle Teile und augenscheinliche Gegensätze in sich einschließt, dann ja – auf der Essenzebene und als eine Art von vereinheitlichtem Feld ist Gott omnipräsent und wäre somit auch in der Hölle.

Ich kann die Hölle nicht definieren, aber der Tod auf der Straße bei einem Autounfall, das Beschränktsein auf eine Isolationszelle im Gefängnis und schmerzvolle Körpererfahrungen sind für mich allesamt potentielle Höllen. Das Konzept der Hölle nimmt die Existenz des „absolut Bösen" an. Als ich in den 1960er Jahren Jung'sche Psychologie studierte, sprachen meine Lehrerinnen und Lehrer vom „absolut Bösen" und glaubten daran. Vielleicht. An dem, was sie sagten, ist sicher etwas dran. Menschen, die an soziopathischen oder psychopathischen Störungen leiden, verletzen einander. Darüber hinaus sind manche Dinge einfach schrecklich, insbesondere vom Standpunkt der Konsensrealität aus betrachtet. Dennoch ziehe ich es vor, hinsichtlich der absoluten Natur des Bösen offen zu bleiben. Ich habe mit Mördern, Nazi SS-Offizieren und anderen Menschen gearbeitet, die furchtbare Verbrechen begangen haben. Doch selbst inmitten der schrecklichsten Details ihrer Geschichten fand sich oftmals noch immer die erlösende „Präsenz" einer Spur der Essenz des Prozessgeistes. Folglich gibt es meiner Ansicht nach das absolut Böse nicht – außer für einen kurzen Zeitraum und von einem bestimmten Standpunkt aus betrachtet.

Die Frage von Gut und Böse erinnert mich an eine schmerzvolle Szene, mit der Amy und ich im Rahmen einer Konfliktlösungs-Situation vor der Revolution in Südafrika gearbeitet haben.[1] Inmitten einer Konfliktarbeit sagte eine Frau plötzlich zu jemand anderem: „Ich möchte dich umbringen!" Sie wollte die andere Person nach Ende dieser Veranstaltung umbringen, wenn sie keine Einigung erzielen könnten. „Ich werde dich mit dem Messer in meiner Jackentasche erstechen." Ein anderer Teilnehmer, dem ein Leben in Armut und Konflikt erspart geblieben war, entgegnete der potentiellen Aggressorin naiv: „Nein, das willst du nicht wirklich tun, nein, das willst du nicht." Als ich die potentielle Messerbesitzerin drängte, tiefer in ihre Wut hineinzugehen, sagte sie, sie sage diese Dinge, weil sie so verzweifelt sei und das Gefühl habe: „Dies ist meine letzte Chance, die Probleme zu lösen!" Wenn sie und ihr Volk nicht bekommen könnten, was sie bräuchten, könne sie „ebenso gut töten und getötet werden". Das ist Hoffnungslosigkeit und nicht Bösartigkeit. Der Glaube an die Omnipräsenz des Geschichtenerschaffers ermöglicht es, tiefer zu gehen, unter jene Ereignisse und Gefühle, die an der Oberfläche stattfinden. Was an der Oberfläche Bösartigkeit zu sein scheint, ist möglicherweise von einem einheitlicheren oder umfassenderen Standpunkt aus nicht bösartig.

Ein Zeh und ein großer Fuß

Werfen wir einen genaueren Blick auf den Versuch der Physiker, eine „Theorie von Allem" oder TOE[2] (engl. Theory of Everything. Toe bedeutet im englischen Zeh. Anm. d. Übers.) aufzustellen. Physikerinnen und Physiker sind an einer

Theorie von Allem oder TOE interessiert, weil sie eine Theorie benötigen, die die Quantentheorie mit der Relativitätstheorie verbindet. Sie hoffen auf Vereinheitlichungen. In diesem Sinne ist der Mystizismus eine Theorie von Allem, eine Ahnung, dass irgendeine große Intelligenz oder Struktur hinter allem liegt.

Physikerinnen und Physiker nennen eine bestimmte Theorie von Allem die Große Vereinheitlichte Feldtheorie. Den allgemeingültigen Messungen und der vorherrschenden Sicht darauf zufolge entstand das Universum vor etwa 13,7 Milliarden Jahren durch einen „Urknall", der ein expandierendes Universum mit gewaltigen Räumen und spiralförmigen Galaxien zur Folge hatte. Einsteins Relativitätstheorie, die sich mit der gekrümmten Raumzeit des riesengroßen äußeren Universums befasst, erklärt, dass die Schwerkraft versucht, jene Galaxien und alles andere zusammenzuhalten.[3] Die Quantenmechanik befasst sich hingegen mit dem Teilchenbereich, der nicht wirklich sichtbar und in dem die Zeit umkehrbar ist. Die Relativitätstheorie und die Quantentheorie sind in höchstem Maße verschieden und stimmen in Bezug auf die Natur des Raumes nicht überein. Die Raumzeitkrümmung des sichtbaren Universums funktioniert nicht gut im Quantenbereich, weil die Raumzeit ein Kontinuum ist, einer großen Gummimatratze ähnlich, wohingegen die Räume des Quantenbereiches eher Gummistückchen von der Größe eines Sandkorns ähneln. Dieser Unterschied ist einer der Gründe, weshalb es problematisch ist, die Relativitäts- und die Quantentheorie zusammenzubringen.

Physikerinnen und Physiker wissen noch nicht, wie sie die großen Räume des Universums und deren Gravitationsfelder mit den winzigen, teilchenartigen Räumen der Quantentheorie und den Quantenkräften vereinigen sollen. Versuche, eine Große Vereinheitlichte Feldtheorie aufzustellen, gründen auf Kraftfeld-Konzepten. Sie versuchen die Relativitätstheorie und die Quantentheorie zusammenzubringen, indem sie die vier bekannten Kraftfelder vereinigen: Schwerkraft, Elektromagnetismus sowie die starken und schwachen Nuklearkräfte.

Als Therapeut lege ich nahe, dass es keine Theorie von Allem oder Große Vereinheitlichte Feldtheorie geben kann, die nicht auch die Psychologie und die Spiritualität umfasst. Wir können nicht von einer Theorie von „Allem" sprechen, sofern sie nicht Menschen, Träume und Gefühle mit einschließt!

Viele Menschen waren von der Aussicht fasziniert, die Psychologie und die Physik zu vereinigen. Ich denke an Jung und dessen Arbeit mit dem Nobelpreisträger für Physik Wolfgang Pauli. (Siehe Jungs Arbeit über Synchronizität in Band 8 seines Gesamtwerks, worin er über den Unus Mundus, die eine Welt der Alchemisten, spricht.) Vielleicht ist das, was wir brauchen, eine mannigfaltige

Theorie von Allem, die sich auf alle Disziplinen bezieht. Oder noch besser, wir brauchen nicht nur einen Zeh (TOE), sondern viele – fünf oder zehn oder mehr, auf denen wir stehen können! Um alles zu verstehen (under-stand) und darüber hinaus mit der Erde zu verbinden, benötigen wir einen „Fuß"! Jeder Zeh wäre anders, aber die Essenz jedes einzelnen würde sie alle miteinander verbinden und sich von ihnen unterscheiden, so wie sich der Fuß von jedem einzelnen Zeh unterscheidet. Wir benötigen einen großen Fuß, und nicht nur einen Zeh![4]

Der heutigen Physik zufolge besteht die Alltagsrealität aus Raum, Zeit und Objekten. In den Objekten befinden sich verschiedene Arten von Teilchen wie Elektronen, Protonen und Neutronen. Und zwischen diesen Teilchen befinden sich Felder. Niemand weiß wirklich genau, was ein Feld ist, aber das Standardmodell der Quantenphysik erklärt das Rätsel der Felder mit der Theorie des Teilchenaustauschs.

Lassen Sie mich dies erklären. Die messbaren Kräfte eines Feldes (wie eines elektromagnetischen Feldes) zwischen gegensätzlich geladenen Teilchen werden durch die Idee der Bewegung virtueller Teilchen oder Photonen beschrieben. Teilchenphysiker stellen sich vor, dass die virtuellen Teilchen wie kleine Bälle zwischen negativ und positiv geladenen Teilchen vor- und zurückspringen, wobei sie das Ziehen und Stoßen erzeugen, das wir elektromagnetische Kraft nennen. In Abbildung 14.1 „Virtueller Teilchenaustausch" sind zwei Menschen (die geladene Teilchen repräsentieren) zu sehen, die einen Ball hin- und herwerfen. Man könnte sich vorstellen, dass eine Person negativ geladen ist, die andere positiv. Der Ball soll ein virtuelles Teilchen darstellen, das dem elektromagnetischem Feld entspricht, das die geladenen Teilchen zusammen- oder auseinanderschiebt.

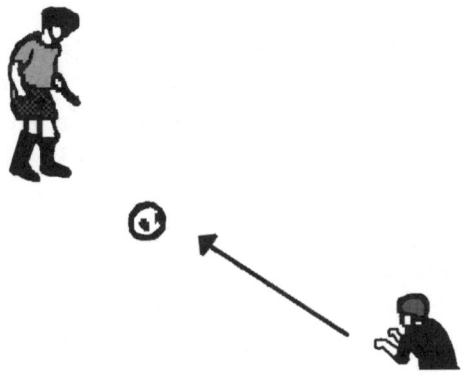

Abbildung 14.1. Virtueller Teilchenaustausch

Virtuelle Teilchen korrespondieren in vieler Hinsicht mit psychologischen Erfahrungen. Das Ziehen und Stoßen zwischen Menschen in Beziehungen kann in Form von winzigen Flirts und Signalen, Feedback und Diskussionen wahrgenommen werden. Flirts werden als kleine *Pings* wahrgenommen – das heißt wie Austauschteilchen. Sie erhalten kleine Pings und fragen sich und andere: „Auf welche Weise trifft dich das?" Offensichtlich werden wir von Flirts „getroffen". Wie virtuelle Photonen kann man Flirts in dem Moment, in dem sie geschehen, nicht sehen – zumindest nicht so ohne weiteres.

Die vier physikalischen Kräfte

In der heutigen Physik gibt es vier bekannte Kräfte oder Kraftfelder (mit jeweils dazugehörigen virtuellen Teilchen). Betrachten wir sie eins nach dem anderen und mutmaßen wir die psychologischen Erfahrungen, Analogien und Metaphern, die mit unserem Verständnis dieser physikalischen Felder verbunden sein oder dahinterliegen könnten.

Elektromagnetismus. Das elektromagnetische Feld ermöglicht einem Magneten, eine Metallklammer von einem Tisch hochzuheben. Dieses Feld korrespondiert mit dem Alltagsgefühl der Anziehung oder Abstoßung, dem Flirts vorangehen. Man fühlt sich zu bestimmten Arten von Menschen hingezogen oder davon abgestoßen, wenn sich genügend Flirts zwischen ihnen und einem selbst hin- und herbewegen!

Die starke Kraft. Der Kern eines Atoms besteht aus positiv geladenen Protonen und Neutronen, die keine Ladung besitzen. Welche Kraft hält die positiv geladenen Protonen zusammen und davon ab, sich gegenseitig abzustoßen? Heute wird diese Kraft die „starke Kraft" genannt. Ihre Präsenz erstreckt sich bloß über einen kleinen Bereich, nämlich den winzigen Kern, ist aber so kraftvoll, dass durch eine Überwindung der starken Kraft des Kerns Atomenergie freigesetzt wird. Wir alle sollten über die starke Kraft im Bilde sein. Sie ist heute eine bedeutende politische Kraft! – eine Sache von Leben, Tod und Politik für uns alle auf diesem kleinen Planeten.

In der Psychologie ist diejenige Kraft die starke Kraft, die unser Zentrum zusammenhält, unseren Kern, unseren persönlichen Mythos. Innerhalb Ihres Prozessgeistes hält die starke Kraft Dinge zusammen, von denen man für gewöhnlich annehmen würde, dass sie einander abstoßen. Persönliche Mythen sind „Nuklear"-Kerne. Wenn man sich damit verbindet, findet man die Energie und Leidenschaft seines Lebens. Ignoriert man diesen Kern, wird man aufgrund von mangelnder Energie deprimiert. Die starke Kraft unseres persönlichen Mythos oder organisierenden Zentrums kann uns lebendig machen. Gleichermaßen schafft man ein beinahe unzerstörbares Band, wenn man sich mit der Kernnatur der anderen Person verbindet. Deswegen sind Trennungen so explosiv! Die mythische Kraft im Kern von Beziehungen und Organisationen kann erstaunlich kreativ oder destruktiv sein.

Die schwache Kraft. Die schwache Kraft, ebenfalls eine Nuklearkraft, erhält ihren Namen, weil sie 10^{13}-mal weniger stark ist als die starke Kraft. Ihre bekannteste Auswirkung ist die Radioaktivität oder der Betazerfall von Elektronen in einem unstabilen Kern. Die schwache Kraft erinnert mich an das kleine *Puff*, das ausreicht, um eine Lawine auszulösen, wenn der Schnee schon knapp über eine Felswand hinaushängt.

Psychologische Versionen der schwachen Kraft treten auf, wenn man sich in einer unstabilen Situation befindet. Wenn Sie sich ein wenig „grenzwertig" fühlen, kann ein kleines *Puff* Sie ausrasten lassen und „Lawinen" um Sie herum auslösen. Wenn Sie bereits schlechter Stimmung wären, könnte ein (schwacher kleiner) falscher Blick von jemandem eine Katastrophe heraufbeschwören! Befinden Sie sich jedoch in einem ruhigen Prozessgeist-Zustand, kann diese kleine Kraft ein plötzliches Strahlen oder Kreativität freisetzen. In der tiefen Meditation kann ein winziges, kaum existentes Etwas neue, kreative Ideen hervorbringen.

Zen-Kalligraphen arbeiten mit dieser Art von „schwacher Kraft". Sie sitzen im „Zustand absoluter Gedankenleere" oder *Mushin*, nehmen dann plötzlich ihren Pinsel zur Hand und bringen eine wundervolle Kalligraphie hervor. Mein Freund, der Kalligraph Roshi Fukushima, arbeitet so: Zunächst meditiert er, und dann lässt er seinen Zen-Geist (oder wie auch immer er seinen kreativen Geist nennt) erschaffen.

Das Tao kann ebenfalls eine „weiche Kraft" sein. Dem Tao te King zufolge ist das Tao „nichts". Es ist sehr klein. *Wu Wei* oder „Nichthandeln" bedeutet, dem Tao durch anstrengungsloses Handeln zu folgen. Ein kleiner Flirt löst ein unglaubliches Strahlen aus. Und wenn Sie ihm folgen, werden Sie beinahe „radioaktiv".

Schwerkraft. Die Schwerkraft unterscheidet sich stark von den anderen drei Kraftfeldern. Die Relativitätstheorie erklärt, dass die Schwerkraft auf die vielen verschiedenen Weisen zurückzuführen ist, wie die Raumzeit sich krümmen und verdrehen kann. Wenn Sie auf einer nackten Matratze sitzen, ohne Laken oder Decken, und einen Ball darauf fallen lassen, dann ist es sehr wahrscheinlich, dass der Ball dorthin rollt, wo die Matratze am tiefsten eingedrückt ist, nämlich dorthin, wo Sie sitzen. Einstein zufolge ist die Raumzeit-Krümmung unseres Universums eingedrückt wie jene Matratze, wobei die sich ergebende Krümmung die Dinge in bestimmte Richtungen rollen lässt. Das, was wir als die Schwerkraft der Erde wahrnehmen, ist vom Standpunkt der Relativität aus betrachtet mit der Raumzeit-Krümmung um die Erde herum verbunden.

Die meisten Menschen schenken der Schwerkraft nicht viel Beachtung, solange sie keine Astronauten oder über ihr Gewicht beunruhigt sind und sich auf eine Waage stellen müssen. Vielleicht ist der Kampf gegen die Schwerkraft unser erster und unser letzter Kampf, ohne dass wir ihn jemals gewinnen können. Der materielle Teil von uns wird immer zur Erde zurückkehren.

Die Schwerkraft organisiert das gesamte Universum und scheint es zusammenzuhalten; sie leimt Galaxien zusammen und hält auch Teilchen beieinander. Weil die Schwerkraft aber so unglaublich schwach ist, die schwächste der Kräfte, ist ein kleiner Stabmagnet alles, was man braucht, um eine Metallklammer von seinem Schreibtisch hochzuheben. Als die subtilste der Kräfte ist die Schwerkraft jenes „Fast-Nichts", das uns hier und da einen Stoß versetzt und uns das Gefühl der Schwere verleiht. Aber trotz ihrer subtilen Natur besitzt die Schwerkraft eine unendliche Ausdehnung (wie die elektromagnetische Kraft); sie wirkt sich auf Dinge am anderen Ende des Universums aus und hält uns zusammen.

In der Psychologie entspricht die Schwerkraft dem Träumen, dem Gefühl des gemeinsamen Bodens und dem Gefühl, das alles alles andere anzieht, selbst Dinge, von denen wir glauben, dass sie Gegensätze sein sollten.

Der Prozessgeist ist der Natur der Schwerkraft in vieler Hinsicht sehr nahe. Zum Beispiel besitzt der Prozessgeist (gefühlsmäßig), ähnlich wie die Schwerkraft, eine unendliche Ausdehnung. Die subtile Kraft des Prozessgeistes kann im selben Moment sehr nah an unserem Bewusstsein und zugleich weit davon entfernt sein. Wenn wir Führungspersönlichkeiten sehen, die von etwas Leidenschaftlichem und Tiefem in ihrem Innern motiviert werden, können wir davon bewegt werden wie von der Schwerkraft. Sie ist allumfassend und zieht augenscheinlich alle Materie an, alle Figuren, und besitzt keine Tendenz zu polarisieren. Stattdessen schließt sie alle ihre Teile und Vektoren in sich ein. Heute ist sie das einzige Feld ohne ein bekanntes virtuelles Teilchen, obgleich nach dem vermuteten „Graviton" gesucht wird. Nach unserem derzeitigen Wissensstand ist die Schwerkraft ein Feld, das mit der Krümmung der Raumzeit identisch ist.

Sie ist durch die Form des Universums, des Zuhauses, in dem wir leben, bedingt und stimmt damit überein. Sie ist analog zu der „Atmosphäre" oder „Aura" unserer tiefsten Überzeugungen ebenso wie unseren Nahtod-Erfahrungen und nichtlokalen Erfahrungen.

Psychologische und physikalische Feldverbindungen

Kraftfelder sind nicht nur für die Physik, sondern auch für die Psychologie grundlegend. Sigmund Freud sprach von Trieben oder Instinkten, Alfred Adler von Macht, Jung von Komplexen. Da Freud den Begriff „Komplex" wie es scheint aus der Chemie entlehnt hat, sind Komplexe und Triebe in der Psychologie indirekt mit elektrostatischen chemischen Feldern und Kräften verbunden.[5] Manche der Theorien von Allem in der Psychologie könnten sich nach Begriffen richten wie das *Vorbewusste*, das *Unbewusste*, das *Selbst*, die *Gestalt* oder sogar der *Prozess*. Schließlich sind sie alle „feldartig" und als über weite Entfernungen wirksame Kraft erfahrbar.

Aufgrund der Analogien zwischen den Kräften und Feldern von Psychologie und Physik stellt sich mir die Frage, ob diese Disziplinen nicht in einer neuen Theorie von Allem oder TOE – oder mehreren Toes –,wenn nicht sogar einem großen Fuß zusammengebracht werden können. Der Prozessgeist könnte ein solches Einzelfeld sein, das die psychologischen und physikalischen Kraftfelder vereinigt und ebenfalls die Spiritualität mit einschließt. Wie die vier Kräfte der Physik erscheint der Prozessgeist oftmals zunächst als ein subtiles Gefühl, das nicht in Worte gefasst werden kann; er ist eine Gefühlswahrnehmung ohne Teile. Er ist wie die Schwerkraft, insofern als er alles zu umfassen scheint. Während er näher zu unserem Alltagsbewusstsein aufsteigt, erscheint er in Form von Flirts im Traumland – wie die Austauschteilchen der Physik. Er erscheint in der Leidenschaft und der Kraft unseres Kern-, unseres „Nuklearmythos" und in der Konsensusrealität in Form von Gegensätzen (wie „gut" und „böse"), die uns anziehen und abstoßen, elektrostatischen Gegensätzen vergleichbar. Er scheint eine Präsenz, in der Tat eine Omnipräsenz, und Intelligenz zu besitzen. Er kann nicht gesehen, aber mit Sicherheit gespürt werden. Aus diesem Grund bezogen sich die Taoisten darauf, indem sie von wellenförmigen Drachenlinien auf der Erde sprachen. Dreitausend Jahre alte taoistische „Wellen"-Diagramme erinnern an die heutigen Feldkonzepte (siehe Kapitel 5).

Wir wissen so wenig, was den Prozessgeist erschuf, wie wir die Ursprünge der physikalischen Felder des Universums kennen. Aber mitunter scheint es, als sei der Prozessgeist der Schöpfer oder Mitschöpfer von allem anderen. Wenn der Prozessgeist dem Tao ähnlich ist, dann war er bereits vor dem Anfang präsent, als Mutter von Himmel und Erde.

Es ist zwar schwierig, aber wichtig, zu versuchen, Theorien von Allem wie den Prozessgeist zu beschreiben; unsere Welt braucht sie. Wir brauchen neue Ideen, die erklären, warum unser Bewusstsein ständig zwischen Schlafen, Träumen und Wachen oszilliert. Wir benötigen ein großen Fuß, damit wir die Schöpfung und Mitschöpfung im physikalischen, psychologischen und spirituellen Sinne besser „verstehen" (under-stand) und uns wieder mit unseren indigenen Wurzeln verbinden können. Wir müssen erforschen, was viele Wissenschaftlerinnen und Wissenschaftler mit Einstein als den „Geist Gottes" spekulieren. Die Zukunft wird offenbaren, wie der Prozessgeist mit dem Ursprung des Universums und unserer Erfahrung des Ursprungs des Lebens verbunden ist.

Die folgende Übung spricht mögliche Fragen bezüglich des Großen Fußes und der Vereinheitlichten Feldtheorien an, indem sie Ihnen Ihre eigene Erfahrung dessen vermittelt, wie Theorien von Allem entstehen. Wenn Sie länger andauernden veränderten Bewusstseinszuständen gegenüber zurückhaltend sind, lesen Sie diese Übung bloß, da sie, bis zu einem gewissen Grad, ein länger andauerndes Eintauchen in den Zustand des Prozessgeistes erfordert.

Übung 14: Die vereinheitlichte Feldtheorie im Leben

Machen Sie zu Beginn eine Notiz über irgendwelche Probleme, die Sie in letzter Zeit beunruhigen. Notieren Sie auch jegliche „große" Fragen, über die Sie jetzt nachdenken möchten.

Nachdem Sie Ihre Fragen niedergeschrieben haben, scannen Sie wieder Ihren Körper, um den tiefsten Teil von Ihnen zu lokalisieren. Atmen Sie in jenen Bereich. Nehmen Sie sich Zeit. Vertiefen Sie diese Körpererfahrung, indem Sie den Fokus auf Ihren Atem in jenem Bereich lenken. Wenn Sie so weit sind, versuchen Sie diese Erfahrung mit einem Ort auf der Erde zu verbinden. Begeben Sie sich an jenen Ort und sehen Sie sich um. Wenn Sie dann bereit sind, werden Sie zu dem Ort. Seien Sie jener Erdpunkt, seien Sie die meditierende Erde. Nehmen Sie sich Zeit. Vielleicht fühlen Sie die Präsenz jenes Erdpunktes oder nehmen dessen Kraft wahr. Sehen Sie sich um und fühlen Sie die Präsenz jenes Punktes nicht nur dort, wo Sie sich befinden, sondern überall in jener Gegend. Inwiefern sind Sie selbst die Feldpräsenz dieses Gebietes – was immer das für Sie heißt? Gelingt es Ihnen, einen Blick darauf zu erhaschen, wie es sein könnte, ein nichtlokales, omnipräsentes Feld zu sein?

Wenn es Ihnen gelingt, die Prozessgeist-Erfahrung aufrechtzuerhalten, meditieren Sie weiter, bis plötzlich etwas auftaucht, das Ihnen „wichtig" zu sein scheint. Machen Sie eine Notiz darüber unter Punkt 14 auf den Collageseiten.

Wie beschreiben Sie die Natur Ihres Prozessgeist-Feldes? Welche physikalischen, spirituellen oder anderen Begriffe benutzen Sie, um diesen Teil Ihrer Natur zu beschreiben? Handelt es sich dabei um eine starke Kraft oder eine subtile Erfahrung? Besitzt sie Klänge, Farben oder Bewegungen? Fragen Sie Ihren Prozessgeist, woher seine Intelligenz stammt, falls sie überhaupt irgendwoher stammt. Könnte es sein, dass Sie Ihren Prozessgeist als eine subtile Schwerkraft wahrnehmen, die „an den Dingen zieht"? Ist sie real oder traumartig? Ist sie in irgendeiner Weise ein vereinheitlichtes Feld? Wenn ja, in welchem Sinne?

Denken Sie nun über die Fragen nach, die Sie zu Beginn dieser Übung stellten. Vielleicht gibt Ihnen Ihr Prozessgeist ein paar Antworten. Fragen Sie, inwiefern diese Prozessgeist-Erfahrung möglicherweise für Ihr persönliches Leben von Nutzen sein kann.

Die Kraft von Hawaii

Während eines Seminars über Feldtheorien arbeitete ich mit einer sehr scheuen Studentin, die sich fragte, wie sie anderen ihre Gefühle mitteilen könnte. Sie hatte soeben die vorangehende Übung abgeschlossen und wollte weiter an Ihrer Scheu in der Öffentlichkeit arbeiten.

Sie lokalisierte ihr tiefstes Selbst in der Herzgegend. Nachdem Sie in jenen Körperbereich geatmet hatte, tauchte in ihr das Gefühl auf, in Hawaii zu sein, am Strand von Maui. Hier ist ihre wörtliche Beschreibung jener Erfahrung.

> Es gibt etwas sehr Freundliches, Warmes und Ausgedehntes in der Gegend um den Strand von Maui. Hier fühlt sich das das Meer anders an. Manche Meere können dunkel und bedrohlich sein. Aber dieses vermittelt ein weites, offenes

Gefühl, es lädt ein, sich ihm anzuschließen. Ich habe das Gefühl, genau dort am Strand zu sein. ... Es ist schön ... das Feld dort hat irgendetwas sehr Einladendes, Fließendes, Warmes und auch sehr Entspanntes an sich. [Sie begann im Stehen ein wenig hin- und herzuschaukeln.]
[Lachend] Ich bin eigentlich selten so. Das Meer wird weit, dehnt sich aus und besitzt eine sanfte, freundliche Kraft, die ständig in Bewegung ist ... sie lässt mich tanzen und strahlen ... sie ist weder innen noch außen, sondern ... beides! Aha, ich verstehe! Dieser Tanz, der weder innen noch außen ist, ist die Art und Weise, wie ich meine Gefühle mitteilen kann ... ach ... er ist so fließend und wunderbar. Ja, er ist subtil und dennoch sehr kraftvoll. ... Ist das Intelligenz? Es ist einfach da und war immer da, noch bevor irgendetwas anderes da war.

Der Strand von Maui ist ihre persönliche „vereinheitlichte Feldtheorie", eine Omnipräsenz, die verschiedene Aspekte ihres Lebens miteinander verbindet. Monate später fragte ich diese Studentin, ob jene Arbeit irgendeine Auswirkung auf ihre Scheu gezeigt hatte. Sie sagte: „In Gedanken kehre ich oft zu dieser Erfahrung von Maui zurück. Dadurch wird alles, was ich in der Öffentlichkeit tue, viel einfacher und stärker."

Auf einen Blick

1. Zurzeit gibt es vier bekannte Kräfte in der Physik und viele Instinkte, Triebe und Kräfte in der Psychologie.

2. Der Prozessgeist kann sich in Form der verschiedenen Arten von Feldern in der Physik und in der Psychologie in der Konsensusrealität zeigen.

3. Ganz gleich ob der Prozessgeist eine vereinheitlichte Feldtheorie ist oder nicht: Ein bewusstes, persönliches Gefühl für dieses Feld kann das Leben „eindrucksvoller" werden lassen und ihm einen „Fuß" verleihen und nicht bloß einen Zeh, worauf wir stehen können.

IV

Nichtlokalität und der Verflochtenheitstanz

Ich glaube an Intuition und Inspiration, und das ist wichtiger als Wissen. Denn Wissen ist begrenzt, während Phantasie die ganze Welt umfasst, den Fortschritt anregt, und Bewertungen auslöst. Streng beobachtet ist es ein realer Faktor in der wissenschaftlichen Forschung.

ALBERT EINSTEIN, KOSMISCHE RELIGION

KAPITEL 15

Verflochtenheit in Religion, Physik und Psychologie

Forscher, Mystiker und all jene, die ein Interesse daran haben, die Schöpfung einer besseren Welt zu fördern, benötigen viele verschiedene Schlüssel für die Zukunft. Der Schlüssel, auf den ich in diesem Buch Nachdruck lege, besteht darin, das Bewusstsein für sein tiefstes Selbst aufrechtzuerhalten, während man in der Konsensusrealität arbeitet und sich vergnügt. Indem man sich mit seinen Tiefen verbindet, erlangt man ein besseres Verständnis für andere und bleibt seiner eigenen Ethik nahe, wie auch immer man diese formuliert.

Halb in seinen eigenen Tiefen und halb draußen zu sein, kann auch die eigenen Erfahrungen der Realität transformieren. Wenn man den Erfahrungen des „vereinheitlichten Feldes" des Prozessgeistes nahe ist, überlagern sich Erfahrungen in der Psychologie, der Physik und der Spiritualität auf eine Weise, die es mitunter erschwert, den Verlauf der Ereignisse rational zu verstehen oder ihm kognitiv zu folgen. Dennoch werden die vereinheitlichenden Auswirkungen der Nähe zu seinem eigenen „Kraftfeld" sehr real in der Art und Weise, wie man sich mit sich selbst und anderen verbindet, selbst in schwierigen Zeiten. In diesem vierten und letzten Teil des Buches möchte ich die magischen und schöpferischen Auswirkungen des „Halb-drinnen-und-halb-draußen-Seins" erforschen. Ich gehe eingehender auf die Nichtlokalität, die Verflochtenheit und die Strukturen des „Gottesprozesses" ein, um aufzuzeigen, wie eine kleine Identitätsveränderung magische Elemente des Alltagslebens enthüllen kann.

Ich erinnere mich, wie ich eines Tages zu Amy, die unter anderem Künstlerin ist, sagte: „Ich möchte über das reden, was die Quantenphysik Verflochtenheit nennt." Als ich ihr beschrieb, was ich meinte, sagte sie: „Ja klar! Das habe ich schon immer gewusst." Ihr Kommentar tat mir sehr gut. Ich hatte vergessen, dass das, was die Wissenschaft entdeckt, in gewisser Hinsicht dasjenige ist, was feinfühlige Menschen schon immer wussten. Die Verflochtenheit wird sehr leicht von Schamaninnen und Schamanen erfahren, aber es ist eine Herausforderung, sie in der Alltagssprache zu erklären. Betrachten wir zunächst, wie die Verflochtenheit mit Konzepten über Gott zusammenpassen könnte.

Die Struktur der Gotteserfahrungen

Beginnen wir mit den spirituellen Traditionen, mit den großen „Verflechtern" – den Göttern in den mystischen und religiösen Traditionen. Um das Ganze einfach zu halten, begrenze ich die Diskussion auf die Gottesideen in den drei monotheistischen Hauptreligionen: Judentum, Christentum und Islam, obgleich das, was ich sage, allgemein genug ist, um auf die meisten Traditionen zuzutreffen. Kurzum, in diesen Traditionen besitzen Gottesprozesse mindestens die vier folgenden Attribute: Omniszienz, Omnipräsenz, Omnipotenz und Fluss.[1]

Omniszienz. Omniszienz oder Allwissenheit impliziert unendliches Bewusstsein und universelles Wissen. Ich glaube nicht, dass der Prozessgeist allwissend ist, aber er ist durchweg intelligent, zumindest in Bezug darauf, worin die nächsten Schritte für einen selbst, für andere Individuen, für Beziehungen und für Organisationen bestehen. Vielleicht haben Sie während der Übungen in den vorangegangenen Kapiteln irgendeine Form von „Omniszienz" gespürt.

Omnipräsenz. Omnipräsenz bedeutet, an allen Orten und zu allen Zeiten präsent zu sein, wie wir im vorhergehenden Kapitel bereits gesehen haben. Wenn man mit seinem Prozessgeist in Kontakt ist, hat man das Gefühl, sich mit beinahe jedem oder allem verbinden zu können. Tatsächlich scheint der Versuch, seinen Prozessgeist an nur einem einzigen Punkt lokalisieren zu wollen, oftmals das Ziel zu verfehlen. Der Prozessgeist ist eine Präsenz, die omnipräsent ist, zumindest in dem begrenzten Sinne, dass er keine räumlichen oder zeitlichen Begrenzungen besitzt. Die Omnipräsenz des Prozessgeistes ist in Beziehungen zu spüren. Selbst wenn Sie und einer Ihrer Freunde an entgegengesetzten Enden des Planeten leben, haben Sie mitunter das Gefühl, als gäbe es keine Distanz zwischen Ihnen. Wir nennen diese Freundschaft *Liebe* und halten sie für „magisch". Ist die Beziehung jedoch problematisch, sprechen wir von einer „großen Distanz" zwischen uns. In einer Freundschaft ist Omnipräsenz das Gefühl, Teil einer distanzlosen Einheit zu sein. Diese Qualität wird in der Physik als Nichtlokalität beschrieben.

Omnipotenz. Menschen sind nicht omnipotent, das heißt allmächtig. Ist man jedoch dem Prozessgeist nahe, hat man mit Sicherheit das Gefühl, von einer allwissenden, allgegenwärtigen Kraft zu erstaunlichen Einsichten bewegt zu werden. Ich glaube nicht, dass der Alltagsteil unseres Geistes jene Kraft besitzt, obgleich viele behauptet haben, diese Kraft „geschehen lassen" zu können. Die Kraft des Prozessgeistes stammt von einem veränderten Bewusstseinszustand her: Sie ist einfach in der Natur vorhanden. Sie unterstützt zwar die Wünsche unseres „kleinen Selbst", folgt ihnen aber nicht; sie scheint die allgemeine Natur unserer Gefühle und Träume zu leiten. Beispielsweise vermag die Präsenz des Prozessgeistes uns ein momentanes Gefühl von Energie oder „Kraft", Führung und Wohlbefinden zu vermitteln, das wichtiger zu sein scheint als das Leben selbst.

Fluss. Wandlung, Bewegung und Prozess sind charakteristisch für alle Schöpfungsmythen. In vielen heiligen Mythen erscheint der Fluss in fließenden Symbolen wie dem Wasser. In der Genesis, Kapitel 1, heißt es über den Anfang: „Und die Erde war wüst und leer, und es war finster auf den Tiefen; und der Geist Gottes schwebte auf dem Wasser" (Luther Bibel, 1984). Mir scheint, dass dieses Wasser sich auf die Tiefe und Fluidität des Prozessgeistes bezieht, so wie er auf der Essenzebene erfahren wird, noch bevor die in den Mythen als Gesicht des Schöpfers personifizierte Weisheit erscheint. In der islamischen Tradition spielt Wasser ebenfalls eine zentrale Rolle. *Scharia*, der Begriff für die Gesamtheit der islamischen religiösen Gesetze, bedeutet so viel wie „Weg zur Wasserquelle".

Mein Punkt ist, dass der Prozessgeist zum Teil in den fließenden Strukturen des „Gottesprozesses" gespiegelt wird, das heißt in den Begriffen der Omniszienz, der Omnipräsenz, der Omnipotenz und des Flusses beziehungsweise in einer verflochtenen Summe aller dieser Eigenschaften. Diese Eigenschaften werden für gewöhnlich in einer undifferenzierten Form vermischt, die wir einfach als Prozessgeist-Erfahrung identifizieren. In den Übungen dieses Buches haben Sie möglicherweise emotionale, erdbasierte Erfahrungen gemacht, die eine oder alle vier dieser Eigenschaften enthielten.

Verflochtenheit. Nun möchte ich noch die Verflochtenheit, eine fünfte Eigenschaft, ergänzend zu den anderen vier Gottesprozessen hinzufügen, um die spirituellen Traditionen und die Physik näher zusammenzubringen. Die ersten vier Eigenschaften können mit religiösen und spirituellen Traditionen verbunden werden. Die Verflochtenheit kann ich jedoch am besten in den Begriffen der Physik erklären. In Kapitel 7 habe ich unter dem Thema „Tiefe Demokratie in

Beziehungen" darauf hingewiesen, dass in der Physik zwei Teilchen, wenn sie aus derselben Quantenquelle hervorgingen, verflochten bleiben und nicht länger als voneinander getrennt betrachtet werden können. Dies bedeutet, dass man, wenn man eines beobachtet, weiß, was das andere tut – ohne es zu betrachten. Dies klingt vernünftig, sofern sich die beiden Teilchen in einem Quantensystem wie einer gut isolierten kleinen Box direkt nebeneinander befinden. Aber was passiert, wenn diese beiden Teilchen an verschiedenen Enden des Planeten oder des Universums landen? Der Fakt, dass sie, der Physik zufolge, verflochten bleiben, grenzt an Magie. Daher war Einstein der Quantenverflochtenheit gegenüber skeptisch, bevor sie im Labor demonstriert wurde. Er sagte, das klinge nach „spukhafter Fernwirkung".[2] Aber die Quantenverflochtenheit ist ein empirischer Fakt. Solange das Quantensystem nicht gestört wird – das heißt, solange die Teilchen mit demselben Quantensystem verbunden bleiben –, geschieht das, was dem einen widerfährt, auch dem anderen, unabhängig von der physikalischen Distanz.

Sollte das gesamte Universum aus dem Urknall hervorgegangen sein, dann ist im Prinzip alles Teil eines einzigen Quantensystems. Deswegen legen einige Wissenschaftlerinnen und Wissenschaftler nahe, dass jedes materielle Objekt auf irgendeine Weise mit jedem anderen verbunden sein muss. Da es (noch) nicht möglich ist, ein Experiment durchzuführen, welches das gesamte Universum mit einschließt, bleibt die universelle Verflochtenheit eine Spekulation. Die meisten Schamaninnen und Schamanen hätten jedoch kein Problem mit dem Konzept. Für sie sind Telepathie, Vorahnung, über weite Entfernungen sehen und alle Arten von Gedanken- und Energieübertragungen keine Spekulationen, sondern Realitäten.

Quanten-Nichtlokalität

Die Verflochtenheit wurde meines Wissens zunächst 1935 von Erwin Schrödinger, einem der Väter der Quantentheorie, intuitiv erkannt. Er sagte voraus, dass Teilchen sich auf nichtlokale Weise miteinander in Beziehung setzen können, also scheinbar mit Geschwindigkeiten, die schneller als die Lichtgeschwindigkeit sind. In den Gleichungen, die isolierte Quantensysteme umfassen, sah er die Möglichkeit, dass zwei Teilchen wie A und B, die ursprünglich miteinander verbunden waren, immer verbunden sein werden, selbst wenn sie sich an entgegengesetzten Enden der Welt befinden. Mit anderen Worten, sofern A und B ursprünglich in einem Quantensystem zusammen waren, weiß man zu einem späteren Zeitpunkt, wenn man weiß, was A tut, was B tut, selbst wenn man B nicht sehen kann. A zu betrachten, lässt einen wissen, was B tut, selbst wenn B sich auf dem Mond befindet! Senden sie einander Signale, die schneller sind als die Lichtgeschwindigkeit? Nein. Das würde der Relativitätstheorie widersprechen. Wie bleiben sie dann verbunden? Das weiß niemand.

Warum hielt Einstein dieses Quantenphänomen für spukhaft? Vielleicht hatte er Angst vor Magie. Meiner Ansicht nach versuchten die Wissenschaft und die spirituellen Traditionen, die jahrhundertelang miteinander verheiratet waren, sich mit dem Aufkommen der klassischen Physik im siebzehnten Jahrhundert scheiden zu lassen. Sobald ein Paar geschieden ist, sehen sie sich oftmals nicht mehr gerne. Aber heute, im einundzwanzigsten Jahrhundert, kehrt die Religion in Form eines Sachverhalts wie der Omnipräsenz inmitten der Quantenphysik zurück. Aufgrund der Verflochtenheit stehen sich Wissenschaft und Religion erneut gegenüber. Der Konfliktmoderator in mir sagt vorher, dass Wissenschaft und Religion nach etwa vierhundert Jahren Scheidung durch Ideen wie den Prozessgeist für die Wiederverheiratung reif werden könnten. Der Prozessgeist könnte einer der Ehestifter sein.

Der Verflochtenheits-Cartoon in Abbildung 15.1 veranschaulicht einige der Details der Physik der Verflochtenheit. Stellen Sie sich ein Quantensystem als eine Box mit zwei Teilchen, A und B, darin vor. Repräsentieren wir das, was A und B tun, durch Pfeile, die nach unten oder nach oben zeigen. Die Pfeile repräsentieren das, was Wissenschaftlerinnen und Wissenschaftler den *Spin* eines Teilchens nennen. *Spin* ist ein mathematisches Konzept, das den Drehimpuls eines Elementarteilchens bezeichnet. Erinnern Sie sich zum besseren Verständnis des *Spins* daran, dass sich ein sich drehender Kreisel aufgrund seines Drehimpulses oder seiner ihm innewohnenden Kraft weiterdreht. (Um eine psychologische Vorstellung des Spin zu bekommen, stellen Sie ihn sich als die Phantasie vor. Zu „spinnen" bedeutet zu träumen. Wenn Sie eine neue Idee haben oder an etwas Neuem „herumspinnen", haben Sie einen Impuls. Wenn Sie etwas denken, hat Ihre Freundin vielleicht einen anderen Impuls in Bezug auf dieselbe Sache. Das Träumen besitzt seinen eigenen Impuls. Manche Träume sind „erhebend", während andere „deprimierend" sind.)

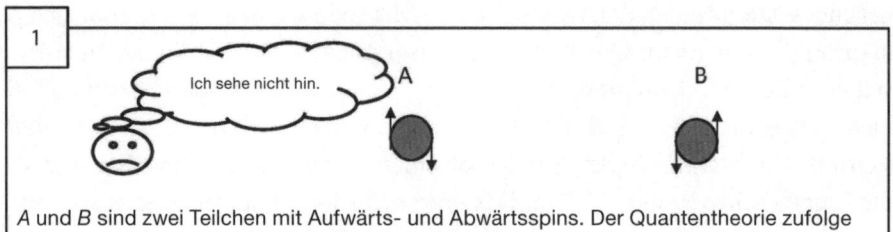

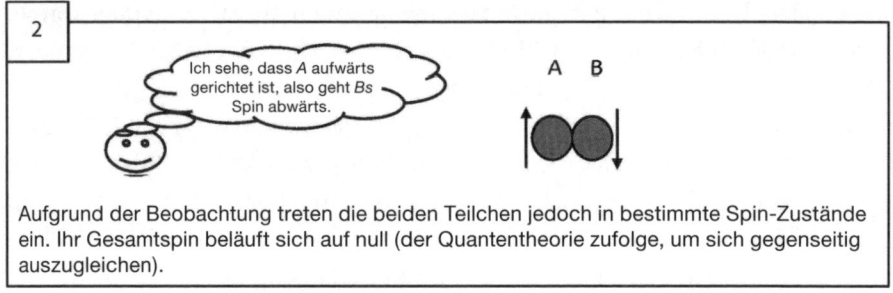

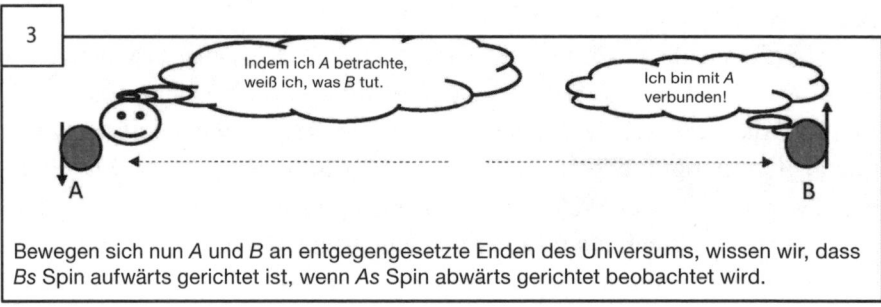

Abbildung 15.1. Verflochtenheits-Cartoon.

Physikerinnen und Physiker repräsentieren den Spin durch aufwärts- und abwärtsweisende Pfeile. In dem ersten Cartoon-Streifen können sich die Teilchen, da sie noch nicht beobachtet wurden, in zwei Zuständen gleichzeitig befinden, das heißt, der Spin kann sowohl aufwärts als auch abwärts gerichtet sein. Wie kann sich etwas in zwei Zuständen gleichzeitig befinden? Das ist eine der Eigenschaften der Superposition. Wie wir in Kapitel 3 gesehen haben, war Schrödingers Katze sowohl lebendig als auch tot – bis sie beobachtet wurde. Das ist die Quantenwelt! In dem zweiten Cartoon-Streifen müssen sich die Teilchen, wenn der Allgemeinzustand des geschlossenen Systems null Spin besitzt, in entgegengesetzte Richtungen drehen, eines links herum (Spin aufwärts), das andere rechts herum (Spin abwärts). In dem dritten Cartoon-Streifen sind A und B zwar voneinander getrennt, aber da sie noch immer Teil desselben Systems sind, behalten sie ihre Verflochtenheit bei. Folglich weiß man, was B tut, indem man einfach A betrachtet.

Verflochtenheitsphänomene weisen auf einen von der Struktur der Quantenwellenfunktion aufgespannten raumlosen Bereich hin, in dem alles miteinander verbunden ist. Mit anderen Worten, wenn wir den Spin eines Teilchens messen, messen wir die Spinanordnung des *gesamten Systems*, das als eine Einheit funktioniert.

Meiner Ansicht nach hatten sowohl Einstein als auch Schrödinger recht. Die Realität ist ein Spuk! Dennoch existiert die Realität und wird bis zu einem gewissen Grad durch die Gleichungen der Physik hinter der Verflochtenheit organisiert. Aus diesem Grund sagen Physikerinnen und Physiker, die Quantenwelt widerspreche intuitiven Schlussfolgerungen. Es ist seltsam. Was bindet die verflochtenen Teilchen aneinander? Ist es der heilige Geist? In der Quantenwelt funktionieren Verbindungen nicht über sichtbare Signale, die man mit einer Videokamera verfolgen kann. Nein. Tatsächlich muss A *kein* bekanntes Signal an B aussenden. Ihre Verbindung entspricht eher einem veränderten Bewusstseinszustand oszillierender Einheit, der auch die Alltagsrealität erkennt: Das heißt, halb drinnen und halb draußen ist.

Wie kann ein Teilchen mit einem anderen verbunden sein, ohne dass Signale zwischen ihnen hin- und hergehen? Wie können wir mitunter etwas wissen, ohne irgendeine sichtbare Botschaft oder einen sichtbaren Informationsaustausch? Ohne ein Rauchsignal, einen Telefonanruf, eine E-Mail oder Fernsehverbindung? Wie weiß man mitunter, dass jemand, der einem nahesteht, in Schwierigkeiten ist oder stirbt oder großes Glück erfährt? Die Physik hat keine vollständige Antwort darauf und nennt diese sich über den Raum hinwegsetzende Verbindung „Nichtlokalität".

Der Nobelpreisträger für Physik, David Bohm, vermutete hinter der Nichtlokalität die „ungeteilte Ganzheit" des Universums. Kürzlich sprach Amit Goswami von Monismus und „Bewusstsein" als der ersten Realität, aus der alles andere hervorgeht.[3] Andere sind der Ansicht, diese Ideen seien zu spekulativ, weil sie nicht getestet werden können. Ungeachtet dessen, wie die Verflochtenheit betrachtet wird, ist sie da, um zu bleiben. Tatsächlich könnte eine ganze neue Generation von Quantencomputern bald auf der Verflochtenheit basieren: Anstatt auf einem binären System zu basieren, worin jedes einzelne Informationsstückchen entweder O oder 1 sein muss, werden Quantenmaschinen „Qubits" an Information besitzen, die O, 1 oder eine Mischung (Superposition) von beiden sein können.

Der „Körper" des Prozessgeistes

Lassen Sie mich versuchen, das unerklärliche Phänomen der Verflochtenheit anhand von Bildern und den Worten Erwin Schrödingers zu erklären. Werfen Sie einen Blick auf Abbildung 15.2, worauf die Verflochtenheit zwischen Teilchen *A* und Teilchen *B* von einem Künstler der NASA dargestellt ist. Im unteren Teil des Bildes stellt sich der Künstler eine Plattform mit einem Kristall darauf vor. Unter dem Kristall befindet sich ein nach oben gerichteter Strahl, der auf den Kristall trifft, wobei zwei Photonen, *A* und *B*, emittiert werden, die in den Himmel fliegen. Wäre man nun in der Lage, den Zustand von Photon *A* mit einem Satelliten zu messen, würde man *B*s Zustand kennen, ungeachtet dessen, wie weit *A* und *B* voneinander entfernt sind. Wie ist das möglich? Der Künstler malt einfach eine horizontale Welle ~~~~~~~~~~, die *A* und *B* miteinander verbindet.

Abbildung 15.2. Verflochtenheit, dargestellt von einem Künstler der NASA.

Das Geheimnis bleibt bestehen: Was ist diese Welle? In diesem Buch habe ich meine Vermutung darzustellen versucht, die darin besteht, dass diese Welle ein Körpergefühl repräsentieren könnte, das ich den Prozessgeist nenne! Zu dieser Schlussfolgerung bin ich wie folgt gelangt.

Erwin Schrödinger lebte in England, als er die Idee der Verflochtenheit zum ersten Mal vorbrachte. Da er ursprünglich aus Österreich stammte, benutzte er das deutsche Wort *Verschränkung*. Dieses Wort wird für gewöhnlich zur Beschreibung überkreuzter Beine benutzt. Das lässt mich vermuten, dass er vielleicht an zwei überkreuzte Füße dachte, *A* und *B*, als er sich „überkreuzende" Teilchen beschrieb (siehe Abbildung 15.3).

In Abbildung 15.4 sind die Füße ebenfalls überkreuzt, aber wenn man nicht wüsste, dass jene Füße zu jemandes Körper gehören, würde man sich vielleicht fragen, woher Fuß *A* wissen soll, wie er sich mit Fuß *B* verbinden soll, insbesondere wenn sich die beiden Füße auf entgegengesetzten Seiten des Universums befänden! Diese beiden Füße sind alles, was wir im Labor sehen. Einen solchen „Körper" oder eine solche Intelligenz oder, in David Bohms Worten, „ungeteilte Ganzheit" hinter den Dingen, kann man nur im eigenen Herzen oder in subtilen Körperempfindungen spüren. Ich vermute, dass Schrödinger sich Verflochtenheit als eine Verbindung durch irgendeine Art von organisierender Intelligenz im Hintergrund vorstellte, so wie zwei Arme oder Füße durch einen Körper miteinander verbunden sind. Heutige Physikerinnen und Physiker nennen jenen „Körper" einfach „Nichtlokalität".

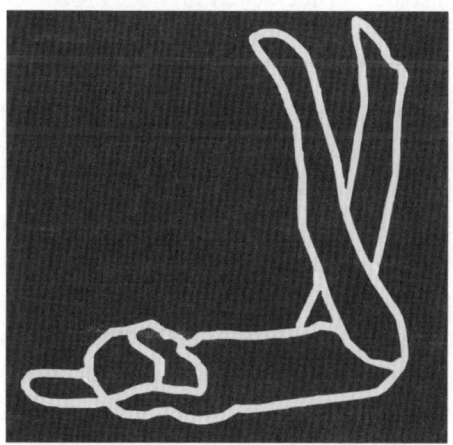

Abbildung 15.3. Überkreuzte Beine.

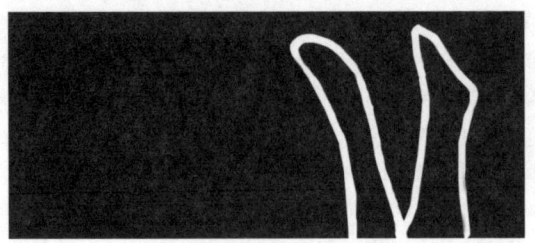

Abbildung 15.4.
Überkreuzte Beine – Nur die Füße.

Verflochtenheit aus der Perspektive des Prozessgeistes

Auf der Essenzebene umfasst der Prozessgeist verschiedene Seiten von sich selbst oder Kompositionen (Superpositionen) seiner verschiedenen Seiten. Richten wir den Fokus bloß auf einen Teil dieser Einheit, geht etwas von dieser vereinigenden Erfahrung verloren, so wie eine Quantenwelle, die viele Möglichkeiten enthält, unter Beobachtung in eine einzige kollabiert. In der 1950ern bemerkte Jung in seiner Arbeit über „Synchronizität" (Band 8 seines *Gesamtwerks*), dass selbst bei einem durchschnittlichen Menschen, wenn er tief in ein Ereignis oder einen Prozess involviert ist, Synchronizitäten regelmäßig stattzufinden scheinen; ansonsten treten sie weniger häufig auf. Mit anderen Worten: Der omnisziente, omnipotente, omnipräsente, verflochtene Fluss des Prozesses wird am häufigsten erfahren, wenn wir mit seinem veränderten Bewusstseinszustand verbunden sind.

Vielleicht haben Sie bei einigen der Übungen in den vorangehenden Kapiteln gespürt, wie der erdbasierte Bereich des Prozessgeistes Ihre Erfahrungen und deren Teile miteinander verflicht. Die Bäume und die Berge in der Ferne, der Himmel oben und die Erde unten, das Wasser und der Sand am Strand sind durch die Kraft des Landes miteinander verbunden, „verflochten". Darauf bezog sich nach meinem Verständnis Onkel Lewis, als er davon sprach, dass das Träumen des roten Kängurus hinter den Straßen von Adelaide liegt (siehe Kapitel 10). Totemgeister sind die Kraft des Landes (analog zur Quantenwellenfunktion), und sie organisieren alles in der Stadt, einschließlich Arbeiten an der Entwicklung des städtischen Straßensystems. Von diesem Standpunkt aus betrachtet, ist im Prinzip alles in der Stadt mit allem anderen verflochten.

Die Tatsache, dass der Prozessgeist eine Einheit ist, die viele verschiedene Erfahrungen umfasst, ist in Abbildung 15.5 dargestellt. Wenn Sie sich lange genug auf die untere Figur konzentrieren, nehmen Sie wahrscheinlich wahr, inwiefern sie sowohl die Figur der Ente als auch die Figur des Hasen enthält, die darüber getrennt voneinander dargestellt sind. Es geht nicht nur darum, die Ente und den Hasen in der Einzelabbildung zu sehen, sondern wahrzunehmen, wie der Geist dazwischen hin- und herschwingt. Dies ist analog zu der Art und Weise, wie der Prozessgeist funktioniert. Befinden Sie sich in Ihrem Prozessgeist, scheint er von einem Teil seines Selbst zum anderen zu schwingen, wobei kaum eine Trennung zwischen den Teilen besteht. Psychologisch handelt es sich bei der Nichtlokalität um Folgendes: Das Gefühl von Nähe zwischen Teilen, Menschen und Objekten, die in der Alltagsrealität auf jede erdenkliche Weise voneinander getrennt zu sein scheinen.

Abbildung 15.5. Prozessgeist-Superposition.
Die Superposition von Ente und Hase erscheint in der Konsensusrealität
als eine Ente und ein Hase.

Darüber hinaus weiß man, wenn man den Fokus auf die der Konsensusrealität angehörige Sicht des Hasen richtet, aufgrund der Verflochtenheit immer ungefähr, was die Ente tut und umgekehrt. Warum? Weil sie eigentlich Phasen ein und desselben Systems sind. Stellen Sie sich beispielsweise vor, der Schnabel der Ente wäre geschlossen; dann wären die Ohren des Hasen ebenfalls geschlossen. Verflochtenheit! Verlieren Sie jedoch den Kontakt mit der Essenzebene von Ente und Hase, tritt die Konsensusrealität in Erscheinung und alles – hier die Ente und der Hase – erscheint als getrennt und voneinander unabhängig.

Übung 15: Verflochtene Flirts

Die Verflochtenheit ist wahrscheinlich durch die eigene Erfahrung am besten zu verstehen. Im Prinzip ist alles, was mit Ihrer Aufmerksamkeit flirtet, der Prozessgeist, der sich in verschiedenen Formen zeigt. Wenn Sie die Ente sind, zieht der Hase Ihre Aufmerksamkeit auf sich und umgekehrt. Wir nennen jenen Flirt ein aufflackerndes (mentales) Bild oder einen Traum, und wir verstehen ihn als für unsere persönliche Psychologie bedeutsam. Von einem anderen Standpunkt aus betrachtet, handelt es sich dabei um einen Versuch von seiten des Prozessgeistes, uns das ganze System zu zeigen und die verschiedenen Spins auszugleichen.

Probieren wir die Übung aus. Einmal mehr ist Stehen das Beste, Sitzen ist aber auch in Ordnung. Halten Sie Ihre Collageseiten und Ihren Stift bereit. Schließen Sie die Augen und entspannen Sie sich. Fühlen Sie Ihren Körper, nehmen Sie Ihren Atem wahr. Warten Sie, bis Sie das Gefühl wahrnehmen, geatmet zu werden. Das ist wichtig, weil es Sie aus Ihrem Alltagsbewusstsein herausbringt. Geben Sie sich Zeit, um sich in einen veränderten Bewusstseinszustand fallenzulassen. Wenn Sie so weit sind, erlauben Sie Ihren Augen, sich halb zu öffnen, während Sie in einer Art von nebligem Zustand verbleiben. Lassen Sie Ihren Blick umherschweifen und erlauben Sie etwas, einem Ding, Ihre Aufmerksamkeit auf sich zu ziehen. Vielleicht ziehen viele Dinge Ihre Aufmerksamkeit auf sich. Wenn Sie nicht wissen, welches Sie wählen sollen, lassen Sie Ihr Unbewusstes, Ihren Prozessgeist, wählen.

Betrachten Sie das eine Ding, das Ihre Aufmerksamkeit auf sich gezogen hat. Sehen Sie es genau an, werden Sie vielleicht ein wenig dazu, und spüren/erkennen Sie es als einen von Ihnen im Moment benötigten Teil. Erlauben Sie Ihrem Prozessgeist dann, Ihnen zu sagen, welcher Teil von Ihnen jenen Flirt sehen musste. Wer ist der Beobachter in Ihnen, für den es wichtig war, ihn zu sehen? Machen Sie sich unter Punkt 15 in einer Ecke von Ihrer Collageseite eine Notiz über diese beiden Teile: den Flirt und den Beobachter des Flirts. Spüren und zeichnen Sie beider Energien schnell auf Papier.

Nehmen Sie sich nun einen Augenblick Zeit, entspannen Sie sich und fühlen Sie sich wieder geatmet. Wenn Sie so weit sind, spüren Sie die Intelligenz in Ihnen, die sowohl Sie als Beobachter als auch dasjenige kennt, das Ihre Aufmerksamkeit auf sich gezogen hat. Mit anderen Worten, betrachten Sie den Beobachter oder die Beobachterin ebenso wie den Flirt, und fragen Sie: „Welche Art von Totemgeist oder erdbasierter Intelligenz wusste, wie sie mir diesen Flirt bringen konnte?" Dies ist eine intuitive Erfahrung; vertrauen Sie einfach Ihrer Wahrnehmung und Ihren plötzlichen Einsichten.

Sobald Sie jenen Geist kennen und so weit sind, wechseln Sie die Identität, und spüren Sie sich selbst als jenen Geist beziehungsweise die Intelligenz des Prozessgeistes, die Ihr Alltagsselbst ebenso wie dasjenige kannte, was in einem bestimmten Moment benötigt wurde. Noch einmal, vertrauen Sie Ihrer Intuition und Ihrem Gefühl dafür, was auch immer diese Prozessgeist-Intelligenz sein könnte. Wenn Sie ein Gefühl dafür haben, sprechen Sie als Ihr Prozessgeist mit sich selbst und beschreiben Sie dessen Weisheit, Intelligenz und Natur. Machen Sie sich eine Notiz darüber. Wenn Sie bereit sind, erlauben Sie dem Prozessgeist, Ihre Hand zu benutzen, um sich selbst auf den Collageseiten unter Punkt 15 zu zeichnen. Schreiben Sie alles auf, was er gesagt hat.

Spüren und seien Sie nun Ihre Prozessgeist-Intelligenz ebenso wie die Zeichnung. Bewegen Sie Ihre Aufmerksamkeit zwischen der Darstellung des Flirts, der Ihre Aufmerksamkeit auf sich gezogen hat, und der Darstellung jenes Teils von Ihnen, der diesen Flirt sehen musste, hin und her. Bewegen Sie sich so lange zwischen den beiden hin und her, bis Sie spüren, wie beide auf irgendeine Weise Aspekte derselben Prozessgeist-Quelle sind. Wenn Sie möchten, machen Sie sich eine Notiz darüber.

Bedenken Sie zum Schluss folgende Fragen: Hat dieser Flirt in den vergangenen Tagen in Form eines Körpergefühls, eines Traums oder auf andere Weise versucht, Ihre Aufmerksamkeit zu erreichen? Verspürten Sie einen Konflikt mit jenem Teil des Lebens, den der Flirt repräsentiert? Können Sie spüren, wie dieser Flirt und Sie, als Beobachterin oder Beobachter, miteinander verflochten sind? Stellen Sie sich nun vor, dass sich der Flirt, wenn *Sie* sich verändern, ebenfalls verändern könnte. Sie können diese Idee überprüfen, weil Sie sich aufgrund dieser Übung ein wenig verändert *haben*. Gehen Sie also noch einmal diese Übung durch, um zu sehen, was Ihre Aufmerksamkeit jetzt auf sich zieht. Der ursprüngliche Flirt könnte sich in Verbindung mit Ihrer Veränderung ebenfalls verändert haben. Das ist Verflochtenheit!

Meine Erfahrung der Synchronizität

Als Teil einer Präsentation im Rahmen eines Seminars an der Küste von Oregon erklärte ich zunächst die Verflochtenheit und ging dann mit Amys Hilfe obige Übung durch. Als ich mich entspannte und fühlte, als würde ich geatmet, zog ein Flirt mit einem elektrischen Deckenventilator, der sich unter der Decke des Seminarraums drehte, meine Aufmerksamkeit auf sich. In meiner inneren Erfahrung erkannte ich, dass jener Teil von mir, der den sich drehenden Ventilator sehen musste, der lineare Lehrer in mir war. Als ich die Übung durcharbeitete, vermochte ich zu spüren, wie die beiden Teile – das lineare Ich und der sich drehende Ventilator – miteinander verflochten waren. Siehe die Zeichnung meiner Prozessgeist-Energie (Abbildung 15.6).

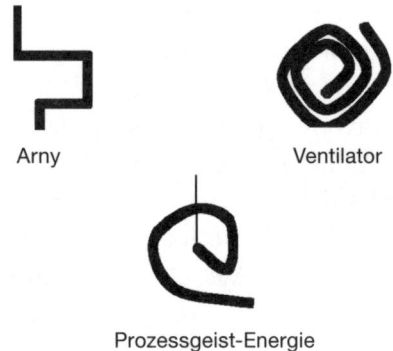

Abbildung 15.6. Zeichnung der Prozessgeist-Energie.
Hier vereinigt die Prozessgeist-Energie zwei Energien in sich,
nämlich den linearen Arny und den kreisförmigen Ventilator.

In dem Moment, als mir die Bedeutung des Ventilators bewusst wurde, verneigte ich mich leicht in seine Richtung, um ihm meine Anerkennung zu zollen, weil er mir gezeigt hatte, wie ich ein „spinnender" (im Englischen bedeutet *to spin* sowohl spinnen als auch sich drehen. Anm. d. Übers.) Lehrer sein konnte; und just in dem Moment, inmitten all der Menschen, begann der Ventilator mit mir zu „sprechen"! Ich will damit sagen, der Ventilator fing an, seltsame quietschende Geräusche von sich zu geben, während er sich drehte. In all den Jahren, die ich in jenem Raum Seminare abhielt, hatte ich *nie* einen Ventilator erlebt, der dermaßen seltsame Geräusche von sich gab! Und auch sonst war mir nirgendwo ein solches Ereignis widerfahren. Verflochtenheit! Mein Prozessgeist war wie ein Fluss, der mein lineares Selbst und den Ventilator umfasste und miteinander verband – das heißt den linearen Lehrer und meinen entspannten, schwindligen, „spinnenden" Geist. In diesem veränderten Bewusstseinszustand vermochte ich zu spüren, wie der Ventilator und mein lineares Selbst beide verflochtene Teile meines nichtlokalen Prozessgeistes waren. In jenem Raum und im Rahmen der dort anwesenden Gruppe von Menschen schien die Synchronizität beinahe „normal", das heißt vernünftig zu sein. Der größere nichtlokale Körper meines Prozessgeistes schloss nicht nur meinen Alltagskörper, sondern auch den Ventilator mit ein.

Erst später, als ich mich nicht mehr in jenem Bewusstseinszustand befand, dachte ich: „Wie erstaunlich!" Von meinem gewöhnlichen Standpunkt aus betrachtet war etwas Erstaunliches geschehen. Aber aus der Perspektive des Prozessgeistes sind das „Alltags-ich" und der Flirt einfach miteinander verflochtene Traumland-Rollen oder Teile des Prozessgeistes. Der Ventilator musste „sprechen", damit ich „spinnen" lernen konnte.

Ob der Ventilator wohl weniger „sprechen" muss, wenn ich mehr „spinne"? Auf jeden Fall besteht eine Lektion in Verflochtenheit für das eigene „Alltagsich" darin, dass es unnötig restriktiv – das heißt eine Marginalisierung und somit eine Beleidigung seines Prozessgeistes – ist, einen Menschen als einen einzigen Körper in einem einzigen Bewusstseinszustand zu identifizieren, auch wenn es so üblich ist. Natürlich sind wir unser Alltags-ich, aber unser nichtlokaler, verflochtener Prozessgeist-Körper umfasst ebenfalls den Flirt und die magischen Räume zwischen allen physikalischen Objekten, Bildern, Teilen und Bewusstseinszuständen.

Auf einen Blick

1. Verflochtenheit wird in der Physik durch die Mathematik der Quantenwellenfunktion beschrieben.

2. In der Religion ist Verflochtenheit auf Gottes omniszienten, omnipräsenten, omnipotenten Fluss zurückzuführen, der alle und alles miteinander verbindet.

3. Um ein magischeres Leben zu führen, verharren Sie halb in der erdbasierten Erfahrung des Prozessgeistes, die alle Menschen und Dinge, die mit Ihnen flirten, miteinander verbindet.

4. Wenn etwas Ihre Aufmerksamkeit auf sich zieht, werden Sie dazu, um als ein bewusster Beobachter am „Geist Gottes" des Universums teilzunehmen.

KAPITEL 16

Verflochtenheit als ein Softskill in Beziehungen

Vom Standpunkt der Konsensusrealität aus betrachtet, werden Ihre Beziehungen von Ihrem Alltagsselbst und anderen Menschen erschaffen. Der Standpunkt des Prozessgeistes ist ein anderer. Beziehungen zwischen Menschen beginnen als eine Empfindung oder ein Interesse, das auftritt, bevor die daran Beteiligten sich dessen bewusst werden. Die Menschen und Objekte, die mit Ihrer Aufmerksamkeit flirten, widerfahren Ihnen einfach, als wären sie Puppen mit einem ständig sich wandelnden Gesicht. Hinter jenem flirtenden Puppengesicht befindet sich der Prozessgeist, der wie ein Puppenspieler organisiert, was Sie wahrnehmen. In Abbildung 16.1 habe ich sowohl Dinge wie X gezeichnet, die mit Ihnen flirten, als auch jenen Teil von Ihnen, „u", der den Flirt sehen muss (und ebenfalls eine Puppe ist!).

Ähnlich der von jenem Puppenspieler geführten Stabpuppe ist die Sie umgebende Welt – die erstaunlichen Dinge, die Sie sehen, Ihre Standpunkte, Ihre Alltagsrealität, Ihre Freunde – im Prozessgeist verflochten und verwurzelt. Die Ursprünge unseres Bewusstseins und vielleicht des Lebens selbst erscheinen in Form von X, das mit u flirtet, das jenes X sehen muss. Das Leben ist das Nachdenken des Prozessgeistes über sich selbst und seine Tendenz, sich selbst zu reflektieren, indem u X betrachtet. Flirts sind die Selbstreflexion des Prozessgeistes, die mit u verflochten ist; sie weisen auf die Essenz des Lebensprozesses als eine Beziehung hin.

Der Zweck dieses Kapitels besteht darin, das Softskill des Prozessgeistes zu erkunden, wie es sich in einem Puppentheater zeigt. Die Beziehungsfähigkeit oder das Softskill hinter dem Puppenspiel ist das, was ich das „Quantentheater" nenne. Dieses Softskill ist die jedem einzelnen innewohnende Tendenz, den Prozessgeist einer Situation zu suchen und zu benutzen, um die Bewegungen von X und u in Beziehung zueinander zu choreographieren. Diese Choreographie ist ein Schlüssel zum Mysterium unserer wechselseitigen Verbindungen mit anderen und zur Arbeit mit Beziehungen und Weltthemen.

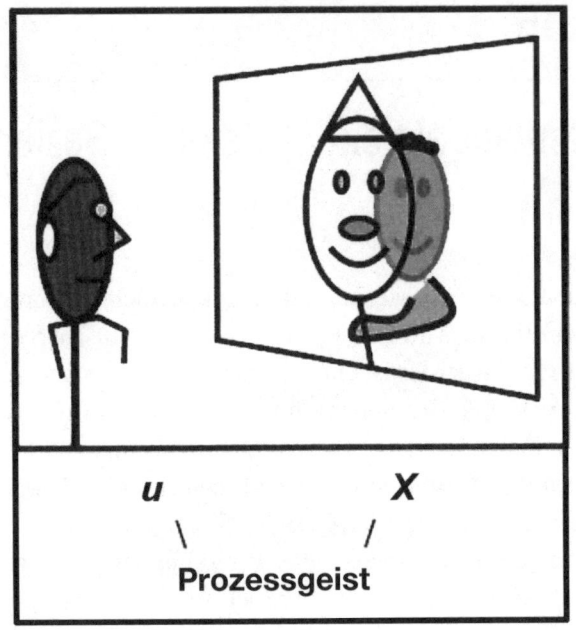

Abbildung 16.1. Die Puppen des Prozessgeistes, u und X.

Der Wasserstoff und seine Moleküle

In Kapitel 15 sahen wir in der NASA-Darstellung der Verflochtenheit, wie ein auf einen Kristall gerichteter Photonenstrahl zwei miteinander verflochtene Photonen aus dem Kristall freisetzt. Betrachten wir nun ein weiteres physikalisches Beispiel für Verflochtenheit, das dem Thema der menschlichen Beziehungen vielleicht nähersteht. Denken Sie an das chemische Element Wasserstoff. Als eines der frühesten Elemente unseres Universums stellen wir uns Wasserstoff als einen positiv geladenen Kern mit einem negativ geladenen Elektron als seine Hülle vor (siehe Abbildung 6.2).

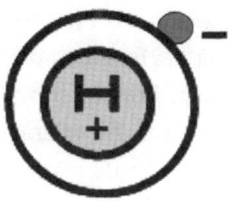

Abbildung 16.2. Wasserstoffatom.

Wenn sich zwei Wasserstoffatome verbinden, teilen sie Elektronen miteinander und bilden das, was man eine „kovalente Bindung" nennt. (Siehe den oberen Teil von Abbildung 16.3.) Neugierige Wissenschaftlerinnen und Wissenschaftler haben sich über das Molekül gewundert. Solange das Molekül intakt ist, scheint es vernünftig, anzunehmen, dass die Elektronen miteinander verflochten sind, weil sie so nahe beieinander sind – wenn man weiß, was das eine tut, weiß man, was das andere tut.

Intaktes kovalentes Wasserstoffmolekül. Elektronen sind die negativ geladenen schwarzen Kugeln.	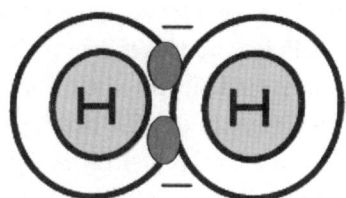
Nach Photonenbeschuss lockert sich die Bindung zwischen Elektronen A und B, aber sie sind noch immer miteinander verflochten.	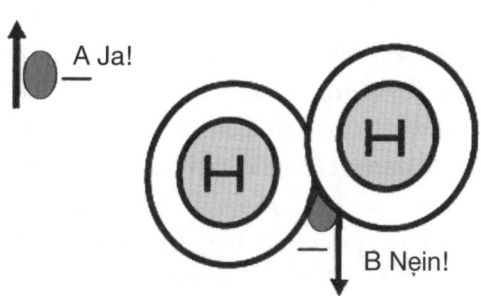

Abbildung 16.3. Verflochtenheit einer H-H-Verbindung.

Was aber geschieht, wenn Photonen auf die Moleküle geschossen werden, um die Bindung zu lockern? Der untere Teil von Abbildung 16.3 zeigt ein Elektron, A, das sich nach links wegbewegt. Mit anderen Worten, wenn Wasserstoff mit einem Laserstrahl bombardiert wird, fliegt eines der Elektronen in eine neue Richtung davon. Jedoch bleiben die beiden voneinander getrennten Elektronen, wie Sie vielleicht schon erraten haben, miteinander verflochten. Jemand, der Elektron A beobachtet, wäre in der Lage vorherzusagen, was jemand anderes sehen würde, der Elektron B beobachtet, selbst wenn die beiden weit voneinander entfernt wären.

Wasserstoff ist eine physikalische Tatsache, und er ist auch eine Metapher dafür, was uns in Beziehungen widerfährt. Ein Atom und sein Elektron sind Sie, und das andere Atom und sein Elektron ist ein Freund von Ihnen. Die Elektronen sind die Flirts und miteinander geteilten Träume, die zwischen Ihnen hin- und herwandern und Sie in der Beziehung zusammenhalten. Diese Flirts sind das, was jeden von Ihnen zum anderen hinzieht und Sie beide „im Gleichgewicht" und in Verbindung hält.

Wenn man diese chemische Analogie benutzt, ist Beziehung ein Quantensystem, ein Molekül, das Sie mit jedem teilen, mit dem Sie sich verbunden fühlen. Ihre traumartigen Erfahrungen sind miteinander verflochtenen Elektronen ähnlich. Als Folge dieser Verflochtenheit werden Träume und Flirts nichtlokal. Gleichermaßen sind Sie, im Sinne von u und X, wobei X etwas zu Ihrem Freund Gehöriges sein kann, das Sie beschäftigt oder Ihre Aufmerksamkeit auf sich zieht, sowohl u als auch X. Ihre u- + X-Erfahrungen sind natürlich typisch für Sie, aber zugleich sind sie nichtlokale, miteinander geteilte Erfahrungen, die helfen, Sie und Ihren Freund miteinander zu verbinden. In diesem Sinne sind sowohl u als auch X flirtartig und nichtlokal; Sie sind mit Ihrem Freund verbunden und verflochten, selbst wenn Ihr Freund nicht das Bett mit Ihnen teilt, sondern sich auf der anderen Seite des Globus befindet.

Beispielsweise flirtet Amys gewelltes Haar mit mir. Ich liebe ihr Haar. Der lineare Teil von mir, u, muss ihr gewelltes Haar sehen, das für mich ein X ist. Jedoch sind die Energie des „gewellten Haars" und das u oder die Energie meines „linearen Geistes" nichtlokal. Inwiefern? Amy trägt dieselbe Dyade in sich: das Gewellte und das Lineare. Und in unserer Beziehung bin ich mehr linear, wenn Sie sich in einer „gewellten" Geisteshaltung befindet, und wenn ich „gewellt" bin, wird sie linear. Dies geschieht, wenn wir nahe beisammen sind, aber auch, wenn wir uns in verschiedenen Städten aufhalten. Diese u-X-Verflochtenheit ist ein synchronistischer Prozess. Was synchron und nichtlokal ist, ist die Dyade, die Verwicklung zwischen dem gewellten und dem linearen Geist, die Art und Weise, in der u und X hin- und herflippen wie die Spins von verflochtenen Teilchen.

Diesem Modell zufolge gehören unsere Gedanken und Gefühle zwar zu uns als Individuen, aber gleichzeitig können Sie mit den Gedanken und Gefühlen unserer Freunde und aller Menschen verflochten sein, die wir kennen. Aus der Perspektive des Prozessgeistes der Beziehung ereignet sich nur ein Traumprozess mit zwei Ausdruckskanälen: Ihnen und mir. Zwischen all den Dingen, die wir mit einer anderen Person teilen können, teilen wir die *Beziehung* zwischen u und X – die Verbindung zwischen demjenigen in Ihnen, das mit mir flirtet, und jenem Teil in mir, der diesen Flirt sehen muss.

Kausale, lokale und verflochtene Signale

Untersuchen wir nun, was diese Theorie der Beziehungsverflochtenheit in der Praxis bedeutet. In Kapitel 7 sahen wir, dass es zwei Arten von Beziehungssignalen gibt, nämlich jene, die lokal und kausal sind (Sie sehen mich „dies" tun, was Sie veranlasst, „das" zu tun), und jene, die nichtlokal und verflochten sind (Sie tun „das", auch ohne mich zu sehen). Denken wir zunächst über die lokalen, kausalen Signale nach. Denken Sie an ein weiteres Beispiel mit Ihnen und einem Freund von Ihnen. Stellen wir uns vor, dass Sie einen „schlechten" Traum hatten von jemandem, der Ihre Gefühle verletzt hat. Als Folge davon wachen Sie mit schlechter Stimmung und verletzten Gefühlen auf. Befinden Sie sich (als u) noch in der Opferrolle, wenn Sie Ihrem Freund das nächste Mal begegnen, könnte er auf das lokale Signal Ihres mürrischen Gesichts antworten, indem er sich übellaunig oder elterlich verhält, je nachdem, ob sie das Haus in dem Gefühl verließen, Ihren traumartigen Gegner bekämpfen zu wollen oder in dem Gefühl, elterliche Liebe zu benötigen.

In *Der Traumkörper in Beziehungen* sagte ich, dass Ihre Traumfiguren die Gefühle der anderen Person „aufträumen" können. Das bedeutet, dass Sie jemandes Reaktionen, wie zum Beispiel die Übellaunigkeit oder Warmherzigkeit Ihres Freundes, in Ihren eigenen Träumen finden können. „Aufträumen" bedeutet, dass das, was Sie in der Außenwelt erfahren, Reaktionen auf einen unbekannten Teil in Ihnen sein können, den Sie in Ihren Träumen gesehen haben. In den Begriffen des vorliegenden Buches ist es vollständiger zu sagen, dass Ihr

Prozessgeist danach strebt, sich auf vielfältige Art und Weise auszudrücken, wozu er innere Traumfiguren und alles und alle in der Sie umgebenden Welt benutzt. Auf jeden Fall können wir von „kausalem Aufträumen" sprechen, wenn jemand mit einem X antwortet, nachdem er Ihre u-Signale gesehen hat, wobei diese Signale ebenso wie die Antworten darauf in Ihren Träumen zu finden sind.

Geschieht die Antwort X jener Person jedoch auf Distanz, ohne dass sie Ihre u-Signale zu sehen vermag, können wir von nichtkausalem oder verflochtenem, nichtlokalem Aufträumen sprechen. Folglich können Ihre Gefühle für die andere Person durch einen sichtbaren lokalen Signalaustausch wie Lachen oder Brummen hervorgerufen werden oder über eine Distanz damit verflochten sein.

Diese beiden Erfahrungen – Signalkausalität und Signalverflochtenheit – können gleichzeitig auftreten. Mit einer Videokamera können wir festhalten, wie persönliche Interaktionssignale sowohl auf kausale (Ihre Reaktion folgt auf mein Signal) als auch auf nichtkausale Weise (Ihre Reaktion und mein Signal entstehen gleichzeitig) miteinander verbunden sind. Folglich sind Beziehungen eindeutig sowohl lokal, das heißt, dass *Sie in Ihrem Körper* und *ich in meinem* sichtbare Reaktionen aufeinander hervorbringen, als auch nichtlokal, das heißt, dass unsere Signale gleichzeitig entstehen, als wären sie durch den Prozessgeist verbunden.

Um eine gute Verbindung zu jemandem zu haben, folgen Sie Ihren Träumen und sichtbaren Signalen sowie der subtilen, beinahe unsichtbaren Erfahrung des Prozessgeistes. Erinnern Sie sich an die Beziehungsübung 7a aus Kapitel 7? Sie hatte mit dem „Boden des Seins", mit der Prozessgeisteigenschaft von Beziehungen zu tun. Aus Sicht des Prozessgeistes sind wir alle Repräsentanten von etwas Größerem. Der Prozessgeist ist zwar bloß ein anderer Standpunkt, aber er ist ein Schlüssel, den man benutzen kann, wenn nichts anderes funktioniert, wenn man sich in einer einseitigen, rigiden Position befindet. Träume zu analysieren und Signalen zu folgen, ist wichtig, wenn man einander verstehen und zusammenleben will, aber weit mehr ist möglich, wenn der Standpunkt des Prozessgeistes in die Beziehung eingebracht wird. Das Geheimnis von Beziehungen ist das Quantentheater, das heißt, den Prozessgeist zu finden und ihn zu benutzen, um zwischen Rollen und Teilen hin- und her zu fließen und sich nur kurz, wenn überhaupt, mit irgendeiner Person, einem Signal oder Teil zu verbinden.

Abbildung 16.4 fasst die verschiedenen Ideen über Beziehungen in diesem Buch zusammen. Vom Standpunkt der Essenzebene aus betrachtet, drehen sich Beziehungen um Ihren Totemgeist oder Prozessgeist, der sich selbst entdeckt.

Dieser Standpunkt liegt einer Praxis zugrunde, die Tausende von Jahren alt ist und unter den Angehörigen der Urvölker noch immer benutzt wird.

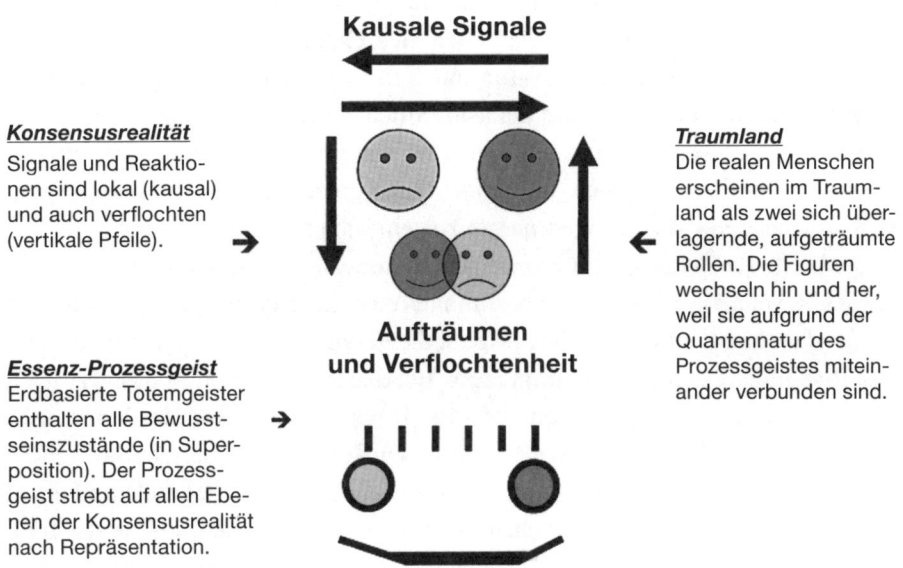

Abbildung 16.4 Der Prozessgeist (als ein lächelndes Gesicht) in Beziehungen.

Als Amy und ich die afrikanischen Schamanen fragten, wie sie mit Beziehungen arbeiten (siehe Kapitel 11), sagten sie, dass sie nur kurz mit den Hilfesuchenden sprechen und diese dann nach Hause schicken würden. „Aber", wand ich ein, „was ist mit ihrem Austausch, der persönlichen Verbindung mit der Beziehung?" Die Schamanen entgegneten: „Nein, nein, schick sie nach Hause. Rate Menschen nie dazu, miteinander zu sprechen!" Ich fragte: „Was macht Ihr, um zu helfen?" Sie sagten so etwas wie: „Naja, hm ... wir sprechen mit dem Geist." Sie führten Rituale für den Geist durch, der die Menschen in Beziehungen verbindet; sie verbanden sich mit ihrem Prozessgeist und arbeiteten auf nichtlokale Weise mit dem $u + X$ in Beziehungen.

Beziehungsarbeit und Liebes-Revolution

Der Prozessgeist ist die Intelligenz und Kraft der Liebe. Ich spreche nicht von der Liebe, die „nett sein" bedeutet. Ich spreche davon, dass die Liebe der meisterhafte Facilitator-Prozess hinter allen Beziehungsproblemen ist, seien sie persönlicher oder beruflicher Natur, auf Gruppen oder internationale Fragen bezogen. In diesem Sinne eines unauslöschlichen Phänomens der Essenzebene ist die Liebe jenseits von gut und schlecht, nett und weniger nett. Sie umfasst die Energien, die wir mögen, und findet einen guten Umgang mit demjenigen, was zunächst eine schwierige Energie zu sein schien.

Der bewusste Gebrauch des Prozessgeistes in Beziehungen ist eine neue Art der Liebes-Revolution. Während wir bestimmte Aspekte an unseren Freunden mögen und andere nicht, nimmt der Prozessgeist die gesamte Beziehung an und benutzt alle ihre Teile für seinen Gesamtprozess. Bei dieser Revolution ist das, was auch immer Sie träumen oder fühlen, sowohl „Ihres" als auch Teil des lebendigen Feldes der Beziehung. Einer der Schlüssel zu Beziehungen besteht darin, halb in seinem Prozessgeist zu sein und halb draußen. Sagen Sie der anderen Person „Hallo" und öffnen Sie sich gleichzeitig für eine andere Ebene, auf der die Teile und raumlosen Geister so sehr zu Ihnen gehören wie zum Kosmos.

Die meisten Menschen warten in Beziehungen darauf, dass die Dinge aus dem anderen auftauchen. Befinden wir uns aber im veränderten Bewusstseinszustand des Prozessgeistes, warten wir auch darauf, dass Identitäten – unsere eigene und die der anderen Person – untertauchen, um dann wieder aufzutauchen! Die Realität und die träumenden Bereiche funktionieren am besten, wenn sie Teil eines Prozesses konstanten Unter- und Wieder-Auftauchens im Fluss der Zeitlosigkeit sind. Wenn ein Freund beispielsweise dauernd anzurufen vergisst, sind Sie in der Konsensusrealität vielleicht ärgerlich, aber auf der Essenzebene wissen Sie möglicherweise schon, was Ihr Freund in jenem Gespräch sagen würde. Folglich können Sie zwar immer noch wütend, aber gleichzeitig auch nicht wütend sein. In gewisser Hinsicht, nämlich auf der Essenzebene, haben Sie ebenfalls nicht angerufen. Es gibt eine fließende Einheit, einen Fluss, der sich zickzackförmig zwischen den verschiedenen Teilen der Situation hin- und herbewegt. Sie sind derjenige, der ärgerlich ist, Sie sind derjenige, der anzurufen vergessen hat, und Sie sind keiner von beiden – Sie sind der Fluss, eine omnisziente, omnipräsente Schöpfung, die für jeden Teil spricht, einen nach dem anderen, so wie er auftaucht.

Ist dies eine seltsame Sicht von Beziehungen? Ja sicherlich! Aber wir brauchen mehr als die Perspektive der Konsensusrealität, wenn wir uns bessere Beziehungen wünschen. Die Geschichte zeigt, dass die Menschheit nicht mit einer hohen bewussten Intelligenz in Bezug auf Beziehungen geboren wurde. Wir müssen unsere Beziehungsintelligenz entwickeln, zu Schamaninnen und Schamanen werden, und veränderte Bewusstseinszustände im Quantentheater benutzen. Um Beziehungen, Ihnen selbst und Gruppenprozessen aller Art zu helfen, seien Sie eine Schamanin oder ein Schamane: Warten Sie darauf, dass die Dinge auftauchen, aber tauchen Sie ebenfalls freudig unter und fließen Sie zwischen dem *u* und dem *X* hin und her. Dieser Ansatz ist besonders hilfreich bei symmetrischen Anschuldigungen. In einem symmetrischen Anschuldigungsprozess hat jede Partei das Gefühl, die andere Partei habe die Situation verursacht. Diese Haltung ist der Anfangspunkt und die Brennstoffquelle für alle Konflikte, die wir erfahren, von alltäglichen Beziehungsstreitereien bis hin zu Genoziden und Kriegen.

Ich: „Du hast das Problem verursacht."

Du: „Nein! *Du* hast das Problem verursacht!"

Erinnern wir uns jedoch an das „Quantentheater" des Schamanen – das heißt, den Prozessgeist, der alle die träumenden, verflochtenen Teile aufgreift und mit ihnen fließt oder spielt –, dann können die Dinge nur für einen Moment schlecht stehen. Wir können einander zwar mit symmetrischen Anschuldigungen „umbringen", aber wenn wir zum Prozessgeist gelangen, kann jener „Tod" zu Losgelöstheit von unseren einseitigen Positionen führen (zumindest für ein paar Minuten). Lassen Sie die Realität einen Augenblick lang außer Acht. Fließen Sie mit dem Prozessgeist und repräsentieren oder verstehen (under-stand) Sie den Standpunkt des anderen. Dann geben Sie vielleicht zu: „Ja, dein Standpunkt ist wichtig. Von jenem Standpunkt aus *bin ich das Problem!*" Wenn der andere das Gefühl hat, dass Sie ihn zutiefst verstehen (under-stand), ist das Problem so gut wie gelöst.

Ein Schamane begibt sich in einen veränderten Bewusstseinszustand und wechselt die Identität. Lassen Sie also auch Ihre Identität zeitweise los. Benutzen Sie den Prozessgeist, um zwischen den Teilen hin- und herzufließen. Erschaffen Sie ein schamanistisches Quantentheater. Handeln Sie aus den u- und X-Erfahrungen heraus, bevor Ihr Partner das für Sie tun muss. Als ein Softskill wird Ihnen dieses Quantentheater die machtvollste Metafähigkeit verleihen, die ich kenne, eine Fähigkeit, die ich mitunter ein *Softskill* nenne.[1]

Übung 16. Das Quantenverflochtenheits-Theater

Wählen Sie eine Beziehung, in der bisweilen symmetrische Anschuldigungen oder Gefühle auftreten, wie zum Beispiel: „Weil du *das* getan hast, muss ich *dies* tun!". Machen Sie sich Notizen über die beiden Standpunkte oder Rollen, die in konflikthaften Zeiten zwischen Ihnen aufkommen. Nennen Sie die Rolle, die Sie spielen, *A,* und die Rolle der anderen Person *B*. Erinnern Sie sich dann an ein typisches schwieriges Gespräch, in dem Sie als *A* sagen und fühlen könnten: „*B*, du machst mir Schwierigkeiten." Als *B* könnten Sie sagen oder fühlen: „Wenn du, *A*, nicht tun würdest, was du tust, würde ich nicht das tun, was ich tue!" Es geht darum, dass beide Seiten nicht viel eingestehen. Die Worte sind wichtig, aber die Energie ist noch wichtiger. Zeichnen Sie die Energien der beiden Rollen *A* und *B* unter Punkt 16.

Erinnern Sie sich nun an Ihre Prozessgeist-Erfahrung aus Kapitel 15 (oder den Prozessgeist der Beziehung aus Übung 7a in Kapitel 7), oder lokalisieren Sie Ihren Prozessgeist jetzt, indem Sie sich den tiefsten Teil Ihres Körpers und dessen erdbasierten Ort in Erinnerung rufen. Wenn Sie nun dieser Ort oder der Prozessgeist sind, lokalisieren Sie die Energien von *A* und *B*, die Sie soeben als Teile des erdbasierten Feldes gezeichnet haben. Beispielsweise könnte einer der Wind sein und der andere die Bäume. Oder einer die Wüste, der andere ein Kaktus.

Entwickeln Sie nun das Softskill. Während Sie noch immer die erdbasierte Identität des Prozessgeistes spüren, bleiben Sie halb drinnen und halb draußen, und erschaffen Sie ein „Quantenverflochtenheits-Theater". Damit meine ich: Seien Sie Ihr Prozessgeist und erlauben Sie ihm, die Situation zu erfahren und laut mit Ihnen (und/oder *B*) zu sprechen, indem Sie Rollen spüren und ausspielen, während sie zwischen Standpunkt *A* und Standpunkt *B* hin- und herwechseln. Erlauben Sie dem Prozessgeist, sich von einer Seite zur anderen zu bewegen und jeden Standpunkt laut auszusprechen. Spielen Sie als Ihr Prozessgeist beide Rollen, und nehmen Sie wahr, wie Sie zwischen ihnen hin- und herfließen. Indem Sie nah an Ihrem Prozessgeist bleiben und sich von einer Seite zur anderen bewegen und für *A* und *B* sprechen, können Sie eine neue Dimension in der Beziehung entdecken. Machen Sie sich dann Notizen darüber, was Sie entdeckt haben. Notizen sind wichtig wegen der subtilen Natur mancher Softskill-Erfahrungen. Nach meinen Erfahrungen ist dies die wirkungsvollste verfügbare Methode zur Lösung persönlicher und öffentlicher Konflikte.

Das Quantentheater der windigen Stadt

Eine Klientin in meiner Privatpraxis benutzte die vorangehende Übung in Bezug auf die Beziehung mit ihrem Mann, der sie, wie sie sagte, fortwährend verletzte. Lassen Sie mich kurz von ihrem Prozess berichten. Als die erdbasierte Gegend ihres Prozessgeistes stellte sich eine Straße in einer großen Stadt heraus, die häufig von heftigen Winden getroffen wurde. (Siehe Abbildung 16.5.) Sie und ihr Partner lebten in jener Straße, und sie meinte, es sei kein Problem für sie, zu jener wunderbaren Straße zu werden, weil sie sie gut kenne und liebe. Als sie die Rolle von A annahm, fühlte sie sich wie die Straße selbst, „fest und stark". Die Rolle von B war in ihrem Prozess ihr Mann, den sie als übellaunig, aufgebläht und nahezu gewalttätig beschrieb – wie den Wind. Aber er gestand seine Übellaunigkeit nie ein, während sie, trotz seiner Gereiztheit, die Dinge zu Hause in Gang halten musste.

Nach dieser Einführung meditierte sie und fühlte sich immer tiefer in die Erfahrung der Häuser, der Straßenecke und des Windes hinein. Als sie zum Dialog ihres Quantenverflochtenheits-Theaters kam, ergab sich folgender Austausch:

Abbildung 16.5. Wind über der Stadt.
Eine Figur im Quantenverflochtenheits-Theater einer Klientin.

A: Du verletzender Mensch, du hast mir wehgetan! Deine heftigen Ausbrüche und deine Süchte machen dich wild und schrecklich! Du machst mir Angst!
B: Du nichtsnutziges Ding! Wenn du nicht so stur und unnachgiebig wärst, so gefühllos und so kompromisslos, müsste ich nicht dauernd explodieren. Du bringst mich zum Trinken!
A: Ich werde keinen Millimeter zurückweichen! Auch ich kann böse werden, sehr böse!

Noch immer in ihrer Rolle als A hielt sie inne und wandte sich erstaunt zu mir. Sie sagte, dass ihr gewöhnliches Verhalten in der Beziehung ruhig und beständig war. „Ich schreie nie so. Als ich sagte: ‚Ich werde nicht zurückweichen', wurde mir bewusst, dass ich mich auf der anderen Seite befand. Ich fühlte mich wie der Wind, wie mein Partner. Diese mächtige Windenergie hat mir sogar gefallen!"

Lächelnd wechselte sie dann die Rollen und sagte als B Folgendes:

B: So gefällst du mir besser. Du bist anziehender, wenn du schreist. Und wenn du es tust, muss ich es nicht!

Sie war so überrascht von ihrem „Theater", dass sie an diesem Punkt innehielt und lächelte. Dann kamen ihr die Tränen und sie sagte: „Ich glaube, ich liebe ihn immer noch."

Was geschah in dieser nach innen gerichteten Beziehungsarbeit? Sie erfuhr sich als eine Superposition der Teile A und B. Manchmal ist die Atmosphäre in der Straße ruhig, manchmal ist es windig und zu anderen Zeiten eine Kombination aus beiden. Ihr Prozessgeist erlaubte ihr mittels des Beziehungs-Softskills, eine Schamanin zu sein. Sie floss zwischen den Teilen jener Gegend hin und her: den großen, „unbeugsamen" Gebäuden auf der Straße und dem heftigen Wind. Auf diese Weise entdeckte sie nicht nur einen Teil oder den anderen wieder, sondern das Fließen ebenso wie ihre Gefühle.

Kurz danach setzte sie ihr neu erworbenes Softskill um, das heißt, sie spielte das alles vor ihrem Mann aus. Sie berichtete später, dass sie es genossen hatte, in dem Quantentheater dramatisch zu sein und nicht so still wie oftmals im Alltagsleben. Sie sagte, das Ergebnis sei besser gewesen, als sie gehofft hatte. Ihr Mann fühlte sich von ihr gesehen und verstanden, so wie sie befreit war, indem sie seine Energien übernahm. Er gestand ihr sogar, dass ihn seine heftigen Energien auch beunruhigten und ihm Angst vor ihm selbst machten. Das war der Grund, warum er so viel trank. Er sagte ihr, dass er sich noch nie so von ihr verstanden gefühlt hatte.

Probieren Sie das Quantentheater mit jedem aus, mit dem Sie eine bessere Beziehung haben möchten. Entwickeln Sie Ihre Softskills und verändern Sie die Welt, eine Beziehung nach der anderen.

Auf einen Blick

1. Vielleicht wurde die Menschheit ursprünglich nicht mit einem ausgeprägten Sinn für Beziehungen geschaffen. Wir Erwachsene müssen manchmal dorthin zurückgehen, wo wir hergekommen sind. Wir benötigen mehr Bewusstheit für den Prozessgeist und die Art und Weise, wie er erlaubt, uns zwischen verflochtenen Teilen und Positionen hin- und herzubewegen.

2. Wenn Sie und ich das Problem sind, ist „wir" die Lösung, das heißt, das Softskill des Quantentheaters, das aus den Prozessen unserer nichtlokalen Einheit hervorgeht.

3. Erforschen Sie diese Methode in allen Arten von persönlichen Beziehungen, Geschäftsbeziehungen und politischen Beziehungen. Üben Sie für sich selbst und bringen Sie diese Methode in die Öffentlichkeit.

KAPITEL 17

Die Welt als miterschaffende Organisation

Damit wir mit Weltsituationen arbeiten können, benötigen wir eine globale Theorie und damit verbundene Praxis. Bis jetzt hat eine solche Theorie entweder gefehlt oder die existierenden Praktiken haben nicht funktioniert. Da die Prozessarbeit im Prinzip auf Organisationen und Gruppen aller Art in friedlichen oder chaotischen Situationen anwendbar ist, könnte sie hilfreicher sein als anderen Methoden der Organisationsentwicklung, die davon ausgehen, dass Gruppen bereits eine vereinbarte Management-Methode und feststehende Grenzen besitzen. Die Prozessarbeit lässt sich auf Gruppen von Menschen anwenden, die kein vereinbartes vorherrschendes Paradigma, Manager oder Grenzen besitzen. Sie nimmt stattdessen an, dass das vorherrschende Paradigma von Bereichen und Gruppen aller Art in das Prozessgeist-Feld jener Bereiche und Gruppen eingebettet ist.

In der tiefen Demokratie können sich Grenzen fortwährend verändern. Warum? Weil Teile jeder Organisation nichtlokale Erfahrungen sind. Dasselbe gilt für alle Systeme der Konsensusrealität; sie sind lokal und auch nichtlokal und wechselseitig miteinander verbunden. Selbst der Planet Erde ist ein lokales/nichtlokales System, das sich in Überlagerung mit der Milchstraße (unserer Galaxie) und dem gesamten Universum befindet. Die einfachste der Konsensusrealität angehörige Definition einer Gruppe ist eine Gruppe von Menschen, die für miteinander geteilte Ziele arbeiten. Fügen wir dem noch eine mehr tiefendemokratische Sicht hinzu, die verschiedene Bewusstseinsebenen mit einschließt, erhalten wir ein Modell, das aussieht wie der Prozessgeist des Facilitators, wie in Abbildung 8.1 in Kapitel 8 dargestellt. Fügen wir jenem Modell nun noch die Verflochtenheit hinzu, erhalten wir ein Modell der Welt als eine verflochtene, miterschaffende Organisation (siehe Abbildung 17.1). Dieser Ansatz bringt eine Praxis der inneren Arbeit und eine dynamische Gruppenmethode zur Arbeit mit Teams, Gruppen und Weltsituationen hervor.

Die Kenntnis und Erfahrung des Prozessgeistes einer Organisation erlaubt ihr, leichter und erfolgreicher zu funktionieren. Wird dem Prozessgeist keine Aufmerksamkeit geschenkt, mangelt es Organisationen an Kohärenz und sie fallen auseinander, weil die Mitglieder in Bezug auf die Inspiration, die sie alle potentiell miteinander teilen, unbewusst werden. Dann erstarren Menschen in ihren Rollen der Konsensusrealität und werden zu „Quadraten". Die Verflochtenheit des Prozessgeistes vollkommen sichtbar zu machen in Form eines lebendigen Theaters, ermöglicht Gruppen aller Art, ihre innere Fähigkeit zur Selbstorganisation zu entdecken und ihre Mission zu erfüllen, indem sie zwischen den Rollen des Traumlandes hin- und herfließen.

Organisationen können von unten nach oben gemanagt werden, indem man dem „Körper" ebenso wie Menschen mit einem niedrigen (sozialen) Rang folgt; oder von oben nach unten, indem man dem „Kopf" und den Menschen mit einem hohen Rang folgt. Beide Methoden können zur einen oder anderen Zeit wichtig

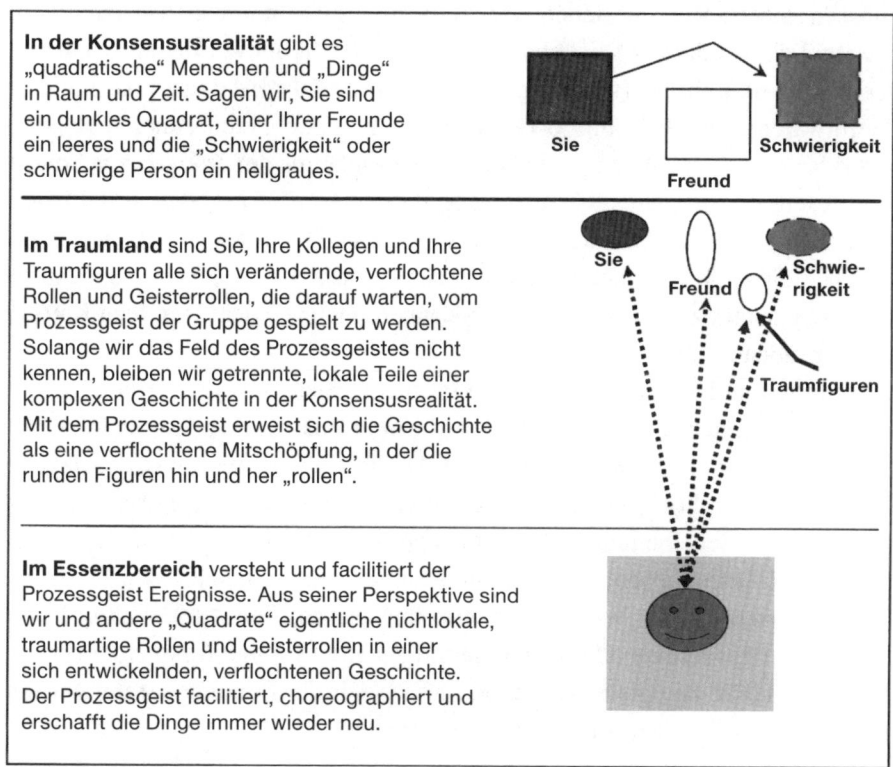

Abbildung 17.1. Die Welt als eine verflochtene, miterschaffende Organisation.

sein, aber keine ist tragfähig. Nur dem Körper (ohne den Kopf) zu folgen, kann eine erforderliche Revolution hervorrufen. Einzig dem Kopf zu folgen, bringt Autokratien und Oligarchien (Führung durch die wenigen) hervor. Dennoch basiert eine Demokratie nicht weniger auf Macht als eine Autokratie: Die Mehrheit herrscht. Dies ist eine Verbesserung gegenüber der Diktatur, aber ohne Anerkennung der tieferen Demokratie und des Prozessgeistes bleibt noch zu viel Macht in den Köpfen aller!

Eine planetarische Perspektive

Vom Standpunkt der tiefen Demokratie aus betrachtet, ist die Welt selbst eine Organisation mit zumindest einem von ihren zahlreichen Teilen geteilten Ziel: Die meisten Menschen wollen überleben. Die Hauptfrage, die wir beantworten müssen, lautet: Wie überleben wir am besten, nicht nur von Augenblick zu Augenblick, sondern auf nachhaltige Weise? Offenkundig müssen wir Krieg reduzieren und unsere Biosphäre erhalten. Während der letzten paar hundert Jahre waren Individuen und bedeutende Weltmächte gleichermaßen auf sich selbst bezogen und haben bis vor kurzem die Zunahme der erdbasierten Fragen wie unsere gestörte Biosphäre, die globale Erwärmung und den unhaltbaren Gebrauch der natürlichen Ressourcen vernachlässigt. In Kapitel 10 sprach ich darüber, die Erde zu benutzen, um mit dem Prozessgeist solcher Gruppenprozesse in Kontakt zu treten, wie sie mit Katastrophen wie dem Hurrikan Katrina in New Orleans verbunden sind.

Wenn wir an irgendeinem globalen Problem arbeiten wollen, benötigen wir einen planetarischen Standpunkt. Das Motto „Denke global, handle lokal" ist seit den 1960er Jahren von Bedeutung. Die in diesem Buch vorgeschlagene „ockerfarbene Politik" schließt ein Beziehungsparadigma mit ein, das beispielsweise besagt: Sei eine reale Person und ebenso die Erde, die ihre im Verflochtenheitstanz befindlichen, das heißt im Quantentheater miteinander agierenden, Teile choreographiert. Was immer wir ohne diesen „Tanz" tun, zeitigt keine tragfähigen Ergebnisse oder bringt unnötigen Konflikt und Misserfolg hervor. Um uns und die Biosphäre zu retten, müssen wir der Prozessgeist der ganzen Erde *sein*, während wir mit ihren Teilen arbeiten.

Wir brauchen den systemischen, nichtlokalen Ansatz, um über die kausale Lösung von Problemen hinauszugelangen. Es ist zweifellos wichtig, den Blick bei der Problemlösung darauf zu richten, die Dinge in Ordnung zu bringen. Spare Energie! Spare Wasser! Aber ohne Bezugnahme auf das ganze System, den Planeten, wird die Lösung eines Problems einfach ein weiteres verursachen und nicht unbedingt mehr Gemeinschaft hervorbringen.

Ist besagtes System dasjenige des Planeten Gaia? Nun ja, auf den ersten Blick. Aber Gaia wird hauptsächlich mit homöostatischen Umweltprozessen assoziiert, die vermutlich Umgebungen schaffen, die biologisches Leben ermöglichen. Wir müssen über unseren biologischen Fokus hinauswachsen in Richtung eines neuen „mythostatischen" Lebenskonzeptes, das heißt, eines Lebenskonzeptes, das den Fokus auf den Planeten Erde mit seinen ökologischen Gemeinschaften richtet und zugleich auf die tiefste Empfindung und die tiefste Bedeutung des Lebens.

Aus dem Blickwinkel der ockerfarbenen Politik ist die kulturelle Erfahrung der Natur des Lebens an einem bestimmten Ort die Kraft hinter der Vision und Ausrichtung jener Kultur. Die Erde ist die Schöpferin kultureller Mythen. Sie ist real, und sie ist auch jene Kraft, die die Schöpfung im physikalischen und mythischen Sinne hervorbringt. Mitunter kann die Menschheit auch Tod oder Auslöschung fürchten, und zwar nicht nur aufgrund von realen Problemen, denen wir gegenüberstehen, sondern weil wir unsere individuelle menschliche Identität „fallenlassen" müssen, um unsere Zukunft neu zu entdecken und mitzuerschaffen. Wir müssen der Geist des Urknalls, der Genesis, von Unkulunkulu, Pachamama oder der Schöpfung sein, wie auch immer wir den Prozessgeist nennen. So wie jeder Einzelne in einer Beziehung seine oder ihre Erfahrung des Prozessgeistes der Beziehung besitzt, so besitzt jedes Individuum, jede Gruppe und jede Kultur ihre eigene Erfahrung der grundlegenden Natur der Erde. Mit der Natur jenes Prozessgeistes in Kontakt zu treten, ist hilfreich, wenn es um die Bewältigung aller möglichen Arten von globalen Problemen, einschließlich ethnischer Konflikte, Umweltfragen und Krieg geht. Der Prozessgeist der Erde könnte helfen, uns besser aufeinander zu beziehen und in einem Quantentheater den Verflochtenheitstanz tanzend zwischen den verschiedenen Polaritäten und Rollen – wie auch immer von jedem Einzelnen definiert – hin- und herzuschwingen.

Denken Sie an die physikalische Erde; sie ist ein fünf Milliarden Jahre alter Planet. In Abbildung 17.2 sehen Sie ihre verschiedenen physikalischen Ebenen. Auf ihrer Oberfläche bietet sie Millionen lebender Arten ein Zuhause. Dennoch bildet ihre Kruste, worauf wir leben, nur eine sehr dünne Haut. Darunter befinden sich viele chemisch aktive Schichten. Die Erde besitzt einen inneren Kern, der etwa 70 Prozent der Größe des Mondes misst und möglicherweise heißer ist als die Oberfläche der Sonne. Die Erde interagiert mit anderen Planeten und dem äußeren Raum, während sie sich zusammen mit anderen Teilen des Solarsystems um die Sonne dreht.

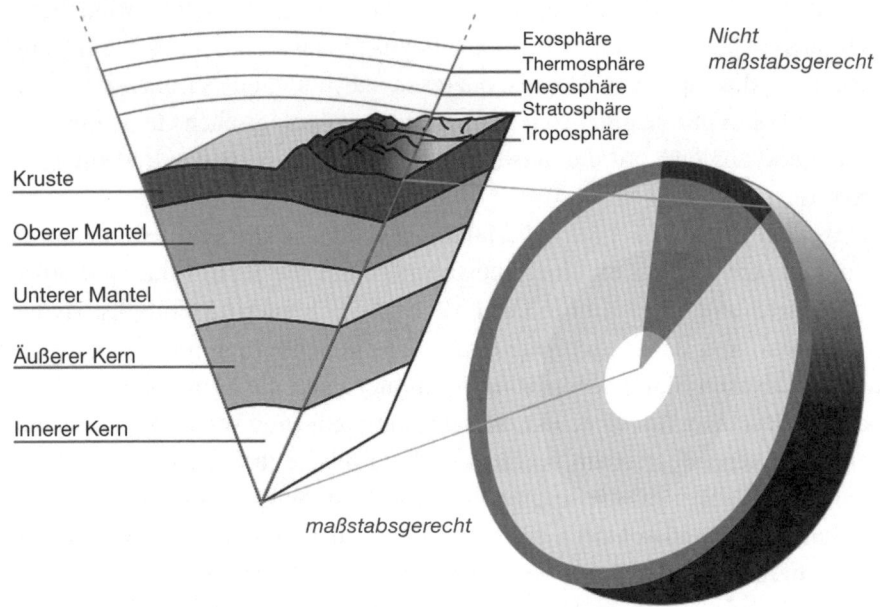

Abbildung 17.2. Der Planet Erde und sein Kern.

Gleichzeitig ist unsere Erde eine multidimensionale, traumartige Göttin, die beispielsweise in Form der Pachamama der Inkas bildlich dargestellt wurde, einer Göttin, die sowohl Erdbeben als auch die Fruchtbarkeit des menschlichen Getreides hervorbringt. Sie ist auch eine unsagbare Essenz, die manche unter uns bewusst spüren, in die sie hineinatmen, auf die sie sich beziehen und zu der sie werden.

Ältestenschaft

Dieser reale und auch traumartige Planet ist der bedeutendste Teil der wachsenden planetarischen Ältestenschaft eines jeden Einzelnen. Diese Ältestenschaft wird über unsere Fähigkeit geschaffen, uns nicht nur mit anderen Menschen, sondern auch mit der Weisheit der Erde selbst zu verbinden. Diese Weisheit kann uns darin anleiten, mit der Oberfläche der Erde sorgsam umzugehen, während wir uns mit ihr durch das Universum bewegen. Die reale Erde und der Mond inspirieren uns zu träumen (siehe Abbildung 17.3).

In meinem 1980 erschienenen Buch *Das Jahr eins* schrieb ich, dass es einer Person von Hundert in irgendeiner gegebenen Gemeinschaft bedarf, um jene Gemeinschaft zusammenzuschweißen. Aber jene Person zu finden, ist eine ziemlich schwierige Aufgabe. Sie muss Zugang zur Erde ebenso wie zu ihrem eigenen Prozessgeist haben, um allen Seiten zuhören und sie verkörpern zu können. Sie muss eine Schamanin oder ein Schamane sein und den Verflochtenheitstanz in einem Quantentheater tanzen, das Ereignisse an der Oberfläche und darunter, Ereignisse in menschlichen Gemeinschaften ebenso wie Träume in sich einschließt. Sie benötigt eine zweite Ausbildungsstufe. Rufen Sie sich in Erinnerung, dass die erste Ausbildungsstufe auf den Erwerb von Fähigkeiten fokussiert ist, während die zweite Ausbildungsstufe den Fokus auf den Zugang zum Prozessgeist und diesem Planeten in all seinen Formen richtet. Während die erste Ausbildungsstufe darauf abzielt, was wir „Hardskills" nennen können, wie das Facilitieren des Signalaustausches in einer Kommunikation, vermittelt uns die zweite Ausbildungsstufe die „Softskills" oder emotionale Intelligenz, die wir benötigen, um mit anderen und dem Universum auszukommen.

Die Führungsqualität der zweiten Ausbildungsstufe zu entwickeln, ist von großer Bedeutung. Dennoch glaube ich nicht, dass wir mächtigere Führungspersönlichkeiten brauchen. Was dieser Planet braucht, sind Teamschöpfer: Individuen mit einem „Softskill" (zum Beispiel Zugang zum Prozessgeist), die uns allen helfen können zusammenzuarbeiten, indem wir uns tiefer miteinander und mit allen Teilen des Systems verbinden. Stellen Sie sich vor, Teams mitzuerschaffen, die nicht nur aus Ihrem Freundeskreis bestehen, sondern aus Individuen, Gruppen und Nationen, die weder Sie noch einander mögen! Das ist unsere nächste große Aufgabe: eine Teamarbeit zu erschaffen, die Tiere, Pflanzen, Steine, Menschen, Maschinen und insbesondere Menschen mit einschließt, die wir nicht mögen. Wir brauchen Facilitatorinnen und Facilitatoren, die die prozessorientierte

Abbildung 17.3. Erde und Vollmond.

Ökologie verstehen und fähig sind, unseren physikalischen sowie psychologischen Müll zu recyceln. Sie müssen imstande sein, Karton ebenso wie psychologische Projektionen und Plastik ebenso wie Geisterrollen wiederzuverwenden, damit unsere „Flüsse" wieder frei fließen können. Wir brauchen Menschen, die dem Kern der Erde ebenso verbunden sind wie Menschen, Tieren und Pflanzen – Menschen, die fähig sind, mit Beziehungen auf allen Ebenen zu arbeiten.

Wie entwickeln wir die benötigten Fähigkeiten in uns? Die von Moment zu Moment gültige Antwort lautet: „Verspüre eine Abneigung gegen die Schwierigkeit, nimm deren Energie wahr, lass dich in die Erde hineinfallen und fließe mit der schwierigen Energie!" Jedes Mal, wenn Sie Abfall sehen, *benutzen* Sie ihn. Recyceln Sie ihn. Seien Sie zunächst der Abfall und dann derjenige, der alles aufräumt. Wann immer Sie einem Unterdrücker begegnen, bringen Sie jene Figur auf die Bühne des Quantentheaters, sowohl alleine als auch mit anderen. Werden Sie sofort zu all den verschiedenen Teilen. Tanzen Sie den Verflochtenheitstanz! Die Verflochtenheit wird jener Person helfen, aus der Rolle des Unterdrückers auszusteigen, und alle befähigen, jene Energie auf eine Weise zu nutzen, die dem Ganzen besser dient.

Der Prozessgeist in Aktion

Kann eine Person von Hundert oder sogar Tausend von entscheidender Bedeutung sein? Ja! Woher ich das weiß? Ich habe derartige Verflochtenheitstänze geschehen sehen. In meinem Buch *Mitten im Feuer* beschrieb ich eines der einprägsamsten Ereignisse meines Lebens. Ich muss dieses Ereignis hier noch einmal erzählen, weil es aufzeigt, wie die eine benötigte Person in schwierigen Zeiten spontan auftauchen kann. Es geschah 1992 im Rahmen eines spannungsgeladenen Forums und Großgruppen-Prozesses, den Amy und ich in Oakland, Kalifornien, ein paar Tage vor der Urteilsverkündung im Rodney-King-Prozess facilitierten. Wir waren dort zusammen mit anderen Kollegen und Freunden, zum Teil deshalb, weil schwere Unruhen in der Luft lagen. Die problematische Situation war 1991 entstanden, als Video-Aufnahmen zeigten, wie Polizisten des Los Angeles Police Departments auf den afroamerikanischen Taxifahrer Rodney King einschlugen, der zu schnell gefahren war. Die Polizisten wurden vor Gericht gestellt und trotz der belastenden Beweise von den Geschworenen freigesprochen. Unmittelbar nach dem Prozess brachen in vielen amerikanischen Städten Unruhen aus, wobei sich die Aufständischen in Los Angeles selbst auf Tausende beliefen. Nachdem Polizei, Militär und Marine die Ordnung wiederhergestellt hatten, waren 55 Tote, 2383 Verletzte, mehr als 7000 Brände, Schäden an 3100 Geschäften und etwa 1 Milliarde Dollar an finanziellen Verlusten zu beklagen.

Nur wenige Tage vor Ausbruch jener Unruhen arbeiteten wir mit Hunderten von Menschen am Thema des Rassismus. Die Situation in dem Saal war extrem angespannt. Stellen Sie sich Hunderte von Menschen voller Schmerz und Wut vor, die auf Wiedergutmachung des Unrechts hofften. Sie schrien und brüllten sich alle gleichzeitig gegenseitig an.

Inmitten jener schmerzvollen Situation trat ein Mann hervor und begann leise vor sich hin zu wimmern. Zunächst sahen oder hörten ihn nur wenige. Langsam bewegte er sich vom äußeren Rand der großen Gruppe in die Mitte der hitzigen Diskussion, wobei er immer tiefer in sich selbst versank. Er erreichte die Mitte des Raumes, wo sich ein Kreis gebildet hatte. Sein Wimmern schwoll an, bis es zu einem Schrei wurde, während er sich auf seinen Füßen hin- und herzuwiegen begann, zunächst zur einen, dann zur anderen Seite. Er stöhnte und rief im Rhythmus seiner Körperbewegungen aus: „Dies ist weder schwarzer noch weißer Schmerz, es ist unser aller Schmerz!" Er begann zu weinen, er wimmerte, während er „sang" und sich hin- und herwiegte. Die Atmosphäre war intensiv. Zunächst gingen einige Menschen zu ihm hinüber, um ihn zu halten. Bald standen alle im Saal um den einen Mann herum, der spontan mit seinem alle Teile des Konflikts umfassenden Prozessgeist Kontakt aufgenommen hatte. Er klagte und wimmerte, halb sprechend, halb singend, während er sich hin- und herwiegte, sodass alle, ob schwarz oder weiß, zu Tränen gerührt waren.

Die ganze Gruppe kam zusammen und drängte sich um ihn und seine Leidenschaft sowie den tiefempfundenen Schmerz für die eine und dann die andere Seite. Auf seine Weise umfasste er alle und fühlte und sprach für jeden in einer Art von Quantentheater. Bald begann eine Person zu sprechen und dann eine weitere. Andere schwiegen und hörten zu. Nachdem Einzelpersonen gesprochen hatten, traten Gruppen, die verschiedene Altersstufen, Ethnien und Religionen repräsentierten, spontan und stolz hervor, eine nach der anderen, um jene Lieder zu singen, die das Numinose ihrer Kulturen zum Ausdruck brachten. Das Gefühl in dem Raum war und ist bis heute unbeschreiblich. Etwa eine halbe Stunde später begannen alle, wie von einer unsichtbaren Kraft geleitet, organisch miteinander an den schmerzvollen aktuellen Themen zu arbeiten.

Vereinigendes Bewusstsein

Jener eine begabte Mann hatte Zugang zum vereinigenden Bewusstsein seines Prozessgeistes. Alle konnten das spüren. Als er wimmerte, sang und sprach, war jede einzelne Person im Raum berührt. Ebenso wichtig wie die vibrierende Atmosphäre, die daraus entstand, war der leidenschaftliche Enthusiasmus, über sich selbst zu kommunizieren und zusammenzuarbeiten, den die Menschen verspürten. Und ebenso wichtig wie diese Ergebnisse im Moment war ein Ergebnis, das erst später sichtbar wurde. Als einige Tage später in Reaktion auf das Gerichtsurteil in vielen Städten Amerikas Krawalle ausbrachen, war die Gegend zwischen San Francisco und Oakland die einzige der Hauptstadtregionen mit einem großen afroamerikanischen Bevölkerungsanteil, die *nicht* in destruktiven Krawallen und offenem Konflikt versank. Der *San Francisco Chronicle* schrieb diese Tatsache dem Geschehen während unseres Stadtforums zu.[1] Vielleicht sind die ökologischen Prozesse der Gruppe und der Stadt eng miteinander verbunden, zum Nachteil oder zum Vorteil, wie in diesem Fall.

Die Zeitung pries Amy und mich. Aber wir waren weniger bedeutend als jener einzelne Mann. Aufgrund seiner spontanen Prozessgeist-Erfahrung war er in der Gruppenarbeit weiter als wir damals. Wenn eine Person solch eine Auswirkung auf einen dermaßen großen und intensiven Konflikt haben kann, indem sie ihn mittels der Beziehung zu ihrem tiefsten Selbst in bewusste Mitschöpfung verwandelt, stellen Sie sich vor, was ein paar solche Menschen für den ganzen Planeten tun könnten. Das erinnert mich an den Pfarrer Howard Thurman, einen Schüler von Ghandi und offensichtlichen Mentor und geistigen Lehrer von Martin Luther King jr. 1944 gründete er eine der ersten ethnischintegrierten, multikulturellen Kirchen in den Vereinigten Staaten. In seinem Essay „The Search for Common Ground: An Inquiry into the Basis of Man's Experience of Community" schreibt er:

> Bei den Konflikten zwischen Mensch und Mensch, zwischen Gruppe und Gruppe, zwischen Nation und Nation, ist die Einsamkeit desjenigen, der nach Gemeinschaft sucht, mitunter unerträglich. Die radikale Spannung zwischen Gut und Böse, wie der Mensch sie sieht und fühlt, hat nicht das letzte Wort in Bezug auf den Sinn des Lebens und die Natur der Existenz. ... Er muss sich immer bewusst sein, dass die Widersprüche des Lebens nicht feststehend oder endgültig sind; er muss fehlendes von einem vielseitigen Bewusstsein unterscheiden. ... Er wird... eine Harmonie wahrnehmen, die alle Verschiedenheiten transzendiert und worin die Verschiedenheit ihren Reichtum und ihre Bedeutung findet.[2]

Dr. Thurman rät davon ab, sich bloß mit den unmittelbaren Problemen an der Oberfläche zu beschäftigen. Er fährt fort: „Frage dich nicht, was die Welt braucht. Frage dich, was dich lebendig werden lässt, und dann geh los und tue das. Denn was die Welt braucht, sind Menschen, die lebendig geworden sind."[3]

Übung 17: Der Krafttanz des Facilitators für Organisationen

Um Ihnen, liebe Leserin, lieber Leser und der Welt helfen zu können, müssen wir wissen, was Sie lebendig werden lässt. Im Sinne des vorliegenden Buches lautet die tiefste Antwort: Ihr Prozessgeist oder der Prozessgeist einer Stadt oder eines Naturraums und die Art und Weise, wie er verflochtene Teile und deren Interaktion fließend zum Leben erweckt. Die folgende innere Arbeit zur Vorbereitung auf die Arbeit mit einer großen Gruppe oder Organisation gründet darauf, was „Sie lebendig werden lässt", nämlich dem erdbasierten Geist einer Gegend. Finden Sie jene Kraft, die Sie lebendig werden lässt, und leben Sie sie, indem Sie deren nichtlokale Omnipräsenz spüren, während Sie lokal im öffentlichen Raum handeln. Sie können diese Übung für jede Organisation benutzen, einschließlich Ihrer eigenen Familie, die, nebenbei gesagt, vielleicht eine der schwierigsten aller Weltgruppen darstellt.

Dem Prozessgeist der Gruppe zu folgen, wird Sie befähigen, auf eine Weise zu „singen" und sich zu bewegen, die andere dazu anregt, ebenfalls zu „singen" und gleichsam den Verflochtenheitstanz zu tanzen. Der Prozessgeist wird sich mit allen Gruppenrollen verbinden, damit fließen und sie spielen, als wären sie Ihre eigenen, weil sie in einem nichtlokalen Sinne Ihre eigenen sind. Machen Sie diese Übung mit Freunden (oder stellen Sie sich zunächst zwei Freunde vor, die typische Rollen der Organisation oder der Familie für Sie spielen). Wir suchen den Rhythmus und die Bewegung des „Krafttanzes" des Prozessgeistes. Die Bewegungen und die Erfahrung werden Sie darüber informieren, was zu tun ist, damit ein Quantentheater entsteht. Der Prozessgeist und sein Krafttanz sind Ihre potentiellen „Geschenke" an die Welt.

Konzentrieren Sie sich zunächst auf das schwierigste Familien-, Geschäfts-, Gruppen-, Organisations- oder Weltproblem, das Ihnen in den Sinn kommt. Welche Menschen/Rollen sind daran beteiligt? Was beunruhigt Sie am meisten? Das heißt, welche Rolle oder Person oder Gruppe bereitet Ihnen die größten Probleme? Nennen Sie diese Rolle *B*. Welche Rolle spielen Sie für gewöhnlich? Nennen Sie jene Rolle *A*. Stellen Sie sich *A* und *B* nun kurz vor, spüren Sie in sie hinein, und machen Sie für jede Seite eine damit einhergehende Handbewegung. Machen Sie sich unter Punkt 17 in der Ecke Ihres Collagequadrats eine Notiz über die Energien von *A* und *B* oder zeichnen Sie sie.

Fragen Sie sich nun, welcher Raum oder welche Atmosphäre für jene Familie, Organisation oder Gruppe typisch ist. Die Atmosphäre kann wunderbar oder schrecklich sein. Das Wichtige ist, eine typische zu finden! Stellen Sie sich hin und fühlen Sie jenen Raum oder jene Atmosphäre überall um Sie herum. Während Sie sie fühlen, atmen Sie in sie hinein. Ist sie hitzig, schwer, dicht, deprimierend, luftig oder schön? Machen Sie ein Gesicht, das jene Atmosphäre zum Ausdruck bringt. Fühlen Sie die Atmosphäre erneut, machen Sie das Gesicht und lassen Sie sich ein wenig von der Atmosphäre bewegen. Und während Sie sich bewegen und in die Atmosphäre hineinatmen, verbinden Sie diese Erfahrung mit einer erdbasierten, natürlichen Gegend. Gehen Sie dorthin und spüren Sie sich selbst als jenen Ort. Spüren Sie seine Kraft. Nehmen Sie wahr, wie er sich auf Ihren Körper auswirkt. Nehmen Sie sich Zeit mit diesem veränderten Bewusstseinszustand. Wenn Sie ihn gut spüren, nehmen Sie wahr, wie die Kraft jenes Ortes Sie in einen Tanz zu bewegen beginnt. Erlauben Sie ihr, Sie zu tanzen, bis Sie fühlen, dass *Sie selbst der Ort sind, der Sie bewegt, jene Kraft und Erdenergie mit ihrem Krafttanz*. Spüren Sie während des Tanzens die Botschaft, die Ihr Tanz zum Ausdruck bringt.

Erlauben Sie dann jenem Erdpunkt und jenem Tanz, sich selbst schnell auf den Collageseiten unter Punkt 17 zu zeichnen. Machen Sie sich Notizen darüber, was der Ort/Tanz über sich gesagt hat. Auf welche Weise lässt Sie dieser Tanz „lebendig" werden? Machen Sie sich eine Notiz darüber. Fühlen und tanzen Sie nun noch einmal den Krafttanz des Prozessgeistes, und sprechen Sie währenddessen mit Ihrem Alltagsselbst als *A* über diese Tanzerfahrung. Und während Sie noch immer tanzen, erinnern Sie sich, wenn Sie so weit sind, an *B*, die schwierige Situation, Person oder Gruppe. Nehmen Sie wahr, wie der Krafttanz des Prozessgeistes mit seinem Tanz und veränderten Bewusstseinszustand auf seine eigene Weise damit umgeht. Machen Sie nun als Ihr Prozessgeist Klänge und Bewegungen, und spielen oder tanzen Sie sogar die Rollen von *A* und *B*. Widmen Sie jeder Rolle Zeit und Aufmerksamkeit. Inwiefern sind diese beiden Rollen im Sinne des Prozessgeistes Teil von Ihnen selbst? Stellen Sie sich vor, dies mit den realen Menschen in jener Organisation zu machen. Ihr Körper wird Ihnen sagen, wann Sie fertig sind.

Arbeit mit dem Küchentisch

Das folgende Beispiel für diese Übung ist ein Auszug aus einem wörtlichen Bericht. Veränderungen habe ich lediglich vorgenommen, wo es darum geht, die Identität der Beteiligten zu schützen.

> LOUISE: Ich habe jahrelang nicht zu Hause gelebt. Also kehrte ich zurück, um meine Familie neu kennenzulernen. Das war das Schwierigste, was ich je getan habe. ... In meiner Familie gibt es etwas so Totes ... so Unangenehmes und Stummes, beinahe Ersticktes. ... Im Hintergrund liegen der Holocaust und große Verluste. Da sind Gewalt und Tod gegenwärtig; nur eine Person in meiner Familie überlebte, und das war mein Vater. Konzentrationslager, Gaskammern, Ghettos – das ist hart. Nun wird der Geist meines Vaters etwas schwächer ... und er spricht viel über jenes schreckliche historische Ereignis in seinem Leben, obwohl er nie zuvor darüber sprach.
> Die Rolle, die mich in dieser Familienszene am meisten beunruhigt, ist diejenige, die seine Partnerin spielt. Sie hat die Nase voll von ihm und kann es nicht aushalten, dass er in einen magischeren, anderen Bewusstseinszustand eintritt. Über Demenz sagte sie: „Da denkt man doch wirklich an Euthanasie." Als sie das sagte, dachte ich: „Oh mein Gott, nun, da er alt wird, sieht er sich derselben Kraft gegenüber, die ihn bereits zuvor zu töten drohte – heißt das, dass man sterben muss, wenn man nicht normal ist?"
> Die Rollen und Energien in jener Familienszene sind alle in mir, sowohl diejenige, die versucht, Bewusstheit in die Situation zu bringen, als auch die kalte und mörderische Natur meiner Stiefmutter. Brrr! Der typische Raum oder die typische Atmosphäre dieser Familie ist die Küche. Ich hasse diese Küche! Sie ist wirklich einfach ... öde ... und oberflächlich ... in der Küche steht dieser schreckliche Tisch, um den alle herumsitzen. Der Tisch ist wacklig! Wenn man sich auf eine bestimmte Weise bewegt, fällt etwas hinunter. Und die Stühle sind wirklich unbequem, und alles, was zur Verbesserung der Küche unternommen wird, macht es noch schlimmer!"

Nachdem sie über die Atmosphäre jener Küche meditiert hatte, fuhr Louise mit der Übung fort.

LOUISE: Die Essenz und Atmosphäre des Bereiches um den Küchentisch herum ... hm ... erinnert mich aus irgendeinem Grund an einen sehr bergigen Teil von Tasmanien, jene Insel vor der Küste Australiens. Sie ist überall mit diesem scharfen Gras bewachsen ... wenn man es mit den Beinen streift, bekommt man Kratzer. Aber die Berge sind unglaublich. Es ist dort kalt, aber sehr schön ... wunderschön ... wenn ich dort hingehe ... oh, ich hatte gerade eine plötzliche Einsicht, die von dem Land ausging. Tasmanien sagte: „Wo sind meine Leute?" Mir kommt der Genozid an den Ureinwohnern dort in den Sinn – sie wurden vollkommen ausgelöscht ... [beginnt zu weinen und atmet tief ein und aus.]

Louise trat dann in das von ihrem Prozessgeist facilitierte und erschaffene Quantentheater ein und spielte die Rollen und den Prozess zwischen ihr und ihrer Stiefmutter aus.

LOUISE ALS STIEFMUTTER: Als Partnerin muss ich „kratzen", ich muss sagen, dass ich auch leide. ... Ich habe eine interessante Fernsehsendung über Euthanasie gesehen, das Töten von Menschen, um sie von ihrem Leiden zu befreien.
LOUISE ALS SIE SELBST: [Hört zu und reagiert dann] Stop Stiefmutter, bis hierher und nicht weiter! Ich möchte nicht, dass du solche Dinge sagst! Nein! Kein weiterer Holocaust. [Dann ruhiger und von ihrer Prozessgeist-Erfahrung losgelöst] Stiefmutter, ich möchte dir ein wenig helfen. Ich glaube, du musst einmal mit jemandem reden. Ich glaube, dass du mit dieser ganzen Erfahrung sehr alleine bist. Ich stelle mir vor, dass deine Situation sehr schwer sein muss, dass du an so etwas gedacht hast ... wie schrecklich, wie sehr musst du leiden. Oh! Es tut wirklich weh ... die Fernsehsendung zu sehen und zu glauben ... dass der Tod am Ende eine Erleichterung ist. Es tut mir so leid für dich.
LOUISE ALS STIEFMUTTER: Ich glaube, ich werde jetzt gleich in Tränen ausbrechen ... nein, das werde ich nicht ... doch, ich werde ... mein Gott, ich könnte wirklich weinen.

Louise trat aus dem verflochtenen Prozess heraus und sagte: „Mir war nie bewusst, wie unglaublich einsam meine Stiefmutter ist. Was für eine Einsicht."
Das war das Ende von Louises Familien-Quantentheater in unserem Beisein. Es half ihr, nach Hause zurückzukehren und den Prozess ihres Verflochtenheitstanzes dort zu vervollständigen. Sie ließ uns wissen, dass sie und ihre Stiefmutter nach Louises Rückkehr an den Küchentisch miteinander „tanzten". Das heißt, zwischen ihnen fanden zum ersten Mal intimere und unterstützendere

Interaktionen statt, die mit nichts zu vergleichen waren, was in den fünfunddreißig Jahren ihrer Beziehung zwischen ihnen stattgefunden hatte. Sie ließ uns ebenfalls wissen, dass ihre Stiefmutter jenen schrecklichen Küchentisch etwa einen Monat später durch einen neuen, stabileren ersetzt hatte, um den die ganze Familie bequem sitzen konnte.

Ihr Geschenk

Was können wir von solchen Erfahrungen lernen, die Umweltsituationen, historische Probleme, Traumata und die Erneuerung von Beziehungen miteinander verbinden? Wieder legt Howard Thurman nahe: „Frage dich nicht, was die Welt braucht. Frage dich, was dich lebendig werden lässt, und dann geh los und tue das. Denn was die Welt braucht, sind Menschen, die lebendig geworden sind." Konzentrieren Sie sich nicht bloß auf die Lösung von Problemen; konzentrieren Sie sich auf den Geist der Erde, der Sie „lebendig werden lässt". Das, was Sie lebendig werden lässt, ist potentiell Ihr größtes Geschenk an die Welt.

Unsere Erde weiß, wie sie mit ihren Problemen umgehen muss.[4] Selbst die schrecklichste Atmosphäre, selbst ein alter, schmuddeliger Küchentisch mit seiner Atmosphäre besitzt ein heiliges Stück Natur, das damit verbunden ist. Die Präsenz der Erde „kann" jeden „Küchentisch" transformieren. Die schrecklichste Familienatmosphäre, die angespannteste Organisation, der blutigste Krieg oder die problematischste ökologische Region der Welt erscheinen hoffnungslos, bis wir am Verflochtenheitstanz der Erde teilnehmen, der sich über Gut und Böse hinausbewegt. Anstatt die Probleme der Welt zu ignorieren oder zu bekämpfen, seien es die kleinsten oder die größten, tauchen Sie tiefer darin ein, um sie als den Beginn einer neuen Geschichte zu „verstehen" (under-stand).

Unser lokales Selbst zu sein und zugleich an dem nichtlokalen Verflochtenheitstanz mit allen Aspekten der Situation teilzunehmen, bringt Hoffnung, selbst wenn zuvor kaum welche vorhanden war. Folgen Sie Pachamama, während sie unseren Planeten neu organisiert, damit wir alle zusammen um den Tisch sitzen können. Zunächst werden Sie sich wie der Mann in Oakland möglicherweise inmitten von Hunderten alleine fühlen. Aber Sie sind nicht alleine, wenn Sie Ihrem Prozessgeist folgen, da Sie uns andere berühren und daran erinnern, dass wir die Gemeinschaft, die wir immer wollten, neu erschaffen können, indem wir der Erde folgen.

Auf einen Blick

Selbst das schlimmste Team, die schlimmste Gruppe oder ökologische Atmosphäre ist mit einem bedeutsamen Ort auf der Erde verbunden. Um der Erde zu helfen, seien Sie der Planet und tanzen Sie den Verflochtenheitstanz mit seinen Teilen.

SCHLUSSBETRACHTUNG

Ubuntu – Die Zukunft der Welt

Wahrscheinlich bilden die Reflexionen der Leserin oder des Lesers über die eigenen Erfahrungen beim Lesen die beste Schlussbetrachtung eines Buches. (Aus diesem Grund habe ich am Ende der Collageseiten drei weitere als „Liebesland" bezeichnete Kästen eingefügt.) Zusammen mit den meisten anderen Menschen identifizieren Sie sich wahrscheinlich in der Alltagsrealität als eine bestimmte Person, einen Körper, der sich über die Zeit verändert. Aus der Perspektive des Prozessgeistes sind Sie jedoch ein Feld mit lokalen ebenso wie nichtlokalen Verbindungen, ein veränderter Bewusstseinszustand, der mit dem tiefsten Gefühl in Ihrem Körper und einem Lieblingsort auf der Erde verbunden ist. Ich nenne diesen Ort gerne „Liebesland". Vom Liebesland stammen Sie her; es ist Ihr Traummacher, der Kern Ihrer Fähigkeit, sich mit allem und jedem anderen wechselseitig zu verbinden und zu verflechten.

Nehmen Sie sich ein wenig Zeit, um in den Aufzeichnungen Ihrer Erfahrungen auf den Collageseiten in Anhang B zu blättern. Achten Sie darauf, welche erdbasierten Orte häufig in Verbindung mit Ihren Prozessgeist-Erfahrungen auftauchten. Machen Sie sich auf den Collageseiten in Anhang B unter dem Stichwort „Liebesland – das Gebiet Ihrer Heimat" eine Notiz über die Natur dieser Orte. Blättern Sie wieder in den Zeichnungen und Gedanken auf Ihren Collageseiten und nehmen Sie etwaige gemeinsame Prozessgeist-Elemente wahr, die zentral zu sein scheinen. Füllen Sie dann die beiden letzten Kästen aus, indem Sie unter dem Stichwort „Liebesland-Energiezeichnung" eine gemeinsame Energieform zeichnen, die Sie aus der Collage Ihrer Zeichnungen ersehen, und unter dem Stichwort „Liebesland – Inhaltszusammenfassung" einen Satz über die gemeinsamen Gedanken schreiben, die Sie wahrnehmen. Bitte nehmen Sie sich Zeit, um Ihre Antworten niederzuschreiben und darüber zu reflektieren.

Ziehen Sie die Möglichkeit in Betracht, „Ihre Natur zu tragen", womit ich meine, sie zu *sein*, während Sie sich durch die Welt bewegen. „Die eigene Natur zu tragen", erinnert mich an die Fotografie eines Huli-Perückenmannes aus Papua Neuguinea (siehe Abbildung C.1). Diese Art des Selbstschmuckes scheint mir symbolisch für das „Tragen" des Prozessgeistes.

Abbildung C.1. Huli-Perückenmann aus Papua Neuguinea.

Bis hierher habe ich versucht aufzuzeigen, dass der Prozessgeist für die Psychologie ebenso wie für die spirituellen Traditionen zentral ist und grundlegend für die tiefe Demokratie in der Politik. Der Prozessgeist ist eine psychologische Struktur analog zur Quantenwellenfunktion in der Physik, welche die Verflochtenheit und Umkehrbarkeit in der Zeit strukturiert. Der Prozessgeist ist für gewöhnlich ein unsichtbares Feld, das dazu tendiert, unseren Körper zu bewegen und unsere Träume, unsere Umgebungen und Nationen zu organisieren. In vieler Hinsicht gleicht unsere spürende Körpererfahrung einer Kompassnadel oder einem Pendel, das von einem unsichtbaren Feld bewegt wird. Wir können manchmal zu dem Feld „Nein!" sagen, da wir die Fähigkeit besitzen, uns so zu bewegen, wie wir wollen – zumindest für kurze Zeiträume. Wenn wir aber erschöpft sind, sind wir gezwungen, die unheimliche Tendenz noch einmal zu spüren, uns in diese oder jene Richtung zu wenden, ohne genau zu wissen, was jenes Feld ausmacht. Solange wir nicht irgendeine Form der Meditation praktizieren, um mit jenem Feld in Kontakt zu treten, haben wir vielleicht bloß aufflackernde Einsichten in den Prozessgeist als den Ursprung des Bewusstseins. Dennoch müssen wir zu dem Schluss gelangen, dass der Prozessgeist ein selbstorganisierender, über sich selbst reflektierender, geheimnisvoller Raum zwischen uns und allen Dingen ist. Ich habe in diesem Buch darauf hingewiesen, wie die Urvölker die Kraft dieses Feldes im Sinne dessen ehren, was sie „Kraftorte", „Totemgeister" oder das „Träumen" nennen.

Der Prozessgeist bringt die Spekulationen über den „Geist Gottes" in der Physik mit der Struktur der Gotteserfahrungen in den spirituellen Traditionen zusammen. Der Prozessgeist ist ein Versuch, einen gemeinsamen Boden zu finden zwischen der Prozessorientierten Psychologie und anderen psychologischen Schulen, welche die leitende Intelligenz zu verstehen suchen, die beispielsweise hinter unseren Träumen zu erkennen ist. Der Prozessgeist bringt die Psychologie der Erde und unsere Politik der Schwerkraft näher. So wie wir aufgrund einer Mischung aus Schwerkraft und Psychologie zur Erde und zu bestimmten Orten auf der Erde hingezogen werden, so wird die Erde zur Sonne hingezogen. Zusammen mit anderen Planeten bildet unsere Erde das Solarsystem. Gleichermaßen verbindet sich unser System mit der Milchstraße und dem übrigen Universum. Die praktische Botschaft all dessen lautet, dass wir uns in einer Gemeinschaft mit allen Dingen befinden, ob es uns gefällt oder nicht. Wir befinden uns zumindest in Gemeinschaft mit dem Rest unserer Welt, unseres Planeten … und vielleicht des ganzen Universums.

In einem Versuch, die Psychologie zu erweitern, damit sie auf jegliche menschliche Aktivität anwendbar ist und sich umfassender auf das Universum bezieht, bin ich weiter in nichtkognitive Erfahrungsbereiche vorgedrungen, als manchen Lesern vertraut sein mag. In früheren Kapiteln habe ich den Fokus weitgehend auf unsere Psyche gerichtet, indem ich aufgezeigt habe, wie das Feld des Prozessgeistes nicht nur aufflackernde, flirtartige Körpererfahrungen organisiert, sondern auch Beziehungen, kleine Teams ebenso wie Stadt- und Weltereignisse. Ich bin dankbar, dass die Idee des Prozessgeistes im „leeren Geist" des Zen ein verwandtes Konzept gefunden hat. Denken Sie an Suzukis Analogie des Zen-Geistes. In dunklen Nächten, dem leeren Geist ähnlich, geht das unsichtbare elektrische Feld zwischen Himmel und Erde den Blitzentladungen voraus, die unsere Sinne erstaunen.

Die Blitze sind so beeindruckend, dass wir Gefahr laufen, das Feld zu vergessen, das ihnen voranging und nach ihrer Entladung weiterbesteht. Gleichermaßen erscheint das, was im Leben geschieht, als so beeindruckend, so gut oder so schlecht, dass wir oftmals das unglaublich subtile Feld des Prozessgeistes im Hintergrund vergessen. Die Ereignisse, die wir sehen, sind zwar wichtig, aber das Feld hinter jenen Ereignissen ist ebenso wichtig. Suzuki setzte die Kenntnis jenes Feldes mit Erleuchtung gleich.

Die Erkenntnis, dass das Feld des Prozessgeistes in Ihnen und Ihrer Umgebung ständig präsent ist, führt zu einer nützlichen Praxis, die Sie überall durchführen können: Ihre Körpertendenzen zu verfolgen und die dahinterliegende Botschaft zu finden. Besinnen Sie sich auf den tiefsten Teil Ihres Selbst in Ihrem Körper und den damit verbundenen „Liebesland"-Ort, der die fühlbare Erfahrung der Verbindung von Teilen und Menschen enthält, die Sie vielleicht für voneinander getrennt hielten. Das Liebesland facilitiert Interaktionen und versteht Teile nicht als starre Zustände, sondern als Phasen seines Selbst. Es scheint in der Atmosphäre auf, die jenen Teil Ihres Lebensraumes umgibt, den Sie am liebsten mögen. Sehen Sie sich dort um, wo Sie gerade sind. Finden Sie den Platz, der Ihnen am besten gefällt. Die Erfahrungen, die Sie dort machen, zeigen Ihnen, dass das, was Sie leitet, immer nahe bei Ihnen ist.

Einen Zugang zum Liebesland des Prozessgeistes zu haben, kann die Angst vor der Zukunft reduzieren und erlaubt eine Art von Stille inmitten von dynamischer Bewegung, als wäre man selbst das Gewicht am untersten Teil eines schwingenden Pendels (siehe Abbildung C.2). Sie sind geerdet und vermögen dennoch die wellenartigen Feldlinien der Erde zu spüren und mit ihnen zu schwingen, das heißt mit jenen Dingen, die Sie nach rechts und nach links bewegen, sowohl in verschiedene „Seiten" Ihres Selbst als auch der Sie umgebenden Welt. Diese Erfahrung unterscheidet sich von der typischerweise starren

Haltung, die wir angesichts von Veränderungen einnehmen, einer Haltung, die nicht schwingt und uns deshalb fürchten lässt, dass wir zerbrochen werden.

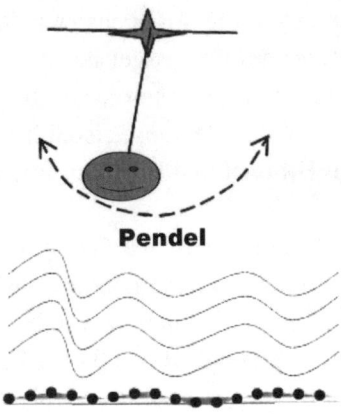

Abbildung C.2. Liebesland Erde.

Wenn man das Gefühl für dieses Feld verliert (oder es sich selbst marginalisiert), schmerzen die Wunden des Lebens viel mehr! Beispielsweise erscheinen Körpersymptome als fremde und ungewollte Phänomene. Ist man sich jedoch des Prozessgeist-Feldes bewusst, werden die Energien jener Symptome zu Erinnerungen an Ihre innere Diversität, Ihr gesamtes Selbst. Es ist in Ordnung, Ihren lokalen Körper wie eine Maschine zu behandeln, die hin und wieder repariert werden muss. Aber jener Körper, der diese Worte hört oder sieht, ist nicht bloß eine Maschine. Und Sie sind nicht sein einziger Chef. Tatsächlich ist der Körper, von dem Sie das Gefühl haben, er sei „Ihrer", ein unvollständiges Bild von Ihnen. Er ist nicht Ihre gesamte Erfahrung. Vergessen Sie nicht die subtile, nichtlokale Präsenz Ihres Prozessgeistes. Wenn Sie morgens Ihr Gesicht erfrischen, erfrischen Sie auch das Bild Ihres Körpers, indem Sie an die Erde denken, von der Sie stammen. Wenn Sie sich anziehen, ziehen Sie auch Ihre erdbasierten „Kleider" an, das heißt die Bäume, die Berge, die Landschaft und die Straßenecke der Stadt, die Sie sind.

Die Sicht der Konsensusrealität auf Beziehungen hypnotisiert uns dahingehend, dass wir denken, sie bestünden aus zwei oder mehr Dingen und/oder Menschen. Aber das ist nicht die ganze Wahrheit. Ohne Bewusstsein für den vereinigenden Raum, der die Beziehung umgibt und durchdringt, befinden wir zwei oder mehr uns im wahrsten Sinne des Wortes oben in der Luft – das heißt, nicht auf dem „gegründet", das uns „versteht" (under-stands). Wenn in einer Beziehung ein Konflikt auftaucht, beginnen Sie mit demjenigen, das Sie wahrnehmen: Seien Sie einseitig. Beginnen Sie zu kämpfen. Aber dann denken Sie daran, „zu sterben", bevor der „Krieg" ausbricht und auf diese Weise den Verflochtenheitstanz lebendig werden lässt. Jene Rollen, die sagen: „Du hast mich dazu gebracht, so zu handeln!" und „Nein, du hast mich dazu gebracht zu tun, was ich getan habe!", sind dann in Ihnen und außerhalb von Ihnen. Mit Bewusstheit über Ihr tiefstes Selbst können Sie dann beginnen, nicht nur ein Teil der Handlung zu sein, sondern auch der Geschichtenerzähler oder die Choreographin einer verflochtenen Mitschöpfung.

Gott, wo bist du?

Als ich dieses Buch noch einmal durchlas, war ich einmal mehr berührt von Mutter Teresas Ausruf: „Oh Gott, bist du da?" Ihre flehende Bitte erinnerte mich an Einstein, Schrödinger und andere Wissenschaftlerinnen und Wissenschaftler, die das Gefühl hatten, dass ihre Entdeckungen sie noch nicht in Reichweite der göttlichen Kraft oder Intelligenz gebracht hatten. In Kapitel 1 sahen wir Einsteins Klage: „Die Quantenmechanik ist sehr Achtung gebietend. Aber eine innere Stimme sagt mir, dass das noch nicht der wahre Jakob ist. Die Theorie liefert viel, aber dem Geheimnis des Alten bringt sie uns kaum näher."[1]

Die Zweifel von Mutter Teresa und Einsteins „innerer Stimme" suchten nach dem „einzig Wahren". Ihr zweifelnder Geist spürte, dass „der Alte" gegenwärtig sein muss. Aber wo? Ich hoffe, in diesem Buch aufgezeigt zu haben, dass unsere Suche nach „dem Alten", dem „Geist Gottes", der Geist Gottes auf der Suche nach sich selbst ist. Die Theorien der Physik legen dies fast zwingend nahe! Physikerinnen und Physiker sprechen von selbstreflektierenden Wellenfunktionen im Raum und der Nichtlokalität von Teilchen. Ihnen ist nur noch nicht klar – oder manchen von ihnen widerstrebt der Gedanke –, dass sich diese Funktionen nicht nur auf mathematische, sondern auch auf psychologische Hyperräume beziehen.

Gegenwärtig stimmen Wissenschaft und Religion in einem Punkt grundsätzlich überein: Sie stimmen nicht überein. Die Religion spricht von der Struktur der Hyperräume im Sinne von Omniszienz, Omnipotenz, Omnipräsenz und Fluss, während sich die Physik auf die Mathematik und Nichtlokalität bezieht. Vom Standpunkt des Prozessgeistes aus betrachtet, wird der Konflikt zwischen Religion und Wissenschaft in der Tat benötigt. Indem Sie sich gegenseitig anzweifeln, arbeiten beide gemeinsam an der fortlaufenden Geschichte, die ich „verflochtene Mitschöpfung" nenne. Während der Prozess der Mitschöpfung selbst unveränderlich wirksam ist, wird sich – wie ich glaube – die Geschichte, die er über die Natur unseres Universums erschafft, ständig wandeln.

Die Nichtlokalität in Physik und Psychologie weist auf den Grund hin, weshalb innere Arbeit ebenfalls äußere Arbeit ist. Alle unsere innere Arbeit ist Weltarbeit, und Weltarbeit ist innere Arbeit. Ihre Psyche spielt sich nicht innerhalb von körperlichen Grenzen ab; Sie können keine persönliche Psyche besitzen, die nur Ihnen gehört. Dies bedeutet, dass in jenem veränderten Bewusstseinszustand, der für den Traumprozess charakteristisch ist, Teile des Universums zu Ihrer Familie und Ihrer Gemeinschaft werden. Das, was Sie erfahren, ist ein Stück des Universums, das *Sie erfährt*. Die Welt, in der wir leben, ist eine Gemeinschaft bestehend aus nichtlokalen Energien und Lebensformen, die als trennbare und dennoch miteinander verflochtene Bi-Lokalitäten in der Konsensusrealität des Alltags in Erscheinung treten.

Diagramme, die die vereinheitlichten Feldtheorien zur Klärung des Gemeinschaftsgedankens heranziehen, sind wichtig. Jedoch habe ich meine eigenen Spekulationen über vereinheitlichte Feldtheorien am Ende von Anhang A platziert. Warum? Weil die Theorieentwicklung zwar wichtig, aber nicht das Hauptanliegen dieses Buches ist. Die Theorie sagt uns nicht, *wie* wir von Moment zu Moment inmitten des Alltagsaufruhrs leben können. Die Theorie hilft uns, eine Antwort auf Einsteins Streben zu finden: „Ich möchte die Gedanken von Gott kennen. Alles andere sind nur Details." Aber ich würde Einstein gerne sagen: „Theorien sagen uns nicht, wie wir eine bessere Welt schaffen können. Die Details, lieber Dr. Einstein, sind die Art und Weise, wie wir das praktizieren, was wir wissen."

Einsteins brillante Entdeckung der Äquivalenz von Masse und Energie, nämlich $E = mc^2$, half uns, die Atomenergie zu verstehen, aber die Hardskills jener Theorie – die Erzeugung von Atomenergie – waren nicht ausreichend, um uns davon abzuhalten, Atombomben zu werfen. Eine Theorie in der Wissenschaft (ähnlich einer Idee in der Psychologie oder einem Glauben in der Religion) ist nie vollständig ohne die Details, das heißt, die Anwendung in dem Sinne, dass sie das Leben aller verbessert. Wir brauchen all das harte kognitive Wissen und die damit verbundenen Hardskills ebenso wie alle Intelligenz, die wir bekommen können. Aber kognitive Fähigkeiten reichen zur Lösung der menschlichen Probleme nicht aus. Wir müssen auch erwachen. Wir benötigen die Gefühlsweisheit, die Softskills, um mit den Komplexitäten des Alltags zurechtzukommen.

Das nützlichste Softskill unserer Zeit ist dasjenige, das die bestmögliche Zukunft für diesen Planeten sicherstellt. Angesichts der konflikthaften Natur der Probleme, denen die Welt heute gegenübersteht, würde dieses Softskill der Fähigkeit den Vorrang geben, alle Seiten als wichtig oder sogar Phasen voneinander zu erfahren. Die Praxis des Prozessgeistes ist ein solches Softskill. Die Anwendung dieses Softskills lässt jeden persönlichen Konflikt, Beziehungskonflikt und Weltkonflikt zu einer Tür zur Unendlichkeit werden. Aber ich wäre niemals mit dieser Theorie zufrieden, wenn sie Ihnen nicht aufzeigen würde, wie Sie in Ihrer persönlichen inneren Arbeit ebenso wie in Ihren äußeren Meditationspraktiken Kämpfende in Tanzende verwandeln können. Falls diese Theorie, wie in diesem Buch dargestellt, Ihnen noch nicht beigebracht hat, wie das geht, aktualisieren Sie bitte – für mich und alle anderen – die darin enthaltenen Ideen, damit sie besser funktionieren.

Ubuntu und die Vielfalt unserer Zukunft

Ich war stets von Ubuntu berührt, jener kraftvollen Gemeinschaftsethik von Zentral- und Südafrika. In Zulu bedeutet Ubuntu: „Der Glaube an ein universelles Band des Teilens, das die Menschheit miteinander verbindet."[2] Nelson Mandela, der Anti-Apartheid-Kämpfer und frühere Präsident von Südafrika, beschreibt die Ubuntu-Ethik in Kürze: „Ich bin, weil du bist."[3] Diese Ethik, die Südafrikas Wahrheits- und Versöhnungspolitik zugrunde liegt, verkörpert die Essenz des Verflochtenheits- und Gemeinschaftsdenkens: „Wenn nicht für dich, wäre ich nicht da, und wärst du nicht da, wäre ich ebenfalls nicht da." (Siehe Abbildung C.3 für einen visuellen Ausdruck dieser Ethik.)

Abbildung C.3. Ubuntu, eine Batikarbeit von Richard Kimbo

Vom Standpunkt des Prozessgeistes aus betrachtet, gründet Ubuntu auf der Quantenverflochtenheit, der nichtlokalen, traumartigen Verbindung zwischen allem und jedem in einer mannigfaltigen Gemeinschaft – in der Tat im ganzen Universum. Mit anderen Worten, wir befinden uns in Beziehung mit allem, was mit uns „flirtet": „Ich bin, weil du bist." Unsere menschliche Gemeinschaft existiert wegen all der anderen menschlichen und nichtmenschlichen Gemeinschaften im Universum. Ubuntu ist eine Art von prozessorientierter Ökologie in dem Sinne, dass ein Teil eines Ökosystems durch seine lokale und nichtlokale Verbindung mit all den anderen Teilen lebendig wird.

Mir scheint, dass Ubuntu mit anderen bedeutsamen Gemeinschaftskonzepten wie *Ahimsa* oder Gewaltlosigkeit verbunden ist, das durch Gandhi weltberühmt wurde. Dieses Konzept, das Hinduismus, Buddhismus und Jainismus gemein ist, bildet die vorherrschende Praxis des Jainismus.[4] Im Jain-Symbol (Abbildung C.4) symbolisiert das Rad, das Dharmachakra, die 360-Grad-Rundumverpflichtung, Unrecht und sich wiederholende Konflikte, das heißt den Reinkarnationszyklus, durch Gewaltlosigkeit zu stoppen. Die Schrift in der Mitte des Rades lautet: „Ahimsa". Das Gewahren des Prozessgeistes, welches das Schlüsselkonzept dieses Buches ist, ist auf Ahimsa ausgerichtet und unterstützt dieses Prinzip, insofern als es uns davor bewahrt, einseitig und bloß mit unserem der Konsensusrealität angehörigen Selbst identifiziert zu sein.

Abbildung C4. Das jainistische Symbol für Ahimsa.

Ubuntu und Ahimsa sind bedeutsame Konzepte. Ihr Ursprung muss auf erdbasierten Erfahrungen beruhen. Im lebendigen Quantentheater werden symmetrische Aussagen wie „Ich bin, weil du bist" zu dynamischen Beziehungsprozessen, in denen „Ich" und „Du" sich nicht länger voneinander entfernt oder sogar an zwei Orten befinden. Wir sind gewissermaßen eine Lokalität an zwei Orten. Durch die Prozessgeist-Erfahrung informiert, kennen wir Distanz ebenso wie intime Nähe zu allen Wesen. Das Softskill des Prozessgeistes ermöglicht selbst Ihrem schlimmsten Feind, sich von Ihnen verstanden (under-stood) zu fühlen. Wenn Sie in der Arbeit mit ernsten Meinungsverschiedenheiten „halb im Liebesland und halb draußen" bleiben, spüren Sie, wie Sie von einer Seite zur anderen schwingen, während das, was „Sie" waren, zu so etwas wie „dem Anderen" wird. Das Softskill des Prozessgeistes wird dann zu einer Art von Lied und Gefühl, als würden Sie singen und tanzen, während Sie an der Facilitation der Lösung von Weltproblemen arbeiten.

Dies lässt mich an die Märsche der US-Bürgerrechtsbewegung in den 1960er Jahren denken, als die afroamerikanische Gemeinschaft in den Vereinigten Staaten eine neue Welt miterschuf. Sie sangen beispielsweise: „We shall Overcome", während sie friedlich mit der Gegenreaktion des weißen Amerika interagierten. Ich erinnere mich genau an den Gesang des Refrains jenes Liedes.[5]

> In der Tiefe meines Herzens
> glaube ich daran,
> eines Tages werden
> wir es überwinden.

Was werden wir überwinden? Die Einseitigkeit, Trennung und Unterdrückung – zumindest für einen Moment, wenn nicht länger. Mein Punkt ist, dass „in der Tiefe" eines jeden Herzens ein Verflochtenheitstanz stattfindet, der augenscheinlich voneinander getrennte, in Konflikt stehende Teile facilitiert und zusammenbringt, sodass sich jede Stimme als für das ganze Lied bedeutsam empfindet. Wenn man genau hinhört, kann man den Prozessgeist jene, die singen, beinahe versichern hören, dass sie nicht allein sind, auch wenn sie sich so fühlen. Tatsächlich sind sie auf nichtlokale Weise miteinander verbunden.

> Wir sind nicht allein
> Wir sind nicht allein
> Wir sind heute nicht allein.
>
> *Refrain:*
> Rund um die ganze Welt
> Rund um die ganze Welt
> Rund um die ganze Welt eines Tages. ...

Am Ende von Kapitel 17 sagte ich, dass die in Konflikt stehenden Parteien, wenn Sie den Quanten-Verflochtenheitstanz zu „tanzen" beginnen, Ihren Tanz zunächst wie ein Publikum betrachten, das entweder für oder gegen das ist, was geschieht. Aber schließlich werden andere davon berührt. Viele möchten sich anschließen, weil sie an ihr eigenes tiefstes Selbst erinnert werden, wie wir in der Geschichte des Mannes sahen, der in Oakland mit seinem „Tanz" Hunderte von Menschen zusammenbrachte.

Solche Geschichten sind es wert, dass man sich daran erinnert, weil die täglichen Nachrichten uns ein Gefühl der Hoffnungslosigkeit in Bezug auf den Zustand der Welt vermitteln können. Rufen Sie sich das große Bild in Erinnerung: Unsere menschliche Spezies ist noch immer jung, nur etwa zweihunderttausend Jahre alt. Im Vergleich dazu ist unsere Erde etwa fünf Milliarden Jahre alt. In gewisser Hinsicht sind wir kleine Babys, die erst gestern geboren wurden. Daher ist es in Ordnung, kritisch zu sein, aber es ist ebenso wichtig, mit uns selbst Geduld zu haben.

Die Ethik von Individuen und Gemeinschaften verändert sich ständig. Und jedes Jahrhundert scheint eine neue multikulturelle Ethik zu benötigen. Heute brauchen wir eine Ethik, welche die Geschichte würdigt und sich zugleich in die Zukunft erstreckt, indem sie Methoden heranzieht, die in den ältesten spirituellen Traditionen sowie den fortschrittlichsten Wissenschaften zu finden sind. Wir benötigen eine Ethik, die „Gutes zu tun" zwar in sich einschließt, aber darüber hinausgeht. Jener Prozess, den ich „verflochtene Mitschöpfung" nenne, ist eine solche neue Ethik. In kleinen und sehr großen Gruppen kann dieser Prozess das offenkundige Aufeinanderprallen von Zivilisationen in eine Gemeinschaftserfahrung verwandeln, wobei sich jeder gehört und zu Hause fühlt.

Wenn Sie in jenem Verflochtenheitstheater tanzen, fühlen Sie, wie sich Veränderungen entfalten, von denen Sie nicht geglaubt haben, dass sie geschehen könnten. Zunächst mag die Veränderung in Form eines winzigen Lächelns erscheinen, welches das Gesicht eines „Gegners" erhellt. Etwas hat ihn oder sie berührt. Dann beginnt Ihr Gesicht vielleicht unwillkürlich ebenfalls ein wenig zu leuchten. Diese leuchtenden Gesichter sind die benötigte Veränderung. Sie sind der Blitz aus dem dunklen Nachthimmel. Dies sind die Gesichter, die uns in die Zukunft führen. Wenn Sie ihnen begegnen, verstehen Sie, warum ich dieses Buch *Verbindung mit dem Urgrund des Seins. Ein Zugang zur unerschöpflichen Kreativität des Universums* genannt habe.

ANHANG A

Quantengeist – eine Aktualisierung

Der Prozessgeist erscheint in der Quantenwelt im Sinne dessen, was Ich den „Quantengeist" nenne. Im meinem Buch *Quantengeist und Heilung* richte ich den Fokus auf psychologische Prozesse, die auf die Quantenphysik projiziert oder darin entdeckt werden. Kurz gesagt, ist meine Idee des Quantengeistes aufgrund der Strukturen entstanden, die ich in der Mathematik der Quantenphysik sehe. Ich nenne die Konjugation der Wellenfunktion, die benötigt wird, um eine Beobachtung hervorzubringen, „Selbstreflexion". Die Physik selbst bietet keine Erklärung der Konjugation. In meinem Buch *Der verborgene Code des Bewusstseins* lege ich nahe, dass Konjugation und Reflexion aus den Quantengeist-Aspekten der Natur, aus einer dem Universum innewohnenden „Neugier" hervorgehen, sich selbst zu erkennen. Der Quantengeist ist die Tendenz sowohl der materiellen Natur als auch unserer Psychologie:

1. Zur **Selbstreflexion** oder Konjugation der Wellenfunktion zur Erschaffung der „Realität" mittels „Flirts".
2. Zur **Superposition**, das heißt, zur Addition aller Vektoren und Geschichten (wie in der Mathematik der Quantenphysik). In der Psychologie erscheint diese Summe als die Summe unserer Richtungen. Die sich ergebende Gesamtrichtung entspricht unserer grundlegenden Natur, unserem Mythos, einer Richtung, die ich das „große U" nenne. Der Quantengeist organisiert die Summe der Richtungen über die Zeit, sodass sie sich zickzackförmig bewegen können, einzig durch die Gesamtrichtung oder den persönlichen Mythos eingeschränkt. (Siehe mein Buch *Earth-Based Psychology* für weitere Einzelheiten zu diesem Thema.)
3. **Uns zu leiten.** David Bohm legte nahe, dass es sich bei der Quantenwelle um eine „Pilotwelle" (oder ein Quantenpotential) handelt, die Teilchen

durch ihre Bahnen leitet. Das Gefühl „geleitet zu werden" ist grundlegend für die Psychologie. In *Der verborgene Code des Bewusstseins* lege ich nahe, dass die leitende Funktion des Quantengeistes oftmals in Form eines zufälligen oder nicht intentionalen „Feldes" erfahren wird, das uns bewegt. Mit Bewusstheit wird der Quantengeist zu einem „intentionalen Feld" oder der „Kraft der Stille". Diese Kraft bewegt uns still durch die Nacht und die „Dunkelheit" des Tages. Im vorliegenden Buch erscheint das Quantenpotential oder das intentionale Feld im Sinne dessen, was die Urvölker seit jeher als eine erdbasierte Kraft wahrgenommen haben, eine psychophysische Körpererfahrung, die ich den „Prozessgeist" nenne.

4. Zur **Marginalisierung** von Teilen und Zuständen und zur Erschaffung der Realität, indem er sich (in der mathematischen Form der Wellenfunktion) selbst „kollabiert". Die Physik deutet an, dass der Kollaps all die Möglichkeiten im Wesentlichen auf ein Ergebnis reduziert; zum Beispiel ist Schrödingers Katze nicht länger sowohl lebendig als auch tot wie vor der Beobachtung. Stattdessen „kollabiert" sie nach der Beobachtung in den einen oder anderen Zustand. In der Psychologie gibt es jedoch keinen wirklichen Kollaps. Wir befinden uns im Hier und Jetzt der „Realität", während andere Möglichkeiten noch immer in Form von traumartigen Flirts und Doppelsignalen im Hintergrund liegen. Wir vermögen das Träumen zwar zu marginalisieren, damit wir uns realer fühlen, aber die Wahrheit ist, dass wir uns zu einer Zeit an einem Ort und gleichzeitig an anderen Orten zu anderen Zeiten befinden können. Es gibt keinen wirklichen Kollaps; es gibt nur eine Marginalisierung des Träumens. Ich vermute, dass es überall in der Natur dasselbe ist. Es gibt keinen Kollaps; es gibt nur Marginalisierung.

5. **Teile nichtlokal miteinander zu verbinden**, wie wir in diesem Buch gesehen haben.

In meinem Buch *Quantengeist und Heilung* und besonders in *Earth-Based Psychology* wurde der Quantengeist hauptsächlich durch seine Quantenwelt-Eigenschaften charakterisiert. In diesem Buch schlage ich vor, dass der Prozessgeist zwar all die selbstreflektierenden, überlagernden und marginalisierenden Eigenschaften sowie die Verflochtenheit des Quantengeistes enthält, aber auch über allgemein anerkannte Konzepte der Quantenphysik hinausgeht. Für den einzelnen Menschen ist der Quantengeist eine Kraftfeld-Erfahrung, ein fühlbares, nichtlokales, erdbasiertes Feld, das in demjenigen erscheint, was die Urvölker „Totemgeister" nennen. Der Prozessgeist tritt als eine feldartige, in jedem Moment spürbare Präsenz in Erscheinung, einschließlich spontaner Flirts. Der Prozessgeist ist der Organisator unserer Aufmerksamkeit und unseres Bewusstseins.

Soweit ich gegenwärtig weiß, kann das Kraftfeld des Prozessgeistes zwar gefühlt, seine Erfahrung aber nicht gemessen werden. In der Physik erscheint der Prozessgeist in Bohms Idee der „Pilotwelle", in der Erfahrung der Urvölker in Form von „Totemgeistern" und in der Organisationsarbeit sowie der Politik in Form des Systemgeistes. Auf der Ebene der Essenz ähnelt der Prozessgeist dem Tao, das nicht gesagt werden kann. Wenn es gesagt werden kann, das heißt auf der Ebene des Traumlandes und der Realität, erscheint es in Form von Traumsymbolen oder Grundkonzepten wie dem Selbst in der Psychologie, den Quantenwellen in der Physik und den Göttern in den spirituellen Traditionen und der Politik. Vielleicht ist der Prozessgeist eine „vereinheitlichte Feldtheorie" oder trägt dazu bei. In Kapitel 14 dieses Buches erörterte ich, wie die vier Kraftfelder der Physik – Elektromagnetismus, die starken und schwachen Kräfte und die Schwerkraft – letztlich vielleicht durch irgendeine Theorie von Allem miteinander kombiniert werden können. In den Begriffen der Physik ist eine vereinheitlichte Feldtheorie eine mögliche Theorie von Allem.

Während solche Theorien von Allem problematisch sind, weil sie auf Spekulation beruhen, ist es doch wichtig, darüber nachzudenken, weil sie auf das Gefühl hinweisen, das wir von einem zugrunde liegenden Muster oder „Geist Gottes" haben. Dieses Muster muss über die Zeit immer wieder neu formuliert und aktualisiert werden, damit es zur Sprache und Zeit eines gegebenen Volkes passt. Dennoch ist es unwahrscheinlich, dass irgendeine verbale oder mathematische Formel in der Lage sein wird, die Gesamtheit der spürenden Essenz und Kraft des Prozessgeistes zum Ausdruck zu bringen, die an den Grenzen unseres kognitiven Verständnisses zu liegen scheint.

Die Psychologie, die Physik, die spirituellen Traditionen und die Gemeinschaft haben allesamt ihre eigenen Theorien von Allem (engl. TOEs, was auch Zehen bedeutet), die mehr oder weniger voneinander getrennt sind. Wenn wir, bildlich gesprochen, den Prozessgeist jenen „Zehen" (TOEs) hinzufügen, tritt ein „Fuß" in Erscheinung. Der Prozessgeist ist ein „Fuß", der die verschiedenen „Zehen" zusammenbringt, und zugleich die Bezeichnung für die große „Zehe", wie in Abbildung A.1 dargestellt.

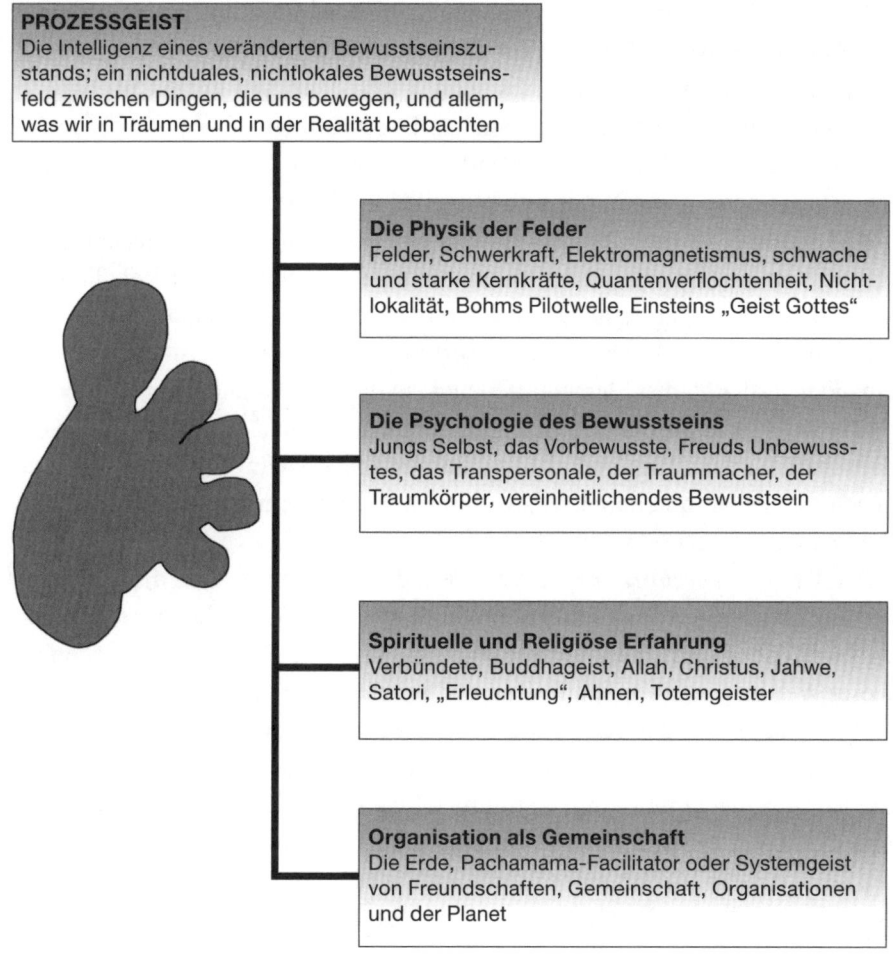

Abbildung A.1. Vereinheitlichte Felder: Fünf Zehen bilden den Prozessgeist-Fuß.

Das Bewusstsein des Prozessgeistes, wie es in der Physik, der Psychologie und der Spiritualität gleichermaßen zum Ausdruck kommt, besitzt drei Grundebenen: die *Nichtlokalität* (eine Erfahrung der Essenzebene), die *Bi-Lokalität* (die Art und Weise, wie Traumfiguren und traumartige Realitäten sich scheinbar ohne einen bekannten Austausch von kausalen Signalen miteinander verbinden), und die *Raumzeit-Lokalität* (die Konsensusrealität). Diese Ebenen korrespondieren mit mythischen, psychologischen und möglicherweise auch physikalischen „Hyperräumen".

Nichtlokalität, die tiefste Ebene, erscheint in der Psychologie als Präsenz, die Kraft oder das Gefühl, das auf erdbasierte Totemfeld-Erfahrungen projiziert oder darin gefunden wird. Es handelt sich dabei um Jungs Unbewusstes und den Unus Mundus des Alchemisten. Die Kraft der Präsenz taucht in den Quantenwellen der Physik wieder auf, in mystischen Gotteserfahrungen und im „Zusammenkommen", das sich bisweilen im Gemeinschaftsleben ereignet.

Bi-Lokalität ist mein Begriff für das Erscheinen des Prozessgeistes in der subjektiven, dualistischen oder traumartigen Erfahrung. Die Bi-Lokalität legt nahe, dass zwei oder mehr Dinge sowohl voneinander getrennt sind als auch nicht. Wir finden Bi-Lokalität in den verschiedenen lokalen Positionen der miteinander verflochtenen Elementarteilchen, in der Vielfalt und den „Positionen", die Traumfiguren in Bezug aufeinander einnehmen, und in unserer Alltagsleidenschaft, zu definieren und zu identifizieren und die Dinge in Form von „gut" gegen „schlecht" miteinander zu verbinden, wobei sie mitunter wie von selbst die Positionen wechseln.

Die **Konsensusrealität** ist die reale Welt des Hier und Jetzt, in der sich nichts bewegt, ohne dass etwas damit kommuniziert, und zwar mit Geschwindigkeiten, die nicht höher sind als die Lichtgeschwindigkeit. Der Prozessgeist erscheint in dieser Welt im Sinne von Raum, Zeit und materieller Trennung. Im persönlichen Leben nennen wir die zustandsorientierten Manifestationen dieses Aspektes des Prozessgeistes „meine" Gedanken, „meinen" Körper. In der Physik schließt die Konsensusrealität makroskopische Objekte, die Raumzeit, Zeit, Entropie und Elementarteilchen (obwohl sie Analogien von schwer vorstellbaren Entitäten sind) mit ein. In den spirituellen Traditionen treten die Begrenzungen der Konsensusrealität in Erscheinung, sobald Regeln und Gesetze zur Hauptsache werden oder wir das Gefühl haben, die Götter seien abwesend, vergessen oder tot. In der Konsensusrealität heißt es: „Du dort drüben bist das Problem, nicht ich hier!" Die Zeit läuft vorwärts und Altern und Tod sind unvermeidlich.

Theorien über den Prozessgeist sind selbst sich entwickelnde Prozesse. Sie bedürfen weiterer Anwendung und Erklärung von vielen Seiten. Wir müssen mehr darüber wissen, wie die menschliche Gemeinschaft das verflochtene physikalische Universum widerspiegelt und ein prozessorientiertes ökologisches Bewusstsein die Beziehungen mit der Natur und mit anderen Menschen bereichern kann. Letztlich kann keine Theorie jemals als korrekt betrachtet werden, sofern sie nicht unsere tägliche Lebensqualität, unsere globale Situation, internationale Beziehungen und unsere Beziehung zur Biosphäre verbessert. Jene Verbesserungen stellen die gemeinsame Herausforderung für uns alle dar.

ANHANG B

Prozessgeist Collageseiten

1. Die Wahrnehmung schulen (S. 30)

2. Der Prozessgeist in Form von Tendenzen im Körper (S. 33)

3. Der Prozessgeist in Ihrem Körper (S. 37)

4. Der Prozessgeist als stabile Präsenz (S. 56)

5. Das Sie umgebende Feld des Prozessgeistes (S. 68)

6a. Ihr Signaturfeld (S. 81)

6b. Stimmungen und Vektorlaufen (S. 84)

7a. Der Urgrund des Seins, der uns umgibt (S. 95)

7b. Vektorarbeit in Beziehungen (S. 98)

8. Kensho in der Teamarbeit (S. 113)

9. Konflikt, Tod und Ihre Aufgabe in der Welt (S. 123)

10. Der Prozessgeist der Stadt (S. 133)

11. Öffentlicher Stress (S. 143)

12a. Der Prozessgeist als seine große Erzählung (S. 160)

12b. Ihre Glaubensprozesse (S. 165)

13. Ihre eigene Ethik finden (S. 175)

14. Die vereinheitlichte Feldtheorie im Leben (S. 188)

15. Verflochtene Flirts (S. 204)

16. Das Quantenverflochtenheits-Theater (S. 218)

17. Der Krafttanz des Facilitators für Organisationen (S. 232)

ANMERKUNGEN

Kapitel 1. Der Prozessgeist als ein Kraftfeld im Alltagsleben und in Todesnähe

1. Brief von Albert Einstein an Max Born am 4. Dezember 1926. In: Albert Einstein, Hedwig und Max Born: *Briefwechsel 1916-1955*. München: Nymphenburger Verlagshandlung, 1969.
2. Paul Davies: *The Mind of God: The Scientific Basis for a Rational World*. New York: Touchstone, 1992.
3. Nach Sara Halprins Tod fand ich ihre Autobiographie auf der Website des Instituts für Prozessarbeit in Portland, www.processwork.org, und war sprachlos angesichts einiger ihrer Wörter und Sätze, die im folgenden Text kursiv gedruckt sind. Ich habe diese Autobiographie nicht gesehen, bevor Kapitel 1 fertiggestellt war.
Ich wurde in New York im Stadtteil Bronx in einem Zimmer *mit Blick auf den Hudson* geboren. *Mein Leben lang hat mich das Glitzern des Lichtes auf dem Wasser angezogen. Ich fühle mich am wohlsten, wenn ich auf ein Gewässer wie das Meer, einen See oder einen Fluss, aber ganz besonders einen Fluss, blicken kann. Der Fluss fließt flussabwärts, und ich sehe einen Reiher im flachen Gewässer stehen*, regungslos, dessen schlanker Körper sich wie ein ägyptisches Relief abhebt.
Etwas in mir ist regungslos, so wie der Reiher, während ich das Wasser und die Ereignisse der Welt an mir vorbeifließen sehe, bis ein Fisch oder eine Gelegenheit silbern unter der Oberfläche aufblitzt und ich danach tauche.
Jahrelang erlaubten mir Bücher und Studien, die Grenzen meines Lebens zu transzendieren. Glücklich folgte ich dem Fluss des Lernens, bis ich unbefristet angestelltes Fakultätsmitglied der Universität von Toronto wurde. Dann kam eine Biegung im Fluss – Frauenstudien und Filmemachen fesselten mich. Ich liebte die sich mir bietenden Gelegenheiten zur Zusammenarbeit in beiden Bereichen. Mein Sohn wurde geboren und betrachtete die Lichter und Schatten auf unserer Leinwand zu Hause, während ich ihn stillte. ... Bevor mein erstes Buch *Sieh in mein hässliches Gesicht! Mythen und Gedanken über Schönheit und andere gefährliche Aspekte der weiblichen Erscheinung* herauskam, [träumte ich], dass *ich eine Frau sah, weder alt noch jung, die in einer Höhle sitzend das Vorbeifließen des Flusses betrachtete.* ... Heute bin ich so privilegiert, mit Herb Long in einer Wohnung mit Blick auf den Willamette in Portland zu arbeiten und zu leben.
4. Shunryu Suzuki: *Zen-Geist, Anfängergeist*. Theseus Verlag Zürich, München, Berlin, 1975, S. 124.

Kapitel 2. Felder, Blitze und Erleuchtung

1. Diese bekannten Kraftfelder der Physik sind Metaphern: Sie besitzen lokale, unmittelbare Auswirkungen auf die Objekte, die sie berühren. Die Erfahrung des Prozessgeistes kann ebenfalls solche lokalen Auswirkungen haben, besitzt aber zusätzlich nichtlokale Auswirkungen, die ich später in diesem Buch diskutieren werde.

2. Benjamin Libet, Anthony Freeman und Keith Sutherland (Hrsg.): *The Volitional Brain: Towards a Neuroscience of Free Will*. Exeter: Imprint Academic, 1999, S. 47-57.
3. „Traumkörper" bezieht sich auf unsere propriozeptiven Körpererfahrungen wie zum Beispiel Schmerzen, die in Träumen reflektiert werden. Siehe mein Buch *The Dreambody* für eingehendere Informationen zu diesem Thema.

Kapitel 3. Zen-Metafähigkeiten

1. C. G. Jung: „Synchronizität. Ein akausales Verbindungsprinzip". In Bd. 8, *Gesammelte Werke von C. G. Jung* (Hrsg.: Lilly Jung-Merker und Elisabeth Rüf). Solothurn: Walter Verlag, 1995.
2. Siehe Amy Mindell: *Die Weisheit der Gefühle*. Petersberg: Via Nova, 1999.
3. Ich benutze das Wort Vektor zur Beschreibung einer Richtung und einer Länge, das heißt, einem Gefühl der Entfernung, das uns veranlasst, uns für irgendeine Distanz in eine bestimmte Richtung zu bewegen. *Vektor* wird in der Luftfahrt auch als Verb gebraucht und bedeutet „leiten". Das Wort Vektor stammt vom lateinischen Wort *vehere* ab, was Websters Wörterbuch zufolge so viel wie „tragen" bedeutet. Die Summe von zwei Vektoren bildet die Diagonale eines Parallelogramms. Im Fall eines rechtwinkligen Dreiecks ist die Hypotenuse die Vektorsumme der zueinander senkrechten Strecken.
4. Takuan Soho: *Unfettered Mind*, übersetzt von William Scott Wilson. Tokyo: Kodansha International, 1986, S. 47.
5. Ebd. (Hervorhebung hinzugefügt).
6. Siehe "Mushin" http://de.wikipedia.org/wiki/Mushin.

Kapitel 4. Die Kraft Ihrer Präsenz

1. Inayat Khans Geschichte vom kleinen Fisch findet sich in Paul Reps Buch *Ohne Worte – ohne Schweigen: 101 Zen-Geschichten und andere Zen-Texte aus vier Jahrtausenden*. Weilheim: Barth, 1980, S. 207.
2. L. Kostro: "Einstein and the Ether", *Electronics & Wireless World 94* (1998), S. 238-39.
3. Siehe mein Buch *Quantengeist und Heilung*. Petersberg: Via Nova, 2006, S. 227.
4. W. H. Stanner: „After the Dreaming". The Boyer Lectures (ABC radio, Australian Broadcasting Commission, 1968), S. 44.
5. John (Fire) Lame Deer, Richard Erdoes: Lame Deer, Seeker of Visions. New York: Simon and Schuster, 1972, S. 197. Ich danke Robert King für diesen Hinweis.

Kapitel 5. Ihr Prozessgeist, das Tao und Babysprache

1. In der Mathematik erweitern die *komplexen Zahlen* reelle Zahlen, indem sie eine *i* genannte *imaginäre Einheit* hinzufügen. Die imaginäre Einheit ist dadurch definiert, dass sie mit sich selbst multipliziert -1 ergibt. Komplexe Zahlen haben die Form $a + bi$, wobei *a* und *b* reelle Zahlen sind, die als reeller beziehungsweise imaginärer Teil der komplexen Zahl bezeichnet werden.
2. Richard Wilhelm (Übers.): *I Ging oder das Buch der Wandlungen*. München: Diederichs, 1956.

Kapitel 6. Wie Ihr Signaturfeld Probleme meistert

1. F. Collins, M. Guyer und A. Chakravarti: "Variations on a Theme: Human DNA Sequence Variation", *Science 278* (1997): 1580-81.
2. http://en.wikipedia.org/wiki/Buddha_nature.
3. Ich danke Judy Chambers aus Portland, Oregon, dass sie mich an die Hand des Buddhas erinnert hat, die die Erde berührt.

Kapitel 7. Der Urgrund des Seins und Satori in Beziehungen

1. Harris, Ishwar C.: *The Laughing Buddha of Tofukuji: The Life of Zen Master Keido Fukushima*. Bloomington, IN: World Wisdom, 2004.
2. Quantenverflechtung (-verschränkung) tritt auf, wenn die Quanteneigenschaften von zwei oder mehr Objekten in Beziehung zueinander zu beschreiben sind. Der Zustand des einen ist immer mit dem Zustand des anderen verbunden – selbst wenn die individuellen Objekte in Raum und Zeit weit voneinander entfernt sind. Zum Beispiel besteht in der Quantentheorie die Ansicht, dass der Spin eines Teilchens unbestimmt ist, bis eine physikalische Intervention vorgenommen wird, um jenen Spin zu messen. Der Spin in jenem Moment ist mit gleicher Wahrscheinlichkeit aufwärts oder abwärts gerichtet. Sobald jedoch der Spin des einen Teilchens gemessen ist, ist der Spin des anderen bekannt.
3. Das vorliegende Zitat von Rumi stammt aus Molly Salans Buch *Storytelling with Children in Crisis*. London: Jessica Kingsley, 2004, S. 223. Dieses Zitat ist auch auf vielen Internetseiten zu finden.

Kapitel 9. Weltkrieg, Tod und Ihre Aufgabe in der Welt

1. Die bis 2009 existierenden Konflikte umfassen: Algerischer Bürgerkrieg, 1992 bis heute; Angola-Cabinda, 1975 bis heute; bewaffnete Konflikte in Myanmar, 1950 bis heute; Chinesisch-Japanischer Konflikt um die Senkaku-Inseln, 1968 bis heute; Chinesisch-Vietnamesischer Konflikt um die Spraty-Inseln, 1988 bis heute; Bürgerkrieg in Kolumbien, 1964 bis heute; Kongokrieg, 1998 bis heute; Georgisch-Abchasischer Krieg, 1992 bis heute; Assamkonflikt, 1985 bis heute; Kaschmirkonflikt, 1990 bis heute; Revolutionskampf der Naxaliten in Indien, 1967 bis heute; Bürgerkrieg in Aceh, Indonesien, 1986 bis heute; Indonesien-Kalamantan, 1983 bis heute; Indonesien-Maluku, 1999 bis heute; Indonesien-West Neuguinea, 1963 bis heute; Israel, Zweite Intifada, 2000 bis heute; Libanonkrieg, 2006 bis heute; Bürgerkrieg in der Elfenbeinküste, 2002 bis heute; Koreakrieg 1953 bis heute; Transnistrien-Konflikt, 1991 bis heute; Caprivi-Konflikt, 1966 bis heute; Bürgerkrieg in Nigeria, 1997 bis heute; Pakistan-Baluchistan, 2004 bis heute; Bürgerkrieg in Palästina, 2007 bis heute; Bürgerkrieg in Peru, 1970er Jahre bis heute; Moro-Konflikt, Anfang der 1970er Jahre bis heute; Tschetschenienkrieg, 1992 bis heute (beendet 2009); Somalischer Bürgerkrieg, 1991 bis heute; Baskenland-Konflikt, 1970er Jahre bis heute; Bürgerkrieg in Sri Lanka, 1983 bis heute; Darfur-Konflikt, 1983 bis heute; Aufstand in Süd-Thailand, 2001 bis heute; Türkei-PKK-Konflikt, 1984 bis heute; Bürgerkrieg in Uganda, 1980 bis heute; Amerika-Afghanistan, 1980 bis heute; Amerika-Dschibuti, 2001 bis heute; Amerika-Irak, 1990 bis heute; Amerika-Philippinen, 1898 bis heute; Bürgerkrieg in Usbekistan, 2005 bis heute; Houthi-Konflikt, 2004 bis heute.

2. Siehe *Der verborgene Code des Bewusstseins*, S. 493.
3. Siehe *Den Pfad des Herzens gehen*, insbesondere das Kapitel „Das Geheimnis des Verbündeten".
4. Siehe *Schlüssel zum Erwachen*, wo ich aufzeige, wie Bewusstheit „Peters" letzte Lebensmomente verbesserte.

Kapitel 10. Der Prozessgeist der Stadt: New Orleans

1. Mardi Gras (wörtlich „Fetter Dienstag") ist die französische Bezeichnung für den Faschingsdienstag, dem letzten Tag des gefeierten Faschings vor dem Aschermittwoch. (Anm. d. Üb.)
2. Transkript einer Radiosendung von PBS (Public Broadcasting Station) über New Orleans. http://www.pbs.org/wgbh/amex/neworleans/filmmore/pt.html
3. The Big Easy (engl., etwa „große Gelassenheit/Unbeschwertheit". Anm. d. Üb.)
4. Siehe den im „Adelaide Grid" veröffentlichten Artikel unter http://www.adaleidegrid.warp0.com/.
5. Siehe http://en.wikipedia.org/wiki/Mahalaxmi_Temple_(Mumbai).
6. Siehe http://en.wikipedia.org/wiki/Hoodoo_(folk_magic).

Kapitel 11: Die Welt in Ihrem Körper und Ihr Körper in der Welt

1. Ich verehre die Regenbogenmedizin der amerikanischen Ureinwohner, obgleich ihr „Regenbogen" anders ist. Siehe Wolf Moondance, *Rainbow Medicine: A Visionary Guide to Native American Shamanism*. New York: Sterling, 1994.
2. Zum Beispiel können Temperaturunterschiede in einem Raum dazu führen, dass Wärmeenergie sich in die eine oder andere Richtung bewegt. Gleichermaßen bringen kleine temperaturbedingte Druckunterschiede – wenn beispielsweise ein Fenster geöffnet wird – die Luft zum Fließen. „Diese beiden Flüsse können voneinander unabhängig oder gekoppelt sein (das heißt, einer beeinflusst den anderen). Gleichermaßen kann beim thermoelektrischen Effekt Wärmeenergie Elektrizität und Elektrizität Wärmeenergie zum Fließen bringen." Siehe „Reciprocal Relations in Irreversible Processes", I *Physics Review 37* (1931): S. 405-426.
3. Homöostase ist die Fähigkeit von Lebewesen, eine stabile, konstante innere Umgebung durch viele kleine innere Anpassungen zu regulieren. Claude Bernard, der als Vater der modernen Physiologie betrachtet wird, publizierte diesen Begriff 1865 zum ersten Mal. Der Begriff stammt von den griechischen Wörtern *homoios* (gleich) und *stasis* (bleibender Zustand) ab.
4. Ich danke Pierre Morin aus Portland, Oregon, dass er mir Stresskonzepte aus der Medizin und die neue Idee der Allostase nahebrachte.
5. Die Symmetrie gekoppelter Nichtgleichgewichts-Prozesse in der Physik basiert auf dem Konzept der Umkehrbarkeit der Zeit in der Quantenwelt. Lars Onsager erhielt 1968 den Nobelpreis für Chemie für seine 1931 entstandene Arbeit über wechselseitig gekoppelte Flüsse und Kräfte in thermodynamischen Systemen.

Kapitel 12. Wissenschaft, Religion und Gotteserfahrung

1. Siehe Paul Davies: *Der Plan Gottes. Die Rätsel unserer Existenz und die Wissenschaft.* Frankfurt: Insel, 1996.
2. Siehe meine Bücher *Mitten im Feuer* und *The Deep Democracy of Open Forums.*
3. Eine religiöse Studie in den Vereinigten Staaten zeigte auf, dass 70 Prozent aller Gläubigen aller Glaubensrichtungen mit der Aussage übereinstimmten: „Viele Wege können zur Erlösung führen." Bob Abernathy, *Religion and Ethics*, PBS, 29. Juni, 2009.
4. Aus Fox News, 4. August 2007, http://www.foxnews.com/story/0,2933,294395,00.html.

Kapitel 13. Ihre (erdbasierte) Ethik

1. Die Nullpunktenergie ist der niedrigste Energiezustand oder Grundzustand eines Feldes in der Quantenfeldtheorie. Siehe John Gribbon: *Q Is for Quantum – An Encyclopedia of Particle Physics.* New York: Touchstone Books, 1998.
2. Siehe mein Buch *Der verborgene Code des Bewusstseins,* Kapitel 17, für weitere Einzelheiten über Flirts und deren Verbindung zu John Cramers „transaktionalem Ansatz" der Quantentheorie.
3. „Die Physik führt zu Beobachter-Teilnehmer, Beobachter-Teilnehmer führt zu Information, Information führt zu Physik." John Wheeler: „Information, Physics, Quantum: The Search for Links", in *Proceedings of the 3rd International Symposium on the Foundation of Quantum Mechanics.* Tokyo: Addison
4. Die von Alfred North Whitehead vorgeschlagene christliche Prozesstheorie, worüber John Cobb geschrieben hat, stimmt damit überein, dass das Göttliche durch den Gläubigen verändert wird. Siehe Cobbs *The Process Perspective: Frequently Asked Questions about Process Theology.* Atlanta, GA: Chalice Press, 2003.
5. Siehe mein Buch *Den Pfad des Herzens gehen*, Kapitel 14.

Kapitel 14. Mystizismus und vereinheitlichte Felder

1. Siehe mein Buch *Mitten im Feuer*, S. 188.
2. John Ellis scheint den Begriff „Theorie von Allem" 1982 entwickelt zu haben. Siehe John Ellis: *„The Superstring: Theory of Everything, or of Nothing?"* Nature 323 (1986): S. 595-98.
3. Eine gute allgemeine Einführung in die Raumzeit findet sich unter http://en.wikipedia.org/wiki/Space_time.
4. Siehe Anhang A für eingehendere Details über die vereinheitlichte Feldtheorie und Theorien von Allem.
5. Siehe mein Buch Earth-Based-Psychology, S. 156.

Kapitel 15. Verflochtenheit in Religion, Physik und Psychologie

1. Siehe zur detaillierteren Beschreibung dieser Eigenschaften zum Beispiel: http:/en.wikipedia.org/wiki/God.
2. Siehe Einsteins Artikel mit dem Titel „Kann man die quantenmechanische Beschreibung der physikalischen Realität als vollständig betrachten?" In: K.Baumann/R.U.Sexel: *Die Deutungen der Quantenmechanik*, S. 80-86.

3. Amit Goswami: *Das bewusste Universum. Wie Bewusstsein die materielle Welt erschafft.* Bielefeld: Lüchow, 2007.

Kapitel 16. Verflochtenheit als ein Softskill in Beziehungen

1. Es ist mir nicht gelungen herauszufinden, woher der Begriff „Softskill" stammt. Er wird im Geschäftsleben häufig benutzt. Siehe: http://de.wikipedia.org/wiki/Soziale_Kompetenz. Im Gegensatz zum IQ werden Softskills oft mit emotionaler Intelligenz gleichgesetzt. Softskills können Verhandlungstechniken, Teamfähigkeit oder Hilfsbereitschaft umfassen. Während diese Softskills wichtig sind, beziehe ich den Begriff „Softskill" auf die Fähigkeit, mit dem Prozessgeist zwischen verflochtenen Signalen und Anschuldigungen hin und her zu fließen.

Kapitel 17. Die Welt als eine miterschaffende Organisation

1. Der Artikel des *San Francisco Chronicle* über dieses bemerkenswerte Ereignis findet sich unter http://www.aamindell.net/download/research/sfchronicle.pdf.
2. Howard Thurman, *Disciplines of the Spirit*. Richmond, IN: Friends United Press, 2003, S. 16. Siehe auch sein Buch *Search for Common Ground*. Ich danke Dr. John Johnson, dass er mich auf das Werk von Howard Thurman aufmerksam gemacht hat.
3. http://en.wikipedia.org/wiki/Howard_Thurman.
4. Ich plane ein zukünftiges Buch über prozessorientierte Ökologie und die zweite Ausbildungsstufe.

Schlussbetrachtung: Ubuntu, die Zukunft der Welt

1. Brief von Albert Einstein an Max Born am 4. Dezember 1926. In: Albert Einstein, Hedwig und Max Born: *Briefwechsel* 1916-1955. München: Nymphenburger Verlagshandlung, 1969.
2. http://commons.wikimedia.org/wiki/Image:Experience_ubuntu.ogg.
3. http://en.wiktionary.org/wiki/ubuntu#Etymology.
4. http://en.wikipedia.org/wiki/Ahimsa.
5. Der Text von „We Shall Overcome", einem Protestlied, das zu einer Hymne der US-Bürgerrechtsbewegung wurde, stammt von einem Gospelsong von Charles Tindley, einem afroamerikanischen Pfarrer aus Philadelphia. Siehe http://en.wikipedia.org/wiki/We_Shall_Overcome.

GLOSSAR

Ältestenschaft. Eine universelle **Metafähigkeit**, die aus dem tiefsten Selbst aufsteigt: dem **Prozessgeist** und seiner Richtung. Diese Fähigkeit zeigt sich in einer **zutiefst demokratischen** Haltung, welche individuellen Standpunkten, der Welt als dem eigenen Kind und dem großen Mysterium hinter allem die gleiche Bedeutung beimisst und sie alle miteinander verwebt.

Beziehungsarbeit. Wie in diesem Buch vorgeschlagen, impliziert die Beziehungsarbeit, den **Prozessgeist** oder das Land zu finden, das zwischen zwei oder mehr Menschen liegt und sie umgibt, um von jenem Standpunkt aus Grenzen und Signale wahrzunehmen und entstehende Flirts, Träume, Signale und Gefühle zu facilitieren. Nutzen Sie bei Bedarf das Quantentheater.

Bi-Lokalität. Die „Zwei-in-eins"-Erfahrung dessen, sich in zwei Bewusstseinszuständen gleichzeitig oder an zwei Orten zu befinden, die durch die psychologische (das heißt subjektive) Erfahrung der **Nichtlokalität** miteinander verbunden sind.

Doppelsignale. „Zweite Botschaften", die wir aussenden, deren wir uns aber nicht bewusst sind. Doppelsignale sind in Träumen und Körperhaltungen zu erkennen. Beispielsweise könnte ich verbal äußern, dass ich mich auf Sie beziehen möchte. Das ist meine Absicht. Gleichzeitig richte ich meinen Blick jedoch nach unten und nicht auf Sie. Ein Doppelsignal ist für gewöhnlich mit demjenigen verflochten, was in der Kommunikation beabsichtigt ist.

Ebenen. Bewusstseinsdimensionen. In diesem Buch richte ich den Fokus auf drei Hauptebenen: **Konsensusrealität**, **Traumland** und **Essenz**. *Siehe* auch **Framing**.

Erleuchtung. Das **Prozessgeist**-Bewusstsein, das fast immer gegenwärtig ist, selbst wenn man sich mit Menschen, seiner gewöhnlichen Identität, Raum und Zeit identifiziert.

Erste und zweite Ausbildungsstufe. Während der ersten Ausbildungsstufe entwickeln Sie die Fähigkeiten, die Sie benötigen, um professionell zu arbeiten. Sie werden sich Ihrer Erfahrung als einer Tatsache und einer **Rolle** ebenso wie weiterer **Geisterrollen** und **Vektoren** bewusst. Während der zweiten Ausbildungsstufe lernen Sie, zumindest für einen kurzen Augenblick, die Form zu wechseln, in den Prozessgeist einzutreten und die Beziehung zwischen Teilen des Systems zu facilitieren. Mit anderen Worten, Sie befinden sich halb im Bereich des Träumens, während Sie sich halb draußen in der Realität bewegen und den Fluss zwischen den Erfahrungen facilitieren.

Essenz. Die nichtduale Bewusstseinsebene wie „das Tao, das nicht gesagt werden kann". Diese Ebene entspricht Erfahrungen, die unserem Alltagsbewusstsein zwar implizit, aber noch nicht explizit wahrnehmbar sind. Es handelt sich hierbei um die grundlegende Ebene des **Prozessgeistes**, ein nichtkognitives „Wissen", das schwer zu erklären ist.

Flirts. Für den Bruchteil einer Sekunde aufflackernde **Signale**, die Ihre Aufmerksamkeit auf sich ziehen wollen. Eine Blume könnte beispielsweise mit Ihnen flirten (und umgekehrt!). Der Flirt geschieht so schnell, dass wir für gewöhnlich daran vorbeigehen oder ihn vergessen. In der Kommunikation spielt der Flirt jedoch eine wichtige Rolle als Vorgänger von Signalen.

Framing/Einrahmung. Die Facilitatorin kann eine Diskussion „einrahmen" oder organisieren, indem sie die verschiedenen Ebenen oder Dimensionen dessen bezeichnet, worüber Menschen sprechen. Beispielsweise spricht eine Person möglicherweise über Themen und äußere Aktionen (**Konsensusrealität**), während jemand anderes über Gefühle (**Traumland**) spricht. Eine weitere Person spricht vielleicht über einen gemeinsamen Boden (**Essenz**), der die Gruppe verbindet. Die Präsenz verschiedener Ebenen kann in sich eine Konfliktquelle darstellen! Die Facilitatorin vermag dasjenige, was geschieht, einzurahmen, indem sie sagt/fragt, auf welche Richtung die Person oder Gruppe zunächst fokussieren will, wobei sie anerkennt, dass auch andere Ebenen angesprochen werden müssen.

Geisterrollen. Teile des **Traumlandes**. Geisterrollen beziehen sich auf Dinge, worüber zwar gesprochen wird, die jedoch von niemandem in einer gegebenen Gruppe repräsentiert werden. Einige typische Geister sind Ahnen, über die gesprochen wird, die aber nicht länger gegenwärtig sind, die „schlechte" Person, die sich nicht im Raum befindet, die Umwelt, der Präsident und so fort. In ihre Standpunkte und Gedanken hineinzugehen und sie zu repräsentieren, kann ein bedeutsamer Schlüssel zu Prozessen sein. Und es ist wichtig zu wissen, dass alle Beteiligten diese Geisterrollen miteinander teilen.

Grenze. Ein Moment, in dem eine Person spricht, aber aus persönlichen Gründen oder aufgrund von tatsächlichen oder wahrgenommenen Restriktionen von der Gruppe nicht in der Lage ist, das, was sie sagen will, zu vollenden.

Großes U. Jener Vektor, der die allgemeine Tendenz einer ganzen Welt, einer Gruppe, eines Individuums oder auch eines Teilchens beschreibt. Das große U (*big You*) = das große Ich, eine psychologische Erfahrung (abgeleitet von Vektor-Formulierungen der Quantenwelle), die mit David Bohms pilotleitender Funktion des Systemgeistes (oder genauer gesagt, des **Quantengeistes** des Systems) verbunden ist. Er wird durch das unsichtbare Feld des **Prozessgeistes** bewegt.

Konsens herstellen. Die Facilitatorin kann Übereinstimmung erzielen, indem sie herausfindet, in welche Richtung die Gruppe zunächst gehen möchte, und weiß, dass alle Themen und Gefühle wichtig sind und an irgendeinem Punkt diskutiert werden müssen. Welches Thema auch immer gewählt wird, es ist ein großes Regenschirmthema mit vielen Unterthemen, wovon einige weitere Themen einschließen können, die von der Gruppe während des Filterns, das heißt dem Prozess der Themensuche, angesprochen wurden.

Konsensusrealität. Die allgemeine Übereinkunft darüber, was „real" ist. Im einundzwanzigsten Jahrhundert bedeutet dies, dass real ist, was „objektiv" in Raum, Zeit, Materie und Energie beobachtet werden kann. In der heutigen Konsensusrealität bewegt sich etwas nur, wenn es von etwas in seiner Nähe berührt oder angestoßen wird.

Liebesland. Ihre bevorzugte und beständigste erdbasierte Assoziation zu dem tiefsten Teil in Ihnen. Ich nenne diesen Erdpunkt auch Ihren **Prozessgeist**.

Metafähigkeit. In ihrem Buch *Die Weisheit der Gefühle* definiert Amy den Begriff der Metafähigkeit als die überwölbende Qualität oder das grundlegende Gefühl hinter dem Gebrauch einer Fähigkeit. Die Art und Weise, wie man etwas sagt oder tut, ist eine Metafähigkeit, die harsch, hilfreich, mitfühlend, verspielt, wissenschaftlich und so fort sein kann.

Mitgefühl. Einen Zugang zum großen U und/oder dem Prozessgeist zu erlangen und für alle Richtungen und Seiten offen zu sein; Kompass-ion (*compassion* ist das engl. Wort für Mitgefühl, Anm. d.Übers.) bedeutet auch 360 Grad „kompassartige" Offenheit und Interesse an allen Vektoren.

Mitschöpfung. Die feldartige Erfahrung des Prozessgeistes mündet in ein Gefühl von zwei oder mehr miteinander verflochtenen Teilen. Wenn der Alltagsverstand Zugang zum Prozessgeist hat, vermögen Sie das natürliche Fließen zwischen Teilen zu beobachten und zu erfahren, die gemeinsam neue Realitäten erschaffen. Bewusste Mitschöpfung erschafft das Quantentheater.

Mythostase. Schließt Homöostase und Allostase in sich ein (die Fähigkeit unseres Körpers, zu einem normalen Temperatur- oder Druckniveau oder Niveau anderer Variablen zurückzukehren, die für die Gesundheit unerlässlich sind) ebenso wie Nahtod-Erfahrungen, wobei Homöostase und Allostase versagen. Was nicht zu versagen scheint, ist unsere beständige Tendenz, einem bestimmten Weg zu folgen, wie er beispielsweise in Visionen und Träumen wahrgenommen wird.

Nichtlokalität. In der Physik bedeutet Nichtlokalität den direkten Einfluss eines Objektes auf ein anderes, entferntes Objekt, wobei das Prinzip der Lokalität verletzt wird, das besagt, dass ein Objekt nur durch seine unmittelbare Umgebung beeinflusst wird. In der Psychologie ist Nichtlokalität eine Erfahrung der Nähe oder wechselseitigen Verbundenheit jenseits der Parameter von Raum oder Zeit. Dabei handelt es sich für gewöhnlich um die Erfahrung und Qualität eines veränderten Bewusstseinszustands beziehungsweise des Prozessgeistes, worin es keine wahrgenommene Trennung zwischen (verflochtenen) Teilchen, Teilen, Flirts und so fort gibt.

Offenes Forum. Eine strukturierte, zutiefst demokratische Zusammenkunft, sei es von Angesicht zu Angesicht oder im Cyberspacc, bei der sich jeder repräsentiert fühlt und worin soziale Themen ebenso wie die tiefsten Gefühle und Träume der Teilnehmenden eingeschlossen sind. Die Methode des offenen Forums betont den mehr linearen Stil des im Allgemeinen nichtlinearen

Ansatzes der Weltarbeit. Die Facilitatorin des offenen Forums verlangsamt die Ereignisse so weit wie nötig und interveniert häufiger.

Prozessgeist. Der tiefstes Teil unseres Selbst, der mit einem Teil unseres Körpers und der Kraft eines Ortes auf der Erde verbunden ist. So wie die Erde allen Formen der menschlichen und natürlichen Ereignisse in der Biosphäre zugrunde liegt, ist der Prozessgeist die träumende Intelligenz und das Feld, das alle unsere Erfahrungen organisiert; daher ist er eine Schlüsseldimension, zu der alle Facilitatoren einen Zugang haben müssen. Der Prozessgeist ist eine nichtlokale „Einheits"-Erfahrung. Er erscheint in Träumen und in der Realität in der Verschiedenheit der Dinge, die unsere Aufmerksamkeit und unser Interesse erregen.

Prozessorientierte Ökologie. Studiert unser „Zuhause", das heißt die Erde und ihre interaktionalen Prozesse, einschließlich – aber nicht darauf beschränkt – Pflanzen, Tiere (einschließlich Menschen), realer und traumartiger Objekte und Energien. Da sie auf tiefer Demokratie basiert, ist die prozessorientierte Ökologie transdisziplinär, wobei sie mindestens die Wissenschaften der Physik, der Biologie und der Psychologie ebenso wie die mythischen Welterklärungsmodelle in sich einschließt.

Quantengeist. In meiner Arbeit das Vorgängerkonzept, das sich in der Mathematik und den Gesetzen der Quantenphysik widerspiegelt. Aus der Mathematik der Physik wird ersichtlich, dass der Quantengeist die Tendenz zeigt, sich selbst zu reflektieren, schnelle, leicht marginalisierbare Flirts zu produzieren, die unsere Aufmerksamkeit auf sich ziehen, und die Wellenfunktionen oder Träume zu kollabieren oder zu verdrängen, um die Realität zu erschaffen. Siehe Anhang A für weitere Einzelheiten.

Quantentheater. (oder Quantenverflochtenheits-Theater). Eine Prozesserfahrung, welche die Verflochtenheit zwischen traumartigen Gegensatzpaaren erschafft und facilitiert. Dieses Theater basiert, im Gegensatz zu anderen Arten der bewussten Rollengestaltung und des Rollenspiels, auf nonkognitiven, essenzartigen Erfahrungen des Prozessgeistes.

Quantenwellenfunktion: Eine in der Quantentheorie benutzte Gleichung zur Beschreibung physikalischer Systeme. Die Wellenfunktion beschreibt den

„Zustandsraum", eine Art Landkarte aller möglichen Zustände eines Systems in der Ebene der komplexen Zahlen. Die Gesetze der Quantenmechanik, so wie sie zum Teil durch Schrödingers Gleichung repräsentiert werden, beschreiben, wie die Wellenfunktion sich über die Zeit entwickelt. Die Werte der Wellenfunktion sind komplexe Zahlen. Werden sie quadriert, weisen deren absolute Werte auf die Wahrscheinlichkeit hin, dass sich das System in irgendeinem der möglichen Zustände befinden wird.

Rolle. Teil des Traumland-Aspektes von Gruppenprozessen. Obgleich jede einzelne Rolle (zum Beispiel Chef, Untergebener, Patient, Helfer) in einem gegebenen Individuum oder einer Gruppe lokalisiert zu sein scheint, handelt es sich dabei tatsächlich um einen sich entwickelnden „Zeitgeist", einen nichtlokalen, sich verändernden Geist der Zeit, der jeden einzelnen benötigt, damit er ihn ausfüllt. Mit anderen Worten, jede Rolle ist viel größer als irgendein Individuum oder eine Gruppe. Und jeder einzelne unter uns ist größer als irgendeine Rolle. Rollen sind miteinander verflochten.

Rollenwechsel. Es besteht eine natürliche Tendenz zum Rollenwechsel. Das heißt, wir stellen möglicherweise fest, dass wir uns mit einer bestimmten Rolle identifizieren, nehmen dann aber wahr, dass wir uns zur Repräsentation einer anderen Rolle hingezogen fühlen oder uns in einer anderen Rolle *befinden.* Beispielsweise könnte eine Person, die in einer sozialen Hilfsorganisation tätig ist und sich als jemand identifiziert, der Menschen in Not hilft, über ihre eigene Not zu sprechen beginnen. In dem Moment ist die betreffende Person in die Rolle des „Anderen" gewechselt, der Hilfe benötigt. Rollenwechsel wahrzunehmen und sich zu gestatten, das heißt zu spüren, wann man sich in einer bestimmten Rolle befindet und wann man beginnt, sich auf eine andere Rolle zuzubewegen, ist eine Wahrnehmungsübung. Dazu finden Sie am besten den Prozessgeist der Situation und tanzen den Verflochtenheitstanz, wie im letzten Kapitel beschrieben.

Signal. Signale können als kaum wahrnehmbare Erfahrungen entstehen, die nur der Beobachter wahrnimmt. Ansonsten sind Signale wahrgenommene Informationen, die durch Worte, Klänge, Handlungen, Gesten oder Körpergefühle zum Ausdruck gebracht werden. Signale treten lokal in Erscheinung, können aber auf nichtlokale Weise mit entfernten Kommunikationspartnern verbunden sein.

Softskill. Die Methode, den Prozessgeist fließend anzuwenden, um Rollen zu verstehen und zu wechseln. Die unbeschreibliche Leitung durch mythische, erdbasierte Quellen und den Prozessgeist, die sich in alle Seiten einer Situation einfühlen und sie spielen kann. Steht im Gegensatz zu konventionelleren Methoden, die mit erlernten Methoden und Programmen arbeiten. Zur Zeit ist das Softskill des Prozessgeistes vielleicht die nützlichste Methode, wenn es darum geht, alle Arten von Situationen zu facilitieren und jedem einzelnen das Gefühl zu vermitteln, verstanden zu werden.

Superposition. Die Summe aller Erfahrungen um eine gegebene Beobachtung herum oder die Vektorsumme aller Richtungen, die diese Erfahrungen repräsentieren.

Teamarbeit. Besteht das Team aus einer Gruppe von Individuen, die sich einer gemeinsame Aufgabe verschrieben haben, dann entsteht Teamarbeit, wenn sich das Team seiner Mission bewusst ist und seinen Prozessgeist benutzt.

Teilnehmender Facilitator. In der Prozessarbeit wird das Konzept des Anführers und Facilitators als eine allen gemeinsame und nichtlokale Rolle verstanden. Das traditionelle Konzept des Teilnehmenden hat sich verändert; Teilnehmer oder Bürger werden „teilnehmende Facilitatoren" genannt (so wie der führende Facilitator heute als führend folgender Facilitator bezeichnet wird).

Tiefe Demokratie. Ein Konzept ebenso wie die multidimensionale Gefühlshaltung eines Ältesten gegenüber dem Leben. Diese Haltung erkennt die grundsätzlich gleichwertige Bedeutung der Repräsentation von Angelegenheiten der **Konsensusrealität** (Fakten, Themen, Problemen, Menschen), Traumland-Figuren (**Rollen**, **Geistern**, Richtungen) und der **Essenz** (gemeinsamer Boden) an, die alle miteinander verbindet.

Totemgeist. In indigenen Kulturen rund um die Welt ist ein Totem eine Wesenheit, von der angenommen wird, dass sie über eine Gruppe von Menschen wacht oder ihnen hilft, sei dies eine Familie, ein Clan oder Stamm. Dieser Geist ist oftmals ein Symbol für den Prozessgeist.

Traumkörper. Körpererfahrungen wie ein scharfer Schmerz, der sich in Träumen in Form von Symbolen wie einem Messer widerspiegelt.

Traumland. Eine allgemeine Bewusstseinsebene, die Träume, das Träumen im Wachzustand ebenso wie der Nicht-Konsensusrealität (in Relation zu einer gegebenen Gemeinschaft) angehörige Erfahrungen in sich einschließt.

Ubuntu. Die Gemeinschaftsethik von Zentral- und Südafrika, welche die wechselseitige Verbundenheit aller Menschen in dem Satz zum Ausdruck bringt: „Ich bin, weil du bist."

Vektor. Ein mathematischer Begriff für einen Pfeil, der beispielsweise auf Richtung oder Geschwindigkeit verweist. Ich benutze Vektoren, um unser subjektives oder traumartiges Gefühl für erdbasierte Richtung zu beschreiben. Die Erde zieht oder bewegt uns zu verschiedenen Zeiten in bestimmte Richtungen. Wenn wir gehen und der Richtung oder dem Vektor einer Erfahrung folgen, spüren wir irgendeine Energie, eine Kraft und einen Rhythmus ebenso wie die Bedeutung des Weges.

Verflochtenheit (in der Physik). Die Quantenverschränkung ist eine Eigenschaft eines Quantensystems bestehend aus zwei oder mehr Objekten, worin die Objekte so aufeinander bezogen oder miteinander verbunden sind, dass keines ohne die vollständige Erwähnung seines Gegenstücks beschrieben werden kann, ungeachtet der zwischen ihnen befindlichen Distanz.

Verflochtenheit (in der Psychologie). Eine der Quantenphysik entlehnte Metapher, die eine individuelle Erfahrung oder eine Gruppenerfahrung bedeutet. Dabei sind Teile von emotionalen Systemen nicht nur mittels kausaler Verbindungen, sondern auch auf nichtlokale Weise miteinander verbunden, wie wenn es keine Trennungen zwischen den Teilen gäbe.

Verflochtenheitstanz. Basierend auf dem Konzept der Verflochtenheit in der Physik und dessen psychologischem Gegenstück, werden Teile als symmetrisch und dynamisch (daher das Tanzelement) wechselseitig verbunden betrachtet. Sagt *A* beispielsweise: „Weil du dies getan hast, hab ich das getan", könnte *B* typischerweise darauf antworten: „Nein! Das Gegenteil ist der Fall! Weil *du* dies getan hast, hab ich das getan." Benutzt man jedoch den Ansatz des Verflochtenheitstanzes, entspannt sich der Beobachter, identifiziert sich mit dem Prozessgeist und erlaubt ihm, zwischen *A* und *B* hin- und herzuwechseln, bis sie miteinander neue Lösungen hervorbringen.

Weltarbeit. Eine Methode zur Arbeit mit Klein- und Großgruppen, welche die tiefe Demokratie benutzt, um die Themen von Gruppen und Organisationen aller Art anzusprechen. Die Weltarbeit benutzt die Kraft des traumartigen Hintergrundes einer Organisation oder Stadt (zum Beispiel Projektionen, Klatsch, Rollen und kreative Vorstellungskraft). Die Facilitatorinnen und Facilitatoren der Weltarbeit hören auf das Land, machen innere Arbeit und nutzen äußere Kommunikationsfähigkeiten, die Rollenbewusstheit ebenso wie Signal- und Rangbewusstheit umfassen, zur Bereicherung des Lebens jeglicher Organisation. Die Weltarbeit wird mit Erfolg in der Arbeit mit multikulturellen, multiple Ebenen umfassenden Gemeinschaften angewendet; Universitäten; kleinen und großen Organisationen; städtischen Brennpunkten; politischen Situationen und Konfliktgebieten der Welt.

Zen-Geist. Ein zen-buddhistisches Konzept. In *Zen-Geist, Anfänger-Geist* sagt Shunryu Suzuki Roshi: „Die Welt ist ihr eigener Zauber. ... Zen-Geist ist einer jener rätselhaften Ausdrücke, die Zen-Lehrer benutzen, um die Menschen auf sich selbst zurückzuwerfen, um sie zu veranlassen, die Worte selbst zu hinterfragen und sich zu wundern. ... ‚Weiß ich auch wirklich, was mein eigener Geist ist?' ... Und wenn ihr dann versuchen solltet, für eine Weile physisch bewegungslos zu sitzen, um zu sehen, ob ihr einfach herausfinden könnt, was euer Geist ist, um zu sehen, ob ihr ihn lokalisieren könnt – dann habt ihr die Zen-Praxis begonnen, dann habt ihr angefangen, den unbegrenzten Geist zu erkennen." Der Zen-Geist scheint mir ein dem Prozessgeist ähnliches Konzept zu sein.

Zweite Ausbildungsstufe. Siehe **erste und zweite Ausbildungsstufe**.

BIBLIOGRAPHIE

Cheshire, Stuart: "Collected Quotes from Albert Einstein", http://rescomp.stanford.edu/~cheshire/EinsteinQuotes.html.

Chodron, Pema: *Practicing Peace in Times of War*. Boston: Shambala, 2006.

Cobbs, John: *The Process Perspective: Frequently Asked Questions about Process Theology*. Atlanta, GA: Chalice Press, 2003.

Collins, F.M. Guyer und A. Chakravarti: „Variations on a Theme. Human DNA Sequence Variation." *Science* 278 (1997): 1580-81.

Cramer, John G.: „An Overview of the Transactional Interpretation of Quantum Mechanics." *International Journal of Theoretical Physics* 27, no. 2 (1988): 227-36.

Davies, Paul: *Der Plan Gottes. Die Rätsel unserer Existenz und die Wissenschaft*. Frankfurt: Insel, 1996.

Einstein, Albert: *Cosmic Religion. With Other Opinions and Aphorisms*. New York: Covici-Friede, 1931. Neuauflage 2007.

--------. "Brief an Max Born", 4. Dezember 1926, in: *Albert Einstein und Max Born. Briefwechsel*. Reinbek: Rowohlt, 1969.

Ellis, John: „*The Superstring. Theory of Everything, or of Nothing?*" *Naure* 323 (1986), S. 595-598.

Goswami, Amit, Richard E. Reed und Maggie Goswami: *Das bewusste Universum. Wie Bewusstsein die materielle Welt erschafft*. Bielefeld: Lüchow, 2007.

Gribbon, John: *Q Is for Quantum – An Encyclopedia of Particle Physics*. New York: Touchstone Books, 1998.

Harris, Ishwar C.: *The Laughing Buddha of Tofukuji. The Life of Zen-Master Keido Fukushima*. Bloomington, IN: World Wisdom, 2004.

Jung, C. G.: Gesammelte Werke von C. G. Jung, Bd. 8, herausgegeben von Lilly Jung-Merker und Elisabeth Rüf. Solothurn: Walter Verlag, 1995.

Lame Deer, John (Fire) und Richard Erdoes: Lame Deer, Seeker of Visions. New York: Simon and Schuster, 1972.

Libet Benjamin, Freeman, Anthony und Sutherland, Keith (Hrsg.): *The Volitional Brain: Towards a Neuroscience of Free Will*. Exeter: Imprint Academic, 1999.

Mindell, Amy: *Die Weisheit der Gefühle. Die spirituelle Kunst in der Therapie*. Petersberg: Via Nova, 1999.

--------. "World Work and the Politics of Dreaming, or Why Dreaming Is Crucial for World Process." http://www.aamindell.net/blog/ww-themes, November 2007.

Mindell, Arnold: *Schlüssel zum Erwachen. Sterbeerlebnisse und Beistand im Koma.* Zürich: Walter 1999.

--------. *The Deep Democracy of Open Forums. How to Transform Organizations into Communities.* Charlottesville, VA: Hampton Roads, 2002.

--------. *The Dreambody. Der Körper im Märchen. Krankheit und Individuation.* Fellbach: Bonz, 1985.

--------. *Traumkörper in Beziehungen. Prozessorientierte Psychologie in Praxis und Theorie.* Basel: Sphinx, 1994.

--------. *24 Stunden luzid träumen. Techniken, um den nichtdualistischen, träumenden Hintergrund der Alltagsrealität wahrzunehmen.* Petersberg: Via Nova, 2002.

--------. *Earth-Based Psychology. Path Awareness from the Teachings of Don Juan, Richard Feynman and Lao Tse.* Portland, OR: Lao Tse Press, 2007.

--------. *Der Weg durch den Sturm.Weltarbeit im Konfliktfeld der Zeitgeister.* Petersberg: Via Nova, 1997.

--------. *Der verborgene Code des Bewusstseins. Der Quantengeist in der Naturwissenschaft und in der Psychologie.* Petersberg: Via Nova, 2010.

--------. *Quantengeist und Heilung. Auf seine Körpersymptome hören und darauf antworten.* Petersberg: Via Nova, 2006.

--------. *Den Pfad des Herzens gehen. Schamanische Praktiken und moderne Psychologie.* Petersberg: Via Nova, 1996.

--------. *Mitten im Feuer. Gruppenkonflikte kreativ nutzen.* München: Hugendubel, 1997.

--------. *Das Jahr eins. Ansätze zur globlalen Heilung unseres Planeten.* Olten: Walter, 1991.

Moondance, Wolf: *Rainbow Medicine: A Visionary Guide to Native American Shamanism.* New York: Sterling, 1994.

Soho, Takuan: *Unfettered Mind*, übersetzt von William Scott Wilson. Tokyo: Kodansha International, 1986.

Suzuki, Shunryu: *Zen-Geist, Anfängergeist.* Theseus Verlag Zürich, München, Berlin, 1975.

Thurman, Howard: *Disciplines of the Spirit.* Neuauflage. Richmond, IN: Friends United Press, 2003.

--------. *The Search for Common Ground.* New York: Harper & Row, 1973.

Wheeler, John: „Information, Physics, Quantum: The Search for Links." Proceedings of the 3rd International Symposium on the Foundation of Quantum Mechanics, Tokyo 1989.

Wilhelm, Richard (Übers.): *I Ging oder das Buch der Wandlungen.* München: Diederichs, 1956.

Wolf, Fred Alan: *The Dreaming Universe. A Mind-Expanding Journey into the Realm Where Psyche and Physics meet.* New York: Touchstone, 1995.

--------. *Star Wave. Mind, Consciousness, and Quantum Physics Meet.* New York: Macmillan, 1984.

ABBILDUNGSNACHWEIS

Abbildung 0.1. Wikimedia, Bild „Albert Einstein in späteren Jahren", http://commons.wikimedia.org/wiki/File:Albert_Einstein_in_later_years.jpg vom 10. Oktober 2009.

KAPITEL 1
Abbildung 1.1. Foto von Sara Halprin, aufgenommen von Herb Long. „Silhouette eines angelnden Mannes bei Sonnenuntergang": Bilddatei unter http://www.istockphoto.com/file_closeup.php?id=4625443. „Portland Skyline": Bilddatei unter http://istockphoto.com/stock-photo-8773692-portland-skyline.php. *Wikipedia,* Abbildung „Mallard", http://en.wikipedia.org/wiki/File:Male_mallard3.jpg vom 13. Oktober 2009.

KAPITEL 3
Abbildung 3.3. „Schrödingers Katze". Wikipedia, Bild „Schrödinger's Cat", http://en.wikipedia.org/wiki/Wikipedia:Featured_picture_candidates/Schr%C3%B6dinger%27s_cat vom 12. Oktober 2009.

KAPITEL 4
Abbildung 4.1. „Tropische Fische, Französischer Engelfisch". Bilddatei unter http://www.istockphoto.com/stock_photo_9950680-tropical-fish-french-angelfish.php.

Abbildung 4.2. „An entlegenem Strand ausruhen". Bilddatei unter http://www.istockphoto.com/stock-photo-4701539-relaxing-on-remote-beach.php vom 13. Oktober 2009. „Zauberwald", Bilddatei unter http://www.istockphoto.com/file_closeup.php?id=2192531 vom 13. Oktober 2009.

Abbildung 4.4. „Unaufgeräumtes Zimmer". Bilddatei unter http://www.istockphoto.com/stock-illustration-4429733-messy-room.php vom 13. Oktober 2009.

KAPITEL 5
Abbildung 5.4. „Magnetfeld der Erde". Bilddatei unter http://hyperphysics.phy-astr.gsu.edu/hbase/magnetic/magearth.html vom 10. Juni 2009.

Abbildung 5.6. „Synästhesie". Dank an Andrew Done für eine ähnliche Zeichnung bei Wikipedia, Bild „Booba-Kiki", http://en.wikipedia.org/wiki/Synesthesia vom 10. Juni 2008.

KAPITEL 6
Abbildung 6.2. Fantova Collection of Albert Einstein, Manuscripts Division, Department of Rare Books and Special Collections, Princeton University Library. Princeton, New Jersey.

Abbildung 6.3. „Der die Erde berührende Buddha". Bild gefunden unter http://pranayogastudio.com/. Dank an Anna Siudy.

KAPITEL 8
Abbildung 8.2. „Gartengeist-Stab". Bild dank http://www.gardenspiritsticks.com/gallery.shtml (Zugriff 13. Oktober 2009). Wikipedia Bild „Melsquir" http://en.wikipedia.org/wiki/File:Melsquir.jpg (Zugriff 13. Oktober 2009). Foto von Amy von Nader Shabahangi.

Abbildung 8.3. Wikimedia, Bild „Haida-Totem", unter http://commons.wikimedia.org/wiki/File:Totem_haida.jpg vom 10. Oktober 2010.

Abbildung 8.4. „Seelenfischerei", Adriaen Pietersz van de Venne, 1614, Rijksmuseum, Amsterdam.

Abbildung 8.6. Freiheitsstatue „Freiheit". Bild unter http://www.istockphoto.com/stock-photo-5487343-freedom.php.

KAPITEL 10

Abbildung 10.1. Wikipedia, Bild „Orleans.bourbon", http://en.wikipedia.org/wiki/File:Orleans.bourbon.arp.750pix.jpg vom 10. Oktober 2009.

Abbildung 10.2. „Katrina, 9ter Stadtbezirk, Schutzdämme und Obdachlose". Bild unter http://www.thewe.cc/webplanet/news/americas/us/katrina_ninth_ward_levees_and_homeless.htm.

KAPITEL 11

Abbildung 11.2. „Monterosso al Mare, Cinque Terre, Italien". Bild unter http://www.istockphoto.com/stock-photo-3355570-monterosso-al-mare-cinque-terre-italy.php.

KAPITEL 12

Abbildung 12.1. Wikipedia, Bild „Flammarion", http://en.wikipedia.org/wiki/File:Flammarion.jpg vom 10. Oktober 2009.

KAPITEL 15

Abbildung 15.2. „Verflochtenheitskonzept eines Künstlers", NASA-Bild unter http://www.jpl.nasa.gov/news/news.cfm?release=2003-047 vom 4. Juni 2009.

KAPITEL 16

Abbildung 16.5. „Windböen von Hurrikan Gustav". Bild unter http://www.istockphoto.com/stock-photo-7101199-wind-gusts-from-hurricane-gustav.php vom 10. Oktober 2009.

KAPITEL 17

Abbildung17.2. Wikipedia, Bild „Erdkrusten-Schnittzeichnung-Englisch", http://en.wikipedia.org/wiki/File:Earth-crust-cutaway-english.svg vom 10. Oktober 2009.

Abbildung 17.3. Erde und Mond von Galileo Raumsonde, NASA, 2. Januar 1990, http://www.physics.unlv.edu~jeffery/astro/earth/nasa_earth_moon_001.jpg vom 12. Oktober 2009.

SCHLUSSBETRACHTUNG

Abbildung C.1. Wikipedia, „Huli-Perückenmann", http://en.wikipedia.org/wiki/File:Huli_wigman.jpg vom 13. Oktober 2009.

Abbildung C.3. Ubuntu. Batik, die der Künstler Richard Kimbo 1988 auf einer Straße in Nairobi kaufte.

Abbildung C.4. Wikipedia, Bild „Jainistische Hand", http://en.wikipedia.org/wiki/File:Jain_hand.svg vom 13. Oktober 2009.

INDEX

A

Aborigines 53f., 83f., 106f., 130f., 142, 147
Ahimsa 246f., 267
Allostase 146f., 265, 271
Ältestenschaft 227, 268

B

Beobachtereffekt 168, 172
Bi-Lokalität 253f., 268
Blitz 28f., 34, 36, 64, 249
Buddhanatur 78f., 91, 170

C

Christentum 179, 194

D

Doppelspaltexperiment 63

E

Einheitsschöpfer 179
elektrisches Feld 28f., 31
elektromagnetisches Feld 34, 66, 119
Elektromagnetismus 67, 182, 184, 252, 253
erste Ausbildungsstufe 227
Ethik 168f., 172-178, 193, 245, 249, 260, 266

F

Familientotem 111
Feld des Prozessgeistes 19, 24f., 27, 30, 32, 47, 53, 58, 68, 83, 88f., 91, 99, 171, 223, 241, 256, 270
Fernwirkung 92f., 196
Flirts 29, 204-272
Fluss 194f.,
Freiheitsstatue 112, 280

G

Geisterrollen 103, 106f., 122, 223, 228, 269f.
Geist Gottes 15, 51, 154f., 168, 188, 195, 208, 240, 243, 252f.
Gleichgewichtsposition 55f.
Gotteserfahrung 153, 266
Große Vereinheitlichte Feldtheorie 182
Grundzustand 168, 266

H

Homöostase 146f., 265, 271
homo sapiens 77
Hurrikan Katrina 128f., 134, 224
Hyperraum 23, 110f., 121, 131

I

I Ging 61, 64f., 178, 263, 278
Illumination 179
Irfan 179

J

Jainismus 179, 246
Jesus 164, 170, 176
Judentum 194

K

Kensho 80, 87, 113, 116, 258
Koma 26f., 278
Kraftfeld 9, 14, 16-18, 25, 52, 182, 193, 251f.
Kraftort 59, 132
Krafttanz 232f., 261
Krieg 117f.,

L

Liebesland 238, 241f., 247, 270
Liebes-Revolution 216

M

Mara 79f.
Marginalisierung 23, 75f., 207, 251
Metafähigkeit 36-41, 44-46, 91, 217, 268, 270f.
miterschaffende Organisation 222f., 267
Mitgefühl 39-41, 44, 136, 271
Moksha 179
Monismus 199
Monolatrismus 163
Monotheismus 163, 180
Mushin 46, 185, 263
Mutter Teresa 164f., 243
Mystik 9, 178
mythische Natur 146
mythische Richtung 161
mythisches Selbst 146
Mythostase 146-148, 271

N

Nichtlokale Kommunikation 27
Nichtlokalität 15, 17, 154, 180, 191-203, 243f., 253f., 268, 271
Nirvana 79f., 179
Nullpunktenergie 51, 168, 266

O

Ockerfarbene Politik 131
Omnipotenz 194f., 244
Omnipräsenz 180f., 187, 190, 194-197, 232, 244
Omniszienz 194f., 244

P

Pilotwelle 16, 24, 161, 162, 250, 252f.
planetarische Perspektive 224
Präsenz 47-60
Prozessgeist 15-18, 272
Prozessgeist der Beziehung 29, 89, 96, 98f., 218
Prozessgeist-Fuß 253

Q

Quantenelektrodynamik 121, 161
Quantengeist 5, 10, 16, 25, 52, 139, 250f., 263, 272, 278
Quantentheater 209, 214, 219-235, 247, 272

R

Regenbogenmedizin 139-141, 265
Religion 153-157
Roshi 24, 34, 89, 100, 185, 276

S

Samadhi 179
Satori 80, 88, 253, 264
Scharia 195
schwache Kraft 185
Schwerkraft 185-189
Signaturfeld 75-87
Sinnesbasierte Kanäle 141
Softskill 209, 217f., 227, 245, 274
Spin 197-199, 264
stabile Präsenz 56, 256
starke Kraft 184f., 189
Stimmungen 75, 81, 84, 257
Stressor 143f., 145
Superposition 40-43, 107f., 203, 274
Synästhesie 69f.
Synchronizität 182, 202, 206f.

T

Teamarbeit 102, 107, 113, 116, 227, 258, 274
Theorie des Teilchenaustauschs 183
Theorie von Allem 155, 181-183, 187, 252, 266
Todesgang 173f.
Totemgeist 17, 53-57, 59, 78, 124-127, 130-134, 274
Totempfahl 107f.
Träumen des Kängurus 131, 147

U

Ubuntu 238, 245-247, 275
ungeteilte Ganzheit 199, 201
Unkulunkulu 35, 170, 225
Unus Mundus 15, 178, 182, 254
Urgrund des Seins 88, 94f.
Urknall 168, 182, 196

V

Vektorlaufen 84, 98, 142
Vektor U 40, 86
vereinheitlichte Felder 178, 266
Vereinigendes Bewusstsein 230
Verflochtene Mitschöpfung 169-171
Verflochtenheit 92f., 171, 180, 193-215, 222f., 228, 240, 251, 275
Verschränkung 93, 201

W

Wasserstoff 210, 212
Wassertrauma 129
Wellenfunktion 16, 31, 161, 250f., 272f.
Wu Wei 185

Z

Zen-Geist 24, 26, 89, 170, 185, 262, 276, 278
zweite Ausbildungsstufe 157f., 227, 267, 269, 276

Weitere Bücher aus dem Verlag Via Nova:

Quantengeist und Heilung
Auf seine Körpersymptome hören und darauf antworten
Arnold Mindell

Paperback, 296 Seiten, ISBN 978-3-86616-036-1   2. Auflage

Quantengeist und Heilung ist Arnold Mindells neues Modell der Medizin, das auf den atemberaubenden Erkenntnissen der Pioniere der Quantenphysik beruht, welche die Landschaft unseres Glaubenssystems beinahe täglich neu gestalten. Mindell, der dort weitermacht, wo C. G. Jung aufhörte, hat sich als führender Experte im Gebrauch von Konzepten aus der Quantenphysik zur Heilung von Geist und Psyche erwiesen. Das Buch geht weit über die Theorie hinaus und stellt einfache Techniken, Übungsanleitungen und präzise Erklärungen wesentlicher Konzepte zur Verfügung, die es jedem Einzelnen ermöglichen, die Wurzeln selbst von chronischen Symptomen und Krankheiten, emotionalen, krankmachenden Mustern freizulegen, zu verstehen und zu beseitigen. Arnold Mindell: „Quantenphysik, die auch Sie anwenden können. Allen Aktionen und Ereignissen im Universum liegt eine Kraft zugrunde. Jeder Mensch besitzt die Fähigkeit, diese anzuzapfen, mit ihr zu interagieren und sie zur Selbstheilung zu benutzen."

24 Stunden luzid träumen
Techniken, um den nichtdualistischen träumenden Hintergrund der Alltagsrealität wahrzunehmen
Arnold Mindell

Paperback, 274 Seiten, 52 Graphiken, ISBN 978-3-936486-03-2   2. Auflage

In seinem Buch „24 Stunden luzid träumen" zeigt der innovative Psychotherapeut und spirituelle Lehrer Arnold Mindell zum ersten Mal auf, wie man in die Welt des Träumens eintritt, jene Welt, aus der die sichtbare Realität hervorgeht. Greift man Ereignisse, die die eigene Aufmerksamkeit erregen wie beispielsweise Körpersymptome, Beziehungsmomente, spontane Gedanken und Phantasien auf und entfaltet deren Signale mit Hilfe der Methode des 24 Stunden luziden Träumens, tritt man vollkommen wach in die nichtdualistische Welt des Träumens ein und lernt deren Botschaften zu verstehen und in die Alltagswelt einzubringen. Die Praxis des 24 Stunden luziden Träumens hilft bei der Lösung persönlicher, körperlicher oder emotionaler Probleme. Sie hilft bei der Lösung von Konflikten in Beziehungen, Familien, Großgruppen, Unternehmen und sogar in der Politik.

Die Weisheit der Gefühle
Metafähigkeiten – die spirituelle Kunst in der Therapie
Amy Mindell

Gebunden, 192 Seiten, ISBN 978-3-928632-45-4

Ein neues Verstehen der Wirkung von Gefühlen Amy Mindell nennt das, was eine Therapie und einen Therapeuten erfolgreich macht, Metafähigkeiten (Metakills). Sie geht davon aus, dass unter allen unseren Verhaltensweisen gefühlsmäßige Einstellungen und Muster liegen, die nicht nur unser ganzes Verhalten im Alltag, sondern auch den Verlauf einer Therapie, ihren Erfolg oder Misserfolg, bestimmen. Und weil sie nicht nur den Menschen prägen, der sich einer Therapie unterzieht, sondern auch den Therapeuten, sind sie für den Verlauf einer Therapie so entscheidend. Die Kenntnis dieser Zusammenhänge ist hilfreich für jeden zur Bewältigung des Alltags und zum Gelingen einer jeden Therapie.

Seine Träume deuten lernen
Träume mit Hilfe erweiterter Bewusstseinszustände verstehen
Arnold Mindell

Paperback, 208 Seiten, 32 Abbildungen, ISBN 978-3-936486-32-2

Auf der Grundlage seiner sechsunddreißigjährigen Praxis gelangt Arnold Mindell zu einer aufregenden Fusion von Physik und Psychologie, die einen selbst auf den Fahrersitz der eigenen Träume setzt und so deren Bedeutung offenbart. Wir können unsere Träume verstehen, indem wir sorgfältig beobachten, wie wir unsere Aufmerksamkeit gebrauchen, wie wir uns bewegen und was wir in unserem Körper sowie in veränderten Bewusstseinszuständen erfahren. Nachtträume sind bloß eine Reflexion des kontinuierlichen Flusses subtiler Signale oder "Flirts", die 24 Stunden am Tag in unser Bewusstsein eintreten, der grundlegenden Quelle der Realität und des Bewusstseins für das Träumen, der unsichtbaren Kraft hinter allen Erscheinungen. Dann wird einem bewusst, dass etwas anderes uns bewegt, das die eigenen Träume, Phantasien und Erfahrungen erschafft.

Der verborgene Code des Bewusstseins
Der Quantengeist in der Naturwissenschaft und in der Psychologie
Arnold Mindell

Paperback, 608 Seiten, ISBN 978-3-86616-159-7

Man muss das Universum verstehen, um sich selbst zu erkennen. In diesem umfassenden Buch des amerikanischen Psychologen und Physikers Arnold Mindell werden grundlegende moderne Erkenntnisse der Physik und der Tiefenpsychologie auf die traditionelle Weisheit der Menschheit in unterschiedlichen Kulturen bezogen und zusammenfassend erklärt. Die sog. objektive, sinnlich wahrnehmbare, mathematisch-physikalisch messbare Welt und entsprechendes Denken werden aufgrund der Quantenforschung ergänzt und vertieft, indem die psychischen Befindlichkeiten der Beobachter, ihre nichtlokale, nichtzeitliche Spürerfahrung, Intuition und Träume einbezogen und mathematisch beschrieben werden. Anschauliche Beispiele, experimentelle Übungen und Abbildungen sowie überschaubare Kapitel und sprachliche Vereinfachungen machen die Darlegungen auch für Laien verständlich. Wer auf den sich gegenwärtig vollziehenden Paradigmenwechsel neugierig ist, wird dieses spannende Buch lesen wollen.

Tore zum transpersonalen Bewusstsein
In der Welt sein, aber nicht von der Welt sein
Gela Weigelt

Paperback, 184 Seiten, ISBN 978-3-86616-148-1

Dieses Buch stellt alte Weisheitslehren und neuere wissenschaftliche Erkenntnisse der Quantenphilosophie und Neurowissenschaft vor, die sich mit den großen Problemfragen der Menschheit beschäftigen: Wer oder was ist der Mensch, diese Person (lat. persona = Maske des Schauspielers), die an sich selbst und an anderen Personen leidet, die alle ihre Lebensrollen spielen? Wie kann es gelingen, hinter der Maske die wahre Identität zu erkennen? Wie können wir unsere Ego-Masken transzendieren und das Absolute, das Göttliche, jenseits der Person hindurchtönen lassen und dieses erkennen? Die Autorin Prof. Dr. Weigelt ist im Sinne Buddhas überzeugt: kein Ego – kein Leid.

Der Quantensprung im globalen Gedächtnis
Wie ein neues wissenschaftliches Weltbild uns und unsere Welt verändert
Ervin Laszlo

Hardcover, 160 Seiten, ISBN 978-3-86616-153-5

Ervin Laszlo, Gründer und Präsident des Club of Budapest, zeichnet in diesem Buch ein anschauliches und eindringliches Bild der gegenwärtigen krisenhaften Zustände, weist aber auch praktische und praktikable Wege der Veränderung, die aus der Krise herausführen und eine nachhaltige Zukunft sowohl für die Erde als auch für die Menschheit möglich machen. Mit Blick auf die neuesten, oft revolutionären Erkenntnisse in den Bereichen von Kosmologie, Quantenphysik und Bewusstseinsforschung zeigt er wissenschaftlich fundiert, aber dennoch in klarer und verständlicher Sprache, dass das alte Weltbild überholt ist und wir uns einem ganz neuen Bild der Wirklichkeit stellen müssen. Er beschreibt den global und interkulturell sich bereits heute vollziehenden Paradigmenwechsel auf allen Ebenen des Lebens. Er begründet mit den Erkenntnissen der modernen Wissenschaften, dass ein Neues Bewusstsein in der Menschheit entsteht. Dieses Buch informiert umfassend und tiefgründig, regt an und macht Mut, mit erweitertem Bewusstsein diese Initiativen zu unterstützen und zu einer positiven Veränderung in der Welt beizutragen.

Der Mensch ist mehr als sein Gehirn
Hirnforschung und Geistesfreiheit
Manfred Stöhr

Paperback, 256 Seiten, ISBN 978-3-86616-238-9

Endlich ein kritisches Wort eines kompetenten Wissenschaftlers zur modernen Gehirnforschung! Der Neurologe, Psychiater und Universitätslehrer Prof. Stöhr hat als Fachmann die Forschungsergebnisse vieler Gehirnforscher unserer Zeit und deren wissenschaftliche Aussagen mit den entsprechenden Folgen für den Menschen und sein ethisches Verhalten überprüft. Er kommt zu dem Ergebnis, dass die Gehirnforschung zwar Analyse stofflicher Vorgänge im Gehirn und dessen Funktionen in bestimmten Gehirnbereichen vornehmen kann. Aber Aussagen über die Natur des Menschen, über Erziehung, Recht und Moral seien wissenschaftlich nicht begründbar und überschritten die Kompetenz der Hirnforscher. Der Autor wendet sich besonders gegen die Auffassung eines damit verbundenen reduktionistischen Menschenbildes. Er macht deutlich, dass viele Aussagen einer Neuauflage des materialistischen Dogmas von der Alleinexistenz der Materie entspringen, das die ganzheitliche Wirklichkeit des Menschen nicht zu begreifen vermag.

Weitergehen – das Leben wartet nicht
Anders denken – anders handeln / Franz Decker

Paperback, 208 Seiten, 10 Grafiken, ISBN 978-3-86616-240-2

Lebensumstellungen und persönliche Wendepunkte lösen in uns oft Sorgen und Ängste aus, zwingen uns aber auch zum Weitergehen, denn das Leben bleibt nicht stehen. Es bedarf der Kunst des Loslassens für einen Aufbruch in einen neuen Lebensabschnitt. Der Lebens-, Gesundheits- und Mentalberater Franz Decker ermutigt mit vielen Übungen und Tipps aus seiner langjährigen Praxis, einen neuen Lebensabschnitt mit Hoffnung, Orientierung und Tatkraft zu beginnen. Er zeigt, wie wir unsere Umstellungsfähigkeiten verbessern, uns selbst vertieft kennenlernen, neue, bisher verborgene Fähigkeiten entdecken und nutzen können, um ein anderes, sinnvolles Lebenskonzept zu finden. Übungsprogramme fördern Ihre geistig-mentalen und seelischen Kräfte und helfen Ihnen, anders zu denken und zu handeln, weiter zu wachsen und zu reifen.

Transpersonale Verhaltenstherapie
Von der Stagnation zur Transformation
Harald Piron

Paperback, 352 Seiten, ISBN 978-3-86616-063-7

Mit diesem Buch liegt das erste Therapiehandbuch vor, das die Grundlagen und Methoden der Transpersonalen Verhaltenstherapie sehr anschaulich darstellt und anwendbar macht. Es ist sowohl für Therapeuten als auch für Interessierte geeignet. Die Transpersonale Verhaltenstherapie (TVT) ist ein wissenschaftlich fundierter, lerntheoretisch begründeter und meditationsbasierter Ansatz, der sich vor allem bei neurotischen und spirituellen Krisen bewährt hat. Er kann auch hervorragend im Rahmen eines Selbstmanagement-Trainings angewandt werden. Der Autor entwickelte diesen sehr klaren und tiefgehenden Ansatz seit 1993. Er vermittelt Modelle zur Analyse der Bedingungen des Bewusstseins und Verhaltens, die für die Entstehung und Heilung von personalen und transpersonalen Störungen von zentraler Bedeutung sind. In gut nachvollziehbaren Schritten wird der Leser mit Hilfe vieler Übungen und Fallbeispiele durch den jeweiligen Veränderungs- und Wachstumsprozess geführt. Darüber hinaus geht es um das seelische und spirituelle Erwachsenwerden.

Von der Psychotherapie zu schamanischen Heilweisen
Feinstoffliche Heilung als Weg zum Kern des Bewusstseins
Carla Lamesch

Paperback, 192 Seiten, ISBN 978-3-86616-038-5

Das Buch zeigt auf, wie durch die Verbindung von Methoden der modernen Psychotherapie mit altem schamanischem Heilwissen auch schwer zugängliche Schichten im Unbewussten direkt erreicht werden können. Durch die auf diese Weise bewirkte Heilung kann der Weg zum innersten Kern des Bewusstseins erschlossen werden. In spannenden Protokollen beschreibt Carla Lamesch, wie blockierte Energien freigelegt werden und ein Heilungsprozess in Gang gesetzt wird. Sie macht deutlich, dass schamanische Traditionen nichts mit Magie oder Zauberei zu tun haben, sondern auf altem, überliefertem Wissen beruhen und sich der höchsten geistigen Ebenen bedienen, um Heilung zu bewirken. Dieses faszinierende und unkonventionelle Buch richtet sich nicht nur an Fachleute, sondern bietet auch interessierten Laien eine große Fülle an Anregungen und neuen Einsichten.

Die Aktivierung des Weltinnenraums
Was Sie in sich selbst bewegen, bewegen Sie in der Welt
Mike Kaiser

Paperback, 576 Seiten, ISBN 978-3-86616-229-7

Der versierte Umgang mit dem eigenen Bewusstsein – dem Weltinnenraum – zählt zu den Schlüsselkompetenzen des 21. Jhs. Indem der Mensch seinen Weltinnenraum mit seinen physischen, mentalen, emotionalen, energetischen und seelischen Dimensionen erkundet und gestaltet, verleiht er wesentlichen Bereichen seines Lebens eine völlig neue Qualität und verändert auch erfolgreich die äußere Welt. Dieses Buch beschreibt Aufbau und Funktionsweise des Weltinnenraumes und gibt dem Leser praxiserprobte Techniken an die Hand. Es verbindet das Wissen alter Weisheitstraditionen mit den neuesten Erkenntnissen der Quantenphysik sowie der Gehirn-, Bewusstseins- und Meditationsforschung. Dieses umfangreiche Werk ist ein wertvoller Ratgeber für alle Menschen, die wiederkehrende Probleme lösen und den Grundstein für ganzheitliche Gesundheit und Glück legen wollen.